邹锦华 / 著

让孩子爱上学习的秘密

陪伴的力量

U0331413

清华大学出版社
北京

内 容 简 介

孩子身心健康地学习与成长离不开父母用心、有力的支持。本书将从系统的家庭治疗的视角支持父母帮助孩子，使孩子在学习的过程中拥有自主性、胜任力和联结感。

生而为人，每个人必有各自的使命。尊重孩子，将避免让我们自身的局限成为孩子发展的天花板，也能让孩子将目光聚焦到自身的成长和学习上。在陪伴孩子学习的过程中，让我们为孩子创造学习的氛围和成长的环境，让我们和孩子都能有更多的空间成为自己，彼此亲密又独立，温暖又坚定，以生命影响生命。

本书封面贴有清华大学出版社防伪标签，无标签者不得销售。
版权所有，侵权必究。举报：010-62782989，beiqinquan@tup.tsinghua.edu.cn。

图书在版编目（CIP）数据

陪伴的力量：让孩子爱上学习的秘密 / 邹锦华著．—北京：清华大学出版社，2022.7
（2022.10重印）
ISBN 978-7-302-59802-2

Ⅰ．①陪…　Ⅱ．①邹…　Ⅲ．①学习兴趣－家庭教育　Ⅳ．① G78 ② G442

中国版本图书馆 CIP 数据核字（2022）第 000950 号

责任编辑：杜春杰
封面设计：刘　超
版式设计：文森时代
责任校对：马军令
责任印制：朱雨萌

出版发行：清华大学出版社
　　　网　　　址：http://www.tup.com.cn，http://www.wqbook.com
　　　地　　　址：北京清华大学学研大厦 A 座　　邮　　编：100084
　　　社 总 机：010-83470000　　　　　　　　邮　　购：010-62786544
　　　投稿与读者服务：010-62776969，c-service@tup.tsinghua.edu.cn
　　　质量反馈：010-62772015，zhiliang@tup.tsinghua.edu.cn
印 装 者：三河市东方印刷有限公司
经　　销：全国新华书店
开　　本：170mm×230mm　　　印　张：20.25　　字　数：225 千字
版　　次：2022 年 8 月第 1 版　　　　　　　印　次：2022 年 10 月第 2 次印刷
定　　价：69.80 元

产品编号：089769-02

谨以此书献给我的孩子果果，感谢他让我成为母亲，
从此领略什么是真实、勇敢、力量、幸福、慈悲与爱。

　　如果说锦华的上一本书《我是妈妈，更是自己》有助于唤醒当代女性的自我意识，那么这本书则基于用心、有力的思想与技巧，真正地赋能于父母。

　　"让孩子爱上学习的秘密"，就是要保护和培养孩子的内驱力，而内驱力的产生与强化需要一个具有系统观的场域，父母就是这个场域的养成者。

　　愿读者通过本书不仅能以孩子的视角看世界，也能看见孩子的世界，获得陪伴孩子的合适的方法，在构建家庭成长场域的同时，也获得自我疗愈，成为更好的自己！

——杨丹

北京外国语大学校长

中国管理现代化研究会副理事长

　　陪伴孩子学习特别具有挑战性，同时也是一个很好的机会，可以让家长和孩子建立亲密关系，共同成长。应对家长的心情烦躁、情绪失控，应对孩子的虎头蛇尾、沉迷手机，作者给出了简便、有效的方法。该书不仅提供了"落地"的方法和技巧，还引领家长进行教育思路的探索、对亲子关系的反思。希望这本书既有助于孩子爱上学习，也有助于家长更好地陪伴孩子。

——刘丹

清华大学学生心理发展指导中心副主任

中国社会心理学会婚姻与家庭心理学专委会副主任委员

德国德中心理治疗研究院副主席

爱是做好一切事情的原始动力。作为爱孩子的父母，我们都在养育孩子的过程中陷入了无尽的焦虑，深感疲惫。幸运的是，锦华的这本书就要出版了。翻开这本书的任何一页你都会发现，针对你所认为的"问题"，锦华都给出了答案。

——盛原

钢琴家，中央音乐学院教授，乐趣 101 艺术教育创始人

陪伴孩子学习，需要帮助孩子构建一个良好的心理环境，让孩子具有更广阔的成长空间。而要做到这一点，就必须改变与孩子互动的方式，这里面既有科学性，也有艺术性。邹锦华多年来一直从事这方面的探索和实践。她已经著有《我是妈妈，更是自己》一书。即将出版的这本书提供了大量可"落地"的方法和技巧，以及大量的案例和分析点评，着力于引领看得见的改变和辅导思路的探索，帮助我们厘清如何陪伴孩子，如何为孩

子的成长构建良好空间。因此，我乐于向读者推荐这本书。

——肖旭

心理教育专家，注册督导师，四川大学马克思主义学院教授

以家庭治疗师的系统思维、互补理论和优势视角，帮助父母用爱点亮孩子的心，用希望激励孩子面对挑战，用安全感促使孩子勇于探索，以润物细无声的方式使孩子改变，陪伴孩子健康成长。

——孟馥

家庭治疗专家

中国心理卫生协会心理治疗与心理咨询专业委员会副主任委员

手机、平板电脑等各种电子设备"陪伴"21世纪初出生的孩子长大。他们面对一个信息繁杂的环境，也面临各种使人上瘾的算法的挑战，这使他们的注意力很难集中。有效的陪伴有助于孩子离开电子设备与算法的诱惑，如果再辅以科学的学习法，会使孩子的成长更加纯粹，学习起来事半功倍。锦华在咨询与培训领域深耕多年，她用自己的经验为父母们送上亲子互动之道：用心，有力。

——李东朔

UMU互动学习平台创始人，董事长兼总裁

家庭教育似乎越来越难，因为这届家长们面临的压力和挑战是前所未有的。

锦华老师从"提供高质量的爱的陪伴"的角度彻底颠覆了所谓的高效能逻辑，以家庭治疗师系统式的眼光，告诉家长如何从"以孩子为中心"转变为"以亲子关系为中心"。

本书行文真挚感人，心理学的理论应用深入浅出，读来犹如一杯佳酿，直达灵魂深处。

所有想成为"情感成熟和情绪稳定的家长"的父母，都该读一读这本书。

——青音

家庭治疗学派心理专家、全国播音主持最高奖"金话筒奖"获得者

为人父母，我一看到本书的目录就被吸引了。实践篇里的每一章都讲述了孩子成长过程中可能遇到的实际问题，或许发生在某个阶段，或许发生在某些场景；思路篇则引发了更多深层次的探索。作者锦华是个专业的探究者，更是个彻底的实践者。本书通过许多生动的故事、实用的方法、直达心灵的思考，让我们知道如何"用心"并"有力"地做好陪伴。

——陶丽（子欧）

清华大学积极天性研究中心秘书长、原阿里云高管、

混沌创商院北京执行院长

陪伴孩子学习，是一个非常有挑战性的系统性工作；在陪伴孩子学习的同时拥有艺术性，就更是难上加难了。

艺术的特点在于其具有表达性和创造性，仔细一想，这也很符合为人父母的特点。小小的人儿一天天长大，每一天都不一样。他们在用自己的生命发展，进行着原发性的创造，这本身就是一个非常艺术化的过程，如同艺术大师丰子恺先生说过的，"我的心为四事所占据了：天上的神明与星辰，人间的艺术与儿童"。为人父母，我们身边有着充满灵性的儿童，我们有机会陪伴他们长大。这是我们的幸福所在，其又超越了艺术性。

一个人的发展离不开学习。学到知识，练习所得，尝试成为独一无二的自己，是一个生机勃勃并且无比美妙的过程。作为父母，我们将有机会见证一个孩子经历这样的过程。

一个孩子如果能够从家庭中得到爱与陪伴，那么，他未来的人生之旅即便荆棘满地，遭遇大量不可控的变化，他的内心一定也会有一个安全基地、一片美好园地。这能帮助他在面临挑战与困难时，相信自己，抱有希望，并能持续地传递善意，独立、健康又充满联结感地成为一个可爱的、能够超越自身利益的人。因为他获得了父母用心、有力的陪伴和支持，他将勇往直前，顶天立地。

父母是那个披着"铠甲"护着孩子的人，既要用心也得有力。本书将从这两个方面开始分享，讨论如何陪伴孩子学习。

首先，是有力的部分。这部分从常见的情境挑战入手，纳入实践篇，结合作者作为系统式家庭治疗师的临床经验以及为人父母的体会对家庭教育中出现的问题进行拆解。具体分为7个章节，包括：父母压力太大且极度焦虑，"一点就着"；孩子没有时间观念，拖拉磨蹭；情绪失控，难以应对；虎头蛇尾，无法坚持，浪费精力和钱财；学不会，那是学习方法有问题；迷上手机无法自拔；同胞问题与缺乏人生目标问题。

在实践篇中，本书提供大量可"落地"的方法和技巧，使读者在"有力"的部分获得支持，着力于引领看得见的改变和辅导思路的探索。

在引领看得见的改变的部分，本书通过大量的案例和分析点评，希望可以使读者打开优势"开关"，首先看到孩子已经做到的部分，并帮助孩子在确定的领域每天努力一点点，做出前进一小步的承诺和行动。其主旨和我做家庭治疗时的核心思路一致，那就是"让改变发生"，为孩子成为终身学习者助力。同时，在案例和情境的拆解中，我也邀请读者从情绪管理的视角出发，关注养育的基础，即亲子关系，管理自己的情绪，从焦虑到从容，从他律到自律，进而更好地支持孩子自动自发地学习！

在辅导思路的层面，本书可以使读者从每个案例中获得有关辅导节奏、辅导安排和辅导优化的思路。在节奏安排上，本书遵循"大处着眼、小处着手"的方法，既有大框架，也有小目标，引入闲聊、家务、时间区块这些非常生活化的"减压阀"帮助家庭减压；在辅导安排上，本书引导读者更进一步关注重要的部分，看到孩子和自己做到的部分，在原则的基础上保持弹性，并学习自我照顾，让自己创造更舒适的养育环境支持孩子的成长；在辅导优化的思路上，引入复盘和优化的概念，引导读者放轻松，慢慢来。

其次，是用心的部分。这部分共 3 章，纳入思路篇。"问题不是问题，如何回应才是问题。""急救"了挑战之后，更多的时间需要我们和孩子在日常的生活和学习中进行"战备"训练。这需要读者从孩子面对的困难中退出来一点点，关注自己的养育蓝图。我在这个部分引入了"我做主、我选择、我负责"的九字育儿方针，以及"非请勿帮，请了可帮"的八字陪伴原则。"这是谁的事儿"，是来自陪伴孩子学习过程中的灵魂拷问，分清楚它，不仅可以让我们退开一点点，也能更好地赋能孩子面对他们自己人生中的困难。这就需要家长保持清醒，不卷入其中，管理好自己的焦虑情绪，提醒自己使用成长型思维认清孩子当下的处境和面对的挑战；在陪伴的过程中，不忘与孩子建立亲密的联结，赋能孩子不断成长，还要高度警觉并保护孩子的自主性。毕竟，孩子的路，得他们自己走。

因此，对孩子有耐心非常重要。对一个人拥有耐心的基础，在于接纳他和自己是不一样的人，好奇他和自己究竟有什么不同，并停止尝试将其变为和自己一样的人。

生而为人，每个人必有自己的使命，尊重孩子，将避免让我们自身的局限成为孩子发展的天花板，也能让我们将目光聚焦到自身的成长和练习中。建议读者结合我此前出版的《我是妈妈，更是自己》阅读本书。在陪伴孩子学习的过程中，让我们为孩子创造学习氛围和成长环境，让我们和孩子都能有更多的空间成为自己，彼此亲密又独立，温暖又坚定，以生命影响生命。

目录

实 践 篇

　　辅导和陪伴孩子学习，至少需要两个角色：父母和孩子。他们会分别或者共同遇到一些常见的挑战。在实践篇中，我们先从这些极具代表性的挑战入手，对其逐一进行拆解，方便读者在自身遇到类似情境时多一些观察的视角，从而在应对方式上获得更多可能性，并结合自身的情况对症下药。

　　这一篇分7章，关注如下7个难题：

　　1. 父母压力太大且极度焦虑，一点就着；

　　2. 孩子没有时间观念，拖拉磨蹭；

　　3. 情绪失控，难以应对；

　　4. 虎头蛇尾，无法坚持，浪费精力和钱财；

　　5. 学不会，那是学习方法有问题；

　　6. 迷上手机无法自拔；

　　7. 同胞问题与缺乏人生目标问题。

　　每个"挑战"的主题都会有案例和解决思路，使大家在阅读本书之初就可获得直接的方法和小工具，以便先摆脱眼前的困境。更细致的陪伴孩子的思路，作者将在本书的思路篇分3章进行更为系统的分享。

第1章

父母压力太大且极度焦虑，"一点就着"

父母是陪伴孩子学习的主要角色，因此，我们首先看父母自身通常会遇到的挑战。针对"父母压力太大且极度焦虑，一点就着"这个情境，我们从两个方向进行解析。第一，作为父母我们需要明白，学习不是自己的任务；第二，我们要努力做足够好的父母，成为陪伴孩子的主体，在助力孩子愉快学习与茁壮成长的同时，自己也能安心并感到愉快。

这个部分的篇幅较长，因为笔者认为，陪伴孩子学习的关键在于发出陪伴行为的主体——父母——准备、实施和管理陪伴的全过程，并使这个过程稳定且充满支持性。这个部分非常需要忙碌紧张的父母能够有一点点时间来观察自己和孩子。在进入陪伴过程时，父母要了解自己的身心变化规律，有意识地使自己处在良好的状态下，然后为孩子创造良好的学习环境与氛围，而不是代替他们学习、为他们着急和承担他们不好好学习的后果。

这需要父母既能进入孩子的学习情境，又能退出孩子的学习任务，使联结和观察保持同步，主动而有意识地选择为孩子赋能而非代替孩子学习。父母要帮助孩子通过学习的过程提高自主学习的能力，毕竟，学习不是目的而是过程。孩子身心健康地成长，才是我们陪伴他们学习的过程中最需要关注的部分。

第 1 节　学习不是父母的任务

看到父母和孩子做到的部分是亲子陪伴的基础

谈到陪伴和辅导孩子学习这个话题，作为父母的我们可能会有很多需要吐槽的点，我把这些常见的使父母忍不住要吐槽的点称为育儿路上的

"绊脚石"。它们不仅让作为父母的我们时常感受到挫败和失落，更会让孩子感受到愤怒、委屈和难过，打击他们的学习积极性。

如何处理这些"绊脚石"，不仅是对父母智慧的考验，也是对孩子成长的训练，更是对亲子关系的检验。其实，处理育儿"绊脚石"的过程，就是和孩子一起解决困难并处理随时会发生的亲子冲突的过程。处理得好，亲子关系将因为共同面对和克服了问题而变得更为稳固和深入；处理得不好，将很可能给亲子关系带来或多或少的负面影响，甚至很容易进入不断强化的恶性循环，严重影响父母和孩子之间的互动，进而影响孩子的身心健康。

虽然我们都知道，亲子关系是父母和孩子互动的结果，不仅与双方的互动方式有关，也和孩子的天性及其成长的环境高度相关，但是，因为本书是写给父母的，同时也考虑到在孩子未成年的阶段，父母对孩子的影响巨大，所以行为改善的落脚点也就更多地放在了父母的身上。

我希望爸爸妈妈们在阅读本书时，不要认为自己是唯一的决定因素，那会给你们本就压力重重的育儿生活带来更大的压力。我希望爸爸妈妈们在阅读的过程中，能够不断地看到自己的努力，看到自己已经做到的部分，看到自己对孩子的深深的爱。唯有这样，你的孩子才有更多的机会获得你的支持，你也才会有更多的机会放松下来，真正看到自己可以做的部分；而非一味地将自己暴露在大环境的焦虑下，或者使孩子长期处在自己的指责或期望里。

高度的紧张会让父母很容易捕捉自己或者孩子还没有做到的部分，牢牢推动自己与孩子去尝试，更努力地去改善焦虑并使其"前进一大步"。在逼迫的过程中，父母很容易失去更加仔细地观察孩子的机会，跳过孩子成长的过程，期待直达教育的好结果。这样很容易让孩子物化为教育的成果，从而更进一步失去育儿过程中本该拥有的陪伴的温情、趣味、自主和联结的新天地。

因此，我们有必要在进行更多的拆解之前，看到作为父母的我们目前所处的大环境和所需面对的小细节。父母要本着"大处着眼、小处着手"的方法进行育儿陪伴的调整，在自己的心中既要有对孩子长远发展的考虑，也要有对孩子"近期"行为习惯及亲子关系调整的考虑。

通过这样的调整，我希望父母可以从更系统的角度看待陪伴孩子学习这件事。父母不是孩子学习问题的唯一的因素和责任承担人，孩子当然也不是。认识到这一点，对读者后面继续了解系统式陪伴孩子学习的艺术非常重要。我们在看待一件事时不要简单粗暴地使用单一因素决定论的思维，以免限制孩子的发展和阻断父母更多努力的可能性。如何转变单一线性的思维呢？父母可以从看到自己和孩子做到的部分入手。我会在后续的案例拆解中更为深入地和大家分享这一点。

看到自己和孩子已经做到的部分，对父母和孩子来说，都是非常重要的一份"温柔"。它不仅可以帮助我们看见自己和孩子的努力，更能给我们力量，使我们从已经做到的部分获得信心，从而小步前进，一起面对未来不确定的挑战。

这个思路是本章甚至本书陪伴方法的基础。

这不是你的错：接受大环境中很难改变的部分

在成为父母之前，我们没有做过父母。在育儿这条路上，每位父母其实都是拓荒者。因为时代的变迁，每个家庭都具有各自的特殊性，从老人那里传承的经验和从其他教育成功的家庭中提取的经验其实都是个性化的，所以，父母在实际的养育环境中，需要有的放矢地运用这些经验并进行实践。父母既需要有耐心，也需要对自身的养育情境有更多的理解。这份对于自身养育情境的理解，可以帮助父母更清楚地看到哪些是客观的、难以改变的事，哪些是别人的事，哪些是自己可以努力改变的事。

现在的父母处在高速发展的社会中，几乎每个家庭都面临着大环境中的诸多考验：太多的物质、太多的选择、太多的资讯，以及太快的节奏和速度。这对父母来说，是很大的挑战，需要父母具有很强的选择能力。当一个家庭被这样的环境推动和逼迫时，父母非常容易担心孩子错过所谓的"好的阶段"，担心孩子输在起跑线上。父母担心自己没有给孩子提供更好的条件，担心自己做得不够好、不够多，加上随着自身年龄的增长，事务的繁杂交错，父母的精力又在不断下降，这样的大环境，就非常容易给当下的父母带来较大的压力，使其产生焦虑。

当一个人处在充满压力和焦虑的状态时，他所启动的内在资源将聚焦在"保命"的层级上，这会使其在育儿过程中不容易看到问题解决的更多的可能性和多元化的解决思路与方案。焦虑和压力容易使父母扑向能够快速获得的结果，也容易使亲子关系变得紧张。孩子受到父母的影响，更不容易放松地学习，进而失去学习中特别需要具备的自主性，也就是大家常说的内驱力。

学习的动力从探索新知的层级，降级为应对压力，和父母、老师斗智斗勇的层级，这和教育的初衷相去甚远。

在这个部分，父母如果可以对这样的环境多一层觉知，就能有意识地在更多的资讯和压力中多一份"看见"：嗯，这不是我的错，这是时代发展带来的，不止我这样，大部分父母和我一样都会面对这样的挑战。这样，父母会更容易卸载这份压力，与环境共处，而不是认为自己有责任解决这个部分；父母会和这个压力保持一定的距离，从而使自己放松一些。

放松就会带来更多的可能性，这是亲子陪伴中非常有益的条件。我会在后面的案例中，给大家进行拆解。

第 2 节　孩子的天性是爱自由而非规规矩矩地学习

如果你在小学门口采访孩子们，问他们："你们热爱学习吗？喜欢做作业吗？"我猜，在 10 个孩子里没有 9 个也会有 8 个告诉你他们不喜欢学习，也不喜欢做作业。

作为父母，我们也可以问问自己，我们喜欢目前的工作吗？热爱它吗？我们喜欢那些琐碎的事情吗？我猜大多数人心中的答案，估计也很难说是百分百喜欢和热爱的。

从人追求自由的属性来说，喜欢学习被大人、老师、学校安排的内容的孩子是极少数的。我们也曾经是孩子，仔细想一想，哪个孩子不喜欢玩耍呢？又有哪个孩子是真正热爱学习的呢？

除了上文所说的大环境，我们也要看到，学习陪伴中的"天敌"还包括孩子天生不喜欢规规矩矩地学习这个现实。

首先，看到这一点，可以使父母降低对孩子的期待和减少做不切实际的美梦。父母要真正地从孩子成长的规律出发，给予他们在成长和学习生活中该有的弹性，允许他们犯错，允许他们尝试，也允许他们不喜欢。这份允许反过来会帮助孩子们拥有"我做主、我选择、我负责"的自主性，进而在父母充满联结感的陪伴下不断地锻炼自己的能力，使自己在学习生活中获得一个小小的胜任感，"积跬步以至千里"，在未来成长为一个独立、自主和幸福的人。

其次，看到这个特点，还能帮助父母进行反思。既然几乎所有孩子都不喜欢学习，那么为什么"别人家的孩子"开心快乐，呈现出"母慈子孝"的状态，自家的孩子就这么满身"反骨"呢？这能使我们更多地回到自己的身上来，回到家庭关系中，仔细辨别什么是作为父母的我们可以去学习、努力和调整的，而非将"锅"都甩给孩子和大环境。

学习并非仅仅包含在校学习的部分

谈到陪伴孩子学习的艺术，还需要父母对学习进行新的理解和定位。"学而时习之"，学习不仅包含学，还包含习。学是开放地接纳新的知识和信息；习是持续地练习并养成习惯，重点在于去做、去实践。

学习也需要在一定的环境中进行，在学校时的学习和在家中的学习是不一样的。这就是说，学习应该是灵活且充满弹性的，父母需要针对情境学习相处和陪伴的方式。如果在家中，父母成为另一位"教师"，失去了父母的功能，不能有弹性地进行辅导，仅仅作为"监工"，那么对孩子来说，不仅会给他们的学习增添新的压力，还会让他们的大脑没有办法切换场景，从而失去本该获得的来自父母的温情，进一步产生厌学情绪。

因此，在陪伴孩子学习时，父母可以先辨别一下自己对学习的定义与范畴的认识，并有意识地让父母的角色先于辅导员的角色，这可以帮助父母在管教和辅导时，能够意识到亲子关系需要优先于亲子教育。良好的关系可以给孩子创造轻松的学习环境和氛围，可以帮助孩子产生更多对父母的信任和希望，毕竟，父母的信任是孩子在成长中可以获得的巨大支持。如果我们都不相信自己的孩子，不爱、不支持他们，那么他们又如何在家庭之外获得更好的支持和陪伴，从而茁壮成长呢？

更好地学习是孩子生命中很重要的事。作为一个生命体，可以说没有一个孩子是不愿意获得知识的。如果孩子在学习的困难中止步不前，那么往往意味着他所处的家庭环境需要做一些调整，而其中最需要讨论的是学习的定义和范畴，因此要尽量增加他对学习的理解。

例如，我曾经辅导过一个家庭，孩子出现了厌学的情况，并和学校提出了回家休学的请求，家长非常着急。经过仔细观察家长才发现，孩子只是不喜欢学校里的课程设置和老师，孩子其实早已攒了零花钱报名上了网络上他喜欢的老师的课程，并在持之以恒地练习和进一步拓展他在这个领域里的专业知识。

这个发现，使家长打破了对学习的设定，也使孩子得到了将自己的热情和精力投注在其擅长并喜欢的领域的机会。非常让我敬佩的是，经过一段时间的考虑，父母最终支持了孩子休学的决定。他们选择拓宽孩子学习的领域，支持孩子探索他自己喜欢的领域，而孩子也在后续的学习生活中展现出了前所未有的热情和坚毅。

这不是一个具有普遍性的案例，却给了我非常大的提醒，那就是：在陪伴孩子学习的过程中，我们需要不断地核对孩子感兴趣的部分，帮助他在学习的过程中，发扬自己做到的部分、擅长的部分。这样的核对方法可以让孩子强烈地感受到父母对他的尊重和鼓励，因此获得自信，会更有动力去攻克那些他可能不擅长的内容，在未来，可以帮助孩子更好地适应多元化的社会，构建幸福的人生。

未来的社会必然会朝着多元化的方向发展，我们生而为人，不会事事尽善尽美。人们常说：人生不如意之事十之八九，当常想一二。这个一二，就是我前面谈到的"做到的部分"，这是一个人生命中积极的意义所在，是可燎原的星星之火，前提是我们需要看到它的存在。

陪伴孩子是个性化的艺术

"看到"父母和孩子分别做到的部分，"看到"养育处在一个不断变化的大环境中，"看到"孩子的天性可能并不十分喜爱在学校的学习，"看到"学习是一个比较大的范畴，可以帮助我们将目光更多地放到"我们可以做些什么"上来。

既然学习是个大范畴，每个人在其中都犹如海上的一叶扁舟，那么为了让这叶扁舟行驶得顺畅舒服，我们就需要好好地了解它的使用说明书。

孩子虽然是由我们带到这个世界上来的，但他们是一个独立的生命体。我十分喜爱纪伯伦的《论孩子》，我读了又读，感谢它不断地提醒我，孩子是一个和我完全不同的人，孩子是独立的，是与父母平等的个体。作为父母，我们只能给孩子以爱，却不能代替他们思想、灵魂形成的过程。这很好地帮助了我，使我对亲子关系尽力保持好奇，让我从一个观察者的视角，深刻地体会到"陪伴而非控制、见证而非引领"的意义。

你们的孩子，都不是你们的孩子，

乃是"生命"为自己所渴望的儿女。

他们是借你们而来，却不是从你们而来，

他们虽和你们同在，却不属于你们。

你们可以给他们以爱，却不可以给他们以思想。

因为他们有自己的思想。

你们可以荫庇他们的身体，却不能荫庇他们的灵魂，

因为他们的灵魂，是住在"明日"的宅中，那是你们在梦中也不能想到的。

你们可以努力去模仿他们，却不能使他们像你们。

因为生命是不倒行的，也不与"昨日"一同停留。

你们是弓，你们的孩子是从弦上发出的生命的箭矢。

那射者在无穷之间看定了目标，也用神力将你们引满，

使他的箭矢迅速而遥远地射了出去。

让你们在射者手中的"弯曲"成为喜乐吧。

因为他爱那飞出的箭，也爱了那静止的弓。

换句话说，在学习的过程中，孩子是主体，父母是陪伴者，孩子是和父母不同的生命存在，因此我们需要个性化地对待他们，而非照抄照搬。父母需要训练自身的观察能力和选择能力，需要在和孩子的互动中花时间，做到仔细观察，认真思考，关系先行。

同时，父母还需要注意的是，在陪伴的过程中，我们不能抢夺孩子的主体位置，代替他们去探索和试错。如果问陪伴孩子学习的艺术中最为重要的品质是什么，我会毫不犹豫地回答是耐心，而且是无穷无尽的耐心。

拥有耐心的父母，会让孩子体会到犯错是可以的，错了不要紧，还有改正的机会。在这个过程中，父母给到孩子的是一个人未来生活中最为宝贵的东西——希望！

拥有耐心的父母，还会帮助自己更多地"看到"学习是一个需要时间的过程，是一个"路漫漫其修远兮，吾将上下而求索"的过程。当那些急迫的、焦虑的陪伴心态得到缓解并松弛后，父母自身的压力小了，孩子学习的劲头就会提升。

此外，作为家庭治疗师的我还观察到，近几年抑郁者低龄化的问题越来越严重，已经成为一种社会现象。根据我的临床经验以及心理学家的研究表明，抑郁的核心是一个人失去了继续好好活下去的希望。同时，大量的研究表明，抑郁和家庭的关系高度相关。

我们相信，这样的状况不是一天产生的，也不是因某次考试考砸了而产生的，这是一个非常复杂的过程。在大的环境很难被改变的情况下，家庭应该是一个孩子最后的退路，理应成为一个孩子成长过程中的安全基地。

孩子如果不能在父母这里获得恒久的支持，那么他们就极有可能变得脆弱而无力。

希望父母可以更加重视对孩子的陪伴，避免孩子失去生的希望。我希望天下父母带着对孩子的爱，"看到"自己和孩子做到的部分，允许自己和孩子犯错，让孩子有路可退，有安全基地来疗伤，有"沃土"来滋养其生命的根基。我也相信，将一个人的生命放在长长的一生中去看，我们会知道不应该错过什么。人生中的每一步都会算数。

如此，希望我们能够平静地接受我们无法改变的部分，充满勇气地改变我们能改变的部分，并和孩子在日复一日的彼此陪伴中，能够拥有分辨这二者的人生智慧。

第 3 节 做足够好的父母，成为陪伴主体

足够好的母亲（good enough mother）这个概念是客体心理学的代表人物温尼科特提出的，是指养育开始的时候，母亲几乎完全满足她的孩子的需要，而随着时间的推移，母亲逐渐满足得越来越少，并根据孩子逐渐增长的能力来发现她作为母亲并非全能的现实，进而逐步对孩子放手，孩子也因此获得更多的机会来发展出和母亲不一样的自我。

我很喜欢这个概念，将其延展为足够好的父母（good enough parent），意指我们无须成为完美的父母，做足够好的父母即可。这不仅可以帮助我们卸载为人父母的压力，还能为孩子留出和父母对抗进而与父母健康分离、茁壮成长的心理空间。

接下来，我将从几个方面来解析为何可以只是足够好。我的拆解肯定也只能是足够好，这样，读者朋友自己创造的空间就会足够好了。

拉长时间线，风物长宜放眼量

做父母这件事是没有终点的，即便我们离开人世，我们对于孩子的影响也将存在于他们的精神和生活之中。成为父母，不仅仅是生物学意义上的瞬间，更是伴随孩子成长的持续一生的历程；成为父母，不是终点，而是我们和孩子不断交互、彼此成就的一个过程。

基于这样的观点，我会建议父母将陪伴孩子学习的过程放在生命时间线中去看。当目光放长远时，父母当下的急迫感和焦虑感就会得到极大的缓解，就更有可能寻找其他陪伴孩子的方法。前文说过，放松才会带来活力和创造力，这对一个孩子来说是更为重要的部分。

拉长时间线的方法其实很简单。在你遇到情绪困扰时，首先，想一想你自己的生命历程，想一想你小时候学习一个新东西花了多长时间，有没有这种情况：很多事情你当时不清楚，等到了一定的年龄后自然就明白了？

其次，你再想一想孩子年幼时学习走路的情形，孩子没有一开始就会走的。孩子都是通过一步一步地慢慢练习，才从爬到晃晃悠悠地前进，到父母放手跟跟跄跄往前走，再到后面走得流畅自如，还能跑起来。那时的父母大多数都充满着耐心，像等待小蜗牛慢慢长大一样，为什么面对学习问题时就会着急上火？

所以，当我们因为孩子学习的问题而着急上火时，一定要提醒自己多想一想自己和孩子的成长经历。前文所说的耐心，需要父母之间相互提醒，这样才能为孩子争得一个探索尝试和逐步练习的空间。

更进一步，你还可以做一个时间线的练习：

首先，你拿出一张白纸，在中间画一条直线，在直线 1/4 的地方写上孩子现在的年龄，再往后写一些孩子的年龄，如 20 岁、30 岁、40 岁，直到 80 岁，等等。然后，你想象自己站在这些不同的年龄点上看现在的孩子，看看自己有没有不一样的内心感受。

接下来，你再在直线的前端写上孩子从出生到现在的年龄，一点点回看你的孩子是如何成长为现在的模样的。

根据我的经验，大多数颇感焦虑的父母在做这个练习时，会发现自己的孩子其实一直在非常努力地长大；父母在这个过程中会看到自己也很努力。当从未来看现在时，你会感受到现在的自己可能过度焦虑了；而当你再回看过去的经历时，你就会对孩子和自己增加更多信心。

这个练习的可爱之处就在于此。

在长长的一生中，不论是孩子还是父母，我们都有很多时间去练习，有无数的可能性等待我们去挖掘和丰富。

如果此刻的你正感受着巨大的焦虑，不妨按照上面的方法进行一个时空对话。

了解孩子的发展阶段，适时出手

拉长时间线看孩子成长过程的另一个重要的目的，在于父母要对孩子的发展阶段有一个大致的了解，这样才不至于因被孩子的变化"惊吓"到而采取过激的方法，以致破坏亲子关系。

例如，一年级的孩子写字大多不会太好看，为什么呢？因为处在这个年龄段的儿童的手部小肌肉群还没有发育好，所以无论再怎么练习，写出来的字都不会好看到哪里去。如果这个年龄段儿童的家长花很多时间和精力要求孩子改善书写的质量，那么必然是一件事倍功半的事情。更为有害的是，这会让一个孩子在刚开始学习的过程中充满了艰辛，他的学习兴趣会被大大削弱，因为他也会发现，无论自己多么努力，写出来的字都是那么"丑"。

这就是典型的不尊重孩子的发展规律带来的破坏性影响。

再比如，女孩子通常比男孩子早成熟一两年，如果爸爸妈妈总是拿自己的儿子去和别人家优秀的女儿进行比较，那么对这个男孩子就非常不公平。

再用著名的三年级现象来举例子。

很多孩子在步入三年级后会出现成绩退步的情况。原来在一二年级时，孩子的语文和数学基本上都是九十五分以上，甚至有时还会出现双百，但是到三四年级时，成绩就开始下滑，甚至出现大面积滑坡的现象，经常是八十多分，有时连八十分都不到。

对于孩子的这种成绩下滑的状况，大家称之为"三年级现象"。我们先忽略其成因。家长如果对此没有准备，就很容易在孩子三年级出现这种情况时感到惊讶和焦虑，可能就会加大对孩子的辅导力度，还可能在情绪上因为不了解原因而对孩子产生失望并加以斥责。

但如果你在孩子入小学之后，对"三年级现象"有所了解，并能在一二年级辅导时有所准备，那么孩子就不容易受"三年级现象"的影响。

那么，大部分孩子为什么会出现所谓的"三年级现象"呢？

这是因为，在一二年级，学生的学习主要以记忆为主，无论语文还是数学，学生只要把最基本的知识记住就能取得不错的成绩；但从三年级开始，语文的考查内容把看图写话换成了主题作文，并且增加了更多的阅读理解，两者所占的分数都不低，这两项光靠背诵是不成的。

再来看数学，这门学科对计算的考查已经不再是 20 以内的加减乘除，而是增加了一些对复杂数学概念的理解。在多步骤的解题思路方面，也考验着孩子的理解能力与逻辑能力。

对孩子来说，学习的内容改变了，他们需要进入爬坡的、同以前几乎完全不同的学习阶段，学习的结果会自然地反映在分数上，家长如果对这个变化没有提前做好心理准备，就很容易怀疑孩子的智商和努力程度。如果家长这么做了，对孩子来说可就真是雪上加霜了。

在我的经验中，"三年级现象"的另外一个常见原因是很多孩子参与了学前教育。这其实是一个普遍现象。不少孩子在读小学之前，就已经把一二年级的内容都学完了。由于现在的升学竞争压力大，家长都已经习惯了让孩子提前学习知识。当然不能否认其效果，但是物极必反，孩子入学后遇到重复的内容就会不再有兴趣继续探索，也会因为重复学习而减少他们学习的乐趣，厌学的种子也会在这个时候或多或少地被种下。到了三年级"爬坡"时，孩子本身会感到切换的困难，而三年级正是孩子需要展现自身学习兴趣和动力的时候。如果此时父母不了解其中原因，而一味地催促和加压或者报更多的补习班来帮助孩子，那么不堪重负的孩子可能就会真的在学习层面上失去兴趣和动力。前文我们谈到过，学习的主体一定得是孩子，而不是父母。

所以，如果有一天，你发现自己比孩子更着急学习的事情，那么一定是你用错劲儿了，你需要回到孩子这里，帮助他检查学习发生变化的原因并一起寻找对策。

　　例如，减少不必要的补习班，将上辅导班的时间改为支持孩子自主预习。这个方法适合不上辅导班就会焦虑的父母，旨在让孩子提前熟悉基本的知识与生词，让其将来把更多的时间用在思考和跟随老师的教学上，而不是花大量的时间完成基础的部分。

　　如果父母能更好地管理自己的焦虑情绪，那么我的建议是，在孩子低年级时就要帮助孩子在日常的学习中养成每天预习和复习的习惯。日进一寸的力量是很惊人的，学生可以每天花上 5 ～ 10 分钟预习一下第二天要学的内容和复习当天已经学过的内容。按照著名的艾宾浩斯遗忘曲线（见图 1-1）理论，预习和复习的方法可以使孩子特别好地提高掌握基础知识的能力，也会增强他们的记忆力。

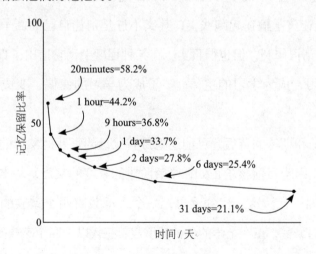

图1-1　艾宾浩斯遗忘曲线

　　随着孩子的不断长大，父母也需要对青春期有更多的理解。我在后续的拆解中，会继续举例子说明了解孩子的发展阶段非常重要。

针对低龄的学龄儿童的父母，推荐大家看看孙瑞雪老师写的《捕捉儿童敏感期》这本书，它可以帮助你理解大部分孩子的"异常表现"，使你内心的焦虑感很快降下来。

更进一步，我给父母推荐这几本好书:《简单父母经》《孩子成长历程：三个七年成就孩子的一生》《儿童健康指南》《解码青春期》《发展心理学》。你可以选择自己喜欢的书来读。

分清期待：这是谁的起跑线

为什么了解孩子的发展阶段和普遍现象非常重要呢？因为，这一定可以帮助父母依据客观现实调整对陪伴孩子学习的期待，减少亲子关系中的冲突和摩擦，为孩子的学习和健康成长营造更好的氛围。

"说别让孩子输在起跑线上，其实不过是别让自己的面子输在起跑线上。"这句话很犀利，但也很真实。在某种程度上，它道出了真相：父母代替孩子学习，成为学习的主体；孩子成为学习的傀儡，变成父母期待的产物。

在面子和期待的背后，可能还隐藏着父母的长辈对父母的未实现的心愿的期待，因为目前孩子正处在学龄阶段的家庭的父母，基本都是计划生育后出生的一代。这一代的父母，一个人承载着两个家族的期待。作为"4+2+1"的家庭，正在上学的孩子就承载着三代以内四个家族的期望。

从家庭爱的传承角度来说，让父母对孩子没有期待是不现实也基本是不可能的，孩子也正是通过父母的期待和父母有着更为深远的联结。感受不到父母期待的孩子，基本上也很难感受到父母的爱。因为，期待是在关系中产生的，亲子关系必然建立在亲子之间彼此期待的基础上。

看到这里，大家可能会觉得管理自己的期待有点困难。的确，不然怎么说父母也要做功课呢？我想强调的不是去掉期待，而是父母在给出期待或者升起期望时，要有节制，增加觉察，多问问自己：这真的能够帮助到孩子吗？这是不是我在让孩子实现我未完成的人生梦想呢？

我们在陪伴孩子学习时，一定要睁大眼睛"看到"孩子做到的部分，这里面隐藏着孩子的天赋和他自发驱动的期待。首先，我们要"看到"孩子目前所处的人生发展阶段，看到他所面临的压力，这可以帮助我们调整对孩子的期待，不"填鸭"，也不拔苗助长。其次，我们要看到自己内心的期待，区分这是我们对自己未完成部分的期待，还是孩子真正需要并适合他的期待。对"期待"进行有效的区分和节制，能让我们回到自己成长的命题中去。

对于父母来说，做到这一点其实非常困难。大多数家庭都会在这个部分打"擦边球"，顺从的孩子也会听从父母的安排去过父母期待的人生。对于生命力强的孩子来说，他如果反抗成功，必然会获得更多自由；如果反抗没有成功，往往会把自己搞"病"了。近几年，我接触过的厌学同时伴发抑郁症的孩子，几乎都和父母的过高期待有关。

我并非危言耸听。2020 年 9 月，《三联生活周刊》刊载了《被忽视的青少年抑郁：生病的孩子，首先有个生病的家》，这是一个关于青少年抑郁症的采访和分析专题。在这个较长的专题中，记者指出：

近年来抑郁症有明显的低龄化趋势。有研究显示，中国 10 ～ 24 岁青少年、青年抑郁障碍患病率在 2005—2015 年显著增加，患病率接近全球

1.3%，女高于男，且随年龄增加而增高。

青少年处于人生的关键阶段，却承受着最大的压力。这些压力通过排名竞争、长辈压力、升学氛围等途经传递给孩子，使孩子的情感世界成了一片荒漠。

代际传递的不仅是基因，也有亲子恩怨。很多父母将自我成长中的阴影带给了下一代。家长对待孩子的方式多传承父辈。很多家长自己没得到过爱，所以也不懂如何去爱。

所有的疗愈，都离不开爱。

结合这几年我关于厌学并发抑郁症孩子的家庭的工作经验，我想呼吁父母，在陪伴孩子学习和成长的过程中，务必管理好自己的期待并调整给孩子爱的方式（孩子能感受到的爱才是爱，否则很容易给孩子带来"父母皆祸害"的感知），让他们能够在时代变迁、压力剧增的大环境中，获得不断疗愈他们的爱，卸载成长中遇到的压力，从而更健康地成长。

父母须先照顾好自己

通常，一个人如果想要更好地关心他人并能够将自己的需要和对方的需要清晰地分开，那么这个人就需要拥有稳定的情绪和生活节奏。他需要先照顾好自己，才能够更好地为对方创造成长的沃土和良好稳定的氛围。

对于一个孩子来说，稳定的生长环境能够使他感到安全和放松。安全和放松这两点是一个孩子能够更好地成长的基础。现在的父母都强调要给孩子安全感，那么，安全感从哪里来呢？

首先，安全感来自自身稳定的生活节奏和父母或者养育者稳定的情绪。

父母其实也非常辛苦，生活压力和节奏与祖辈相比，确实多了很多、快了很多；再加上教育环境的变化，很多父母其实是不堪重负的，同时内心也积压着很多压力和焦虑情绪。

父母如果失去了照顾自己的意识，就很容易让自己变成没有减压阀的高压锅。这样，首先受伤的就是和自己朝夕相处的家人；而孩子对父母是无限依赖和完全敞开的，因此，他们受到的伤害将是最大的。

帮助父母稳定情绪的第一步，是让他们增加对自己情绪变化规律的认识。例如，妈妈在每个月都有那么几天是需要更多休息和被照顾的，可以直接告诉家人，请求他们给自己一些独处和放松的时间；爸爸上班很辛苦，每天回到家需要先有 15 ～ 30 分钟的修整和小憩时间，可以很直接地告诉家里人和孩子，自己要先"充电"一会儿，充好电再来全身心地陪伴他们。

在日常的生活和工作中，父母还可以更多地观察自己在什么样的情境中容易发火。例如，在孩子磨蹭的时候，或者跟孩子说了三遍还不管用的时候。如果父母能够总结出自己容易情绪失控的场景，就可以在下一次遇到类似场景时有个预警。虽然这样有用情绪控制孩子的嫌疑，但总比临场"大爆发"好一些，孩子也能有所准备，从而减少情绪失控给彼此带来的伤害。

很多父母都会和我交流，其实每次发完火自己更难受，内疚、自责、沮丧、受挫的感受一波又一波。增加这样的事前预警、事后复盘的过程，可以有效地减少情绪失控的频率和强度。

父母可以在每周日的时候给自己一点儿时间，问问自己：

上一次心情愉悦是什么时候？

上一次发脾气是什么时候？

这一周，我知道如何取悦自己吗？

这一周，我看见的家庭中的支持和变化有哪些呢？

寻求帮助是勇敢的行为，接受脆弱是真诚的善意。父母一定值得先照顾好自己，然后请求整个家庭系统支持自己的养育行为。当然，这需要父母每天都与家人进行沟通并持续努力，不可能一蹴而就。

下面，给大家分享一个照顾自己的例子，希望可以给大家带来一些简单的启发。

 案 例

我值得先照顾好自己——低年龄段孩子的母亲的自我照顾实录

晚上快 8 点了，我才回家。孩子（4 岁 10 个月）给我打电话说："妈妈，你到哪儿啦？我都快等不及了！你这个'慢吞吞'！"等我出了电梯，看见家里居然开着门。过道灯亮后，我才发现家居鞋被他整整齐齐地摆放在了家门口。被欢迎回家的感觉真好！

坐下来，我才发现自己连吃饭的力气都没有。我告诉孩子自己很累需要休息后，他也就不来打扰我，让我安静地吃饭、安静地插花了。他和外婆去洗脸、刷牙、洗脚，然后看书。我还得到了很舒服的泡热水脚的时间。

我把插花小品放在母亲的案头，感谢母亲放弃了她每晚的电视剧时光，陪伴孩子，让我得到了更多的支持。

等我换好睡衣后，孩子对我说："妈妈，我想再看会儿书，可以吗？"

我看看他，回答："可以。"

看完书后，孩子告诉我："妈妈，我想和你玩两个游戏——'躲猫猫'和'挠痒痒'。"

看着他亮晶晶的眼睛和满怀期待的小脸，我答应了。

我们玩了 10 次"躲猫猫"，6 次"挠痒痒"。手机里的手电筒成了雷达，浴巾成了隐身衣，枕头成了大垫子，玩"挠痒痒"的时候我们满地打滚。我们一起大笑，一起想办法玩出了新花样。最后，我允许他耍赖各多玩了 1 次"躲猫猫"和"挠痒痒"。

躺下睡觉时，就快 10 点了，他拍拍我的胳膊说："晚安，我亲爱的妈妈！"

若不是我回家之后告诉他"我现在很累，需要休息"，他就不会独立玩耍，自己收拾，安静地读书，尊重我，给我插花的时间来修复体能。而若不是这样，我就不会有如此好脾气、如此好体力陪他玩这些需要全情投入并能使我们开怀大笑的游戏！

同时，我也会在他央求我时，"看到"他其实是在用玩游戏这样的方式表达对亲密关系的需求。

如果没有那样的暂停和减压阀的引入，我怎么可能拥有一个新的空间，允许我们一起打破规律，弹性应对这样的特殊情况呢？

他虽然晚睡了 1 个小时，却带着满足的爱，安然快速地入睡。他能一觉睡到天亮，第二天早晨醒来之后就可以精力充沛、开开心心地去上学了。

这个时候，在亲子陪伴中无须解决问题，因为没有问题发生。

回想这个过程，有两个重要的关键原则：一是，我值得先照顾好自己；

二是，让日常生活拥有一些弹性。

照顾好自己，才能照顾好家庭，才能避免我们带着不满足的心去期待回报，从而避免将压力和控制引入关系中。当我可以照顾好我自己，获得爱自己的能力时，孩子也就可以拥有照顾好他自己与独处的能力！我们还能一起创建家庭的弹性空间，用游戏这种温柔的方式增进亲密感。照顾自己，需要有意识地管理自己的时间、精力，以及支持系统，这些需要方法、工具和技巧，在后续的案例中我会逐一展开并示范。这与照顾自己的"能力感"的部分相关。

父母其实都是具备这些能力的，只是在更多的时候，我们将其用在了照顾家人和工作中，而忽略了需要先照顾的人是自己。这需要我们常常提醒自己，好好爱自己，照顾自己，建立更深入的自我资格感和值得感。这样，照顾自己就会变得顺理成章，而不会像有的爸爸妈妈那样，习惯于把自己放在最后，以致带来了更多的匮乏感，以及向家人索取回报和要求他们表达感谢的心。

没有自我照顾的爱其实是空心的，不仅会使自己感到委屈，还会给接受爱的人带来巨大的心理压力。想象一下，如果我们的父母对我们说"我回家都是为了照顾你！我和你爸爸在一起是因为希望给你一个完整的家！"这样的话，我们听了会有什么样的感受？

充满悲伤、欠缺自我独立、缺乏自我照顾的父母会给孩子带来巨大的精神压力。孩子如果让自己变得特别好，就会感受到对父母情感的背叛和不真实感，因为自己的爸爸妈妈不是那样的。基于孩子对父母天然的忠诚，如果我们希望孩子健康快乐，就应该让自己成为他们可模仿的人。

我们在能够自我照顾之后，也会更容易营造弹性家庭氛围。

你休息的时候，可以让其他家人顶上。打破日常的生活节奏，以照顾自己为首要原则。遵守这个原则，可以让亲子陪伴拥有一定的弹性，也能让父母更有精力并高质量地照顾孩子。

丧偶式育儿就揭示了伴侣中的一方付出过多，日积月累，让另一半失去了做事的动力和机会。等到出现这样的情况时再来调整，就需要花大力气甚至需要家庭治疗师的帮助了。

在这些严重的情况发生之前，父母一定要记得每天花时间照顾自己，哪怕 5 分钟也好。那是你宠爱自己的机会。孩子也会从这个行为中体会到：自己值得独处的美好，也可以像爸爸妈妈那样照顾好自己。

我们需要学会对自己说："我有资格，我也有能力，我值得先照顾好自己！"

回归清醒、平静与觉知

照顾好自己可以帮助我们以更饱满的身心状态投入陪伴孩子这件事中，但这还不够。照顾好自己是基础，我们还需要更进一步地帮助自己在陪伴孩子学习的过程中保持清醒、平静与觉知。如何做到这一点呢？下面我将通过分享"3 个呼吸""3 个提问""3 层资源"的"三三法"，帮助读者在情绪来临时清晰、平稳地发展清醒、平静与觉知的内在环境，使其成为孩子成长路上的安全港湾。

在一定的年龄阶段，如在两岁的 trouble two 阶段、七八岁的"狗都嫌"阶段以及 14 岁前后的青春期，孩子需要在和父母的冲突中发展独立的自我。

这是非常考验父母耐心和智慧的三个阶段，父母在这三个阶段往往会面临巨大的挑战，孩子和家长很容易进入对抗的状态。这是一个普遍现象，我们可以为此做好准备。

在日常的沟通中，如陪伴和辅导孩子学习时，我们可能在无意识地不断重复那些无效的沟通，这也会让父母的心情起起落落。

在强烈的情绪如愤怒来临时，我们怎么做可以帮助自己快速地平静下来并启动后续思考呢？

下面，我介绍"3个呼吸"法。

这个练习方法来自情绪管理专家罗纳德博士的研究：暴风雨般的愤怒，持续时间往往不超过12秒钟。管理好这12秒，就能排解负面情绪。关注呼吸可以让这12秒的情绪波峰顺利平息下来，而12秒的时间往往就是3～5个呼吸周期的时间。

这个方法可以帮助我们快速地保持觉知、清醒和平静，避免事态严重化。要在情绪升级前及时踩下情绪风暴的刹车。

现在你就可以试着闭上眼睛做3个呼吸，将关注的重点放在吐气的部分，并有意识地在吐气时松弛双肩。是不是能感受到身心的放松了呢？

我们常常说"我就是咽不下这口气"，所以你要常常练习吐气并关注吐气的练习方法。这可以帮助你快速平静，并理顺自己的气息。没事儿的时候就多练练，这样在陪伴孩子时，你就能更快速地使自己的情绪平复。

"3个呼吸"法可以帮助你快速地调整气息。这是应急的方法，尤其适用于容易被孩子的情绪带跑的父母。

如果你从过去的经验中发现发脾气对管教孩子毫无帮助或者收效甚微，

那么是时候停止这种无效的方式了。停止无效的方法，才能有精力验证和尝试新的方法，这能为亲子关系带来新的可能性。

意识到自己正在使用和重复无效的工作方式，及时止损就是进步。接下来，你可以使用如下"3 个提问"法让理性回归，并做出更大的改变。

虽然这"3 个提问"很简单，但是如果你常常用它们向自己提问，就能在陪伴孩子学习的进程中，逐渐收获平静、清醒并充满觉知的陪伴效果。

（1）我想要什么？这个提问不仅可以帮助你快速地从情绪宣泄的无效方式中挣脱，重新聚焦在你陪伴孩子的目标上来，也能帮助你更好地以观察者的身份看待孩子的表现，将他的行为和动机分开，将你的关注点聚焦在孩子行为的改变层面上，并逐步"看到"他情绪背后的本质需求。它可以帮助我们不在自己和孩子的情绪上纠缠。相关内容读者可以阅读后续章节中有关养育蓝图的部分。

（2）我是谁？学习的主体应当是孩子。父母的角色是支持者、陪伴者、见证者而非替代者。分清"这是谁的事儿？"能唤醒我们的内在角色，避免越俎代庖、费力不讨好还落一身埋怨的方法就是在发出一个动作之前问自己"这是谁的事儿？"这样不仅能帮助我们控制自己的行为，还有助于将权利还给孩子，支持他们去实践"我做主、我选择、我负责"。此外，分清"我是谁"，也能帮助我们记得自己是父母，不是教师。虽然现在很多父母会被老师"征用"作为家庭教师来管理孩子的学习，但我们自己心里一定要分清角色的主次，否则非常容易破坏亲子关系。孩子在外是学生，在家还是学生，说不定还得被父母狠狠地教训，那他们可就真的无路可退了。这样做将得不偿失。

（3）我能做点什么？这个问题特别重要，可以帮助我们聚焦在行为层面的改变与提升上，从而对情绪发泄的部分"踩下刹车"。"让它发生"是我在进行系统式家庭治疗时采用的核心方法。专注在当下可做的调整上，不仅会让我们的心平静下来，更能让我们在"做到"的部分重拾信心，还能让父母和孩子从情绪层面的困扰、对抗和纠缠之中抽身，聚焦于以行为联结的部分。

呼出"3口恶气"，完成"3个提问"，我们就可以和当下的冲突与挑战拉开一段距离，思考、寻找更多应对的可能方法。最为重要的是，在这样的思考过程中，父母陪伴中极为宝贵的清醒、平静与觉知就会逐渐产生。

以上练习当然需要时间，不可能一蹴而就。而且，往往你刚刚感觉自己"打怪兽"成功了，然后你发现孩子又长大了，新的"幺蛾子"出来了，你就需要继续"升级装备"了。

那么，什么是更"高级的装备"呢？请勿向外求。在我的咨询、陪伴与教育生涯中，我明白了一个非常核心的道理，那就是：提出问题的人拥有解决这个问题的所有资源。所以，下面的方法将帮助你找到面对挑战和解决困难的"3层资源"。

首先，针对如下两个非常简单的问题，你的答案是什么？

（1）当情绪来临时，能帮助你快速平静的方法有哪些？

（2）你的家人如何支持你可以帮助你快速平静？

这两个问题背后的思路非常关键。当你回答这两个问题时，你会启动如下"3个层面"的内在资源。

（1）你对自己情绪变化的觉知。你需要了解自己的情绪通常在什么情境下来临，强度如何？频率如何？

（2）你对自己管理情绪的积极行为的唤醒。你需要了解已经成功地帮助自己平复情绪的有效方法有哪些。

（3）你对自己身处系统的观察。走出孤岛，进入家庭系统，学习有效使用身边的支持系统。在你的情绪来临时，你需要家人给你什么样的支持？

根据我的经验，一个人如果能有效启动上面的"3 层资源"，那么他通常可以顺利地应对生活中随时而来的情绪挑战。

结合以上提到的"3 个呼吸""3 个提问""3 层资源"——"三三法"，我相信你会看到一个更为清醒、平静并充满觉知的自己，你将舍弃那些无效的方式，集中精力开始尝试对自己和孩子更有帮助的方法。

日进一寸，更好地滋养自己的身心

在上述阐述中，我们了解到照顾自己的重要性以及"三三法"，这些都可以帮助我们应急并更为从容、平静地应对挑战。接下来，我们需要更进一步了解如何持续地使自己平静、清醒，保持觉知。那么我们如何成为情绪稳定的父母？如何在日常的生活和工作中练习与实践，日进一寸地滋养自己的身心呢？

第一，问自己："我应该为自己做点什么？"

这个问题非常重要，因为它可以帮助你从忙碌、拥挤和压力大的生活中抽身，观察自己。你一旦拥有了观察自己的空间，就会获得陪伴孩子学习最需要的能力之一：觉知。

为什么说觉知很重要呢？因为它可以给我们带来真正的暂停并帮助我们在理智的情况下做出更好的选择，而非被情绪控制得失去理智，成为孩子心目中难以靠近的父母。

观察视角的转变和对观察的逐渐训练，可以帮助我们慢慢地掌握区分引发我们痛苦和产生情绪的内容的方法，同时，我们可以更加快速地了解到：自己正处在情绪之中。仅仅是这样一个觉知，就能帮助很多父母安静下来，使事情变得更简单。

我相信回看自己发火的模样时，很多父母都不会觉得自己是可亲的。同样，你就更能想象在孩子的眼中，这个模样的父母怎么可能是来帮助和陪伴他的？所以，在日常生活中，父母首先要学会观察自己，照顾自己。

第二，要有意识地安排无目的的休息。

我们把自己的每个时间段都安排得满满的，连出去玩也会像对待工作一样认真地做规划。请务必留一点空间，试着去体会不需要完成什么的放松感。

追剧、玩手机"淘宝"等是不是休息呢？很显然，这不是休息，反而是一种消耗。现在想一想，对你而言，什么样的方式是给你充电而非消耗呢？建议你写下来，放在你看得到的地方，以此提醒自己关爱自己。

通常，我自己每天会散步，这可以帮助我把大脑放慢一点。一般我不带手机，让自己处在一个 15 ～ 30 分钟完全不被打扰的空间里。

第三，比较谨慎地选择共度时光的人。

因为，如果和对方的相处不和谐，就会损耗很多内心的能量和资源。通常如果选错了，我们会感觉内心比较累，那么回家给到家人的部分就很少了。

我相信每个人都有适合自己放松、"充电"的方法，可能是补觉、独处、锻炼、读书、听音乐、静坐冥想、散步、写毛笔字、插花、折纸、拖地、去教堂或寺庙等。

每天花 5 ～ 30 分钟呵护自己，不仅可以增强自己的"电力"和觉知，还能降低对家人的不合理期待。例如，"我这么辛苦，你就得好好听我的。"等你照顾好了自己，这样不切实际、充满委屈的期待自然就会被更积极、充满生命力的互动关系替代，而孩子将会是你放松身心之后最大的受益者。

下面摘选几位学员在尝试听取以上建议后的反馈，希望可以给你一些帮助。

反馈 1：听了老师的父母自我滋养课，契合自己的实际情况，我选择了一个可以落地实践的方法：自己有疲惫的感觉时，就乖乖地去睡觉！一晚安睡，早上起来后，我去跑了个步，流了一身汗，感觉神清气爽！连我的先生都惊讶了！我应该整整四年没有跑步了！

成为妈妈之后，其实我一直对自己身体和情绪的感知很低。听了老师关于滋养自己的建议之后，我慢慢试着去"看到"自己。"疲倦了就去睡觉"，老师的这句话一直萦绕在我的耳边！晚上跟宝宝一起入睡，神奇的是我居然第二天早上六点多就醒了。静坐了一会儿，然后洗漱下楼，买完菜再去跑步。我看到了早市的热闹，朝阳的生机，小草的努力向阳，居然心里也有了更多的平静。这也许就是自我精力提升后才能有的"遇见"吧！

这个过程对我来说，既是"多么痛的领悟"，又是多么大的惊喜啊！

反馈 2：我听父母滋养课那天已经晚上 11 点多了。那会儿跟姐姐视频，姐姐问我是不是困了，虽然我已经非常困了，但就是不愿去睡，想忍着听完课再睡。听到老师说"困了就去睡觉""听不下去了就退出，完全没有问题，尊重自己的感受"，我很感动。在我的印象中，这是第一次有人在我"耳边"跟我说这样的话。正准备睡觉，姐姐给我发微信说"困了要早点睡哦"。我的心里暖暖的，于是就乖乖地去睡觉啦。

第二天起来，我找了一个完整的、脑子清醒的时间从头开始听，做好笔记，这种感觉很棒。后来，我下班到家时，也困得不得了了，于是我牢记困了就睡觉的"使命"，十点多去睡觉，次日早上不到七点自己就醒了，这很神奇。

亲爱的读者，看到这里，如果你觉得累了，请一定记得站起来走一走，伸伸胳膊、动动腿儿，或者让自己闭着眼睛休息一会儿。我的分享一直在你"手边"，欢迎随时回来。

关于父母的自我陪伴和压力管理的内容我们就先聊到这里，肯定不够全面、系统。上面讲到的两个方向的内容，是我从过往陪伴家长和自身成长的历程中摘选出来的，我把我认为比较重要且效果立竿见影的要点和方法分享给了大家。其目的在于抛砖引玉，助力读者更好地启动自身的资源系统，有意识地向内观察自我和孩子，"看到"彼此已经做到的部分，同时充满好奇地了解自己和孩子的身心规律。照顾好我们自己，就能为孩子营造良好的学习氛围，生成稳定、温暖，充满爱与放松，并且有节制的陪伴系统，为他们创建在遇到困难和挑战时能够退回来的安全港湾。

第 2 章

孩子没有时间观念，磨蹭拖拉

一项针对小学生学习习惯的调查研究表明，"孩子没有时间观念，磨蹭拖拉"被父母排在了不良学习习惯的榜首。这被认为是亲子冲突的重要原因，也往往导致了父母和孩子在与磨蹭的拉锯战中，双双失去耐心以致情绪失控。

和你首先分享这个数据的目的在于让你松口气，因为你和你的孩子都不是个例，这是一个普遍现象，尤其对于低年龄段的学龄儿童来说，磨蹭就更普遍了。但这不等于我们没有努力的空间，我相信，很多父母至今都在努力帮助孩子建立更好的学习习惯；不仅家长希望孩子能够增强时间观念、高效完成作业和进行学习，而且孩子的内心也非常盼望自己成为一个"学霸"，因为这样学习就会变得轻松，还能有更多玩耍的时间。

虽然知道增强时间观念有很多好处，但为什么孩子和家长还是会在这个部分被卡住呢？下面我们进行拆解。

第 1 节　启动优势开关，重新定义磨蹭

对于小孩子来说，在截止时间里没有完成作业叫作磨蹭；对大人来说，这就叫拖延，甚至有人会给自己贴一个标签：拖延症晚期。

我比较喜欢用"酝酿"这个中性词代替"磨蹭"和"拖延"的叫法，是不是这样就立即少了指责和内疚的味道？这样一来，所谓的磨蹭和拖延，这个没有在规定时间里完成任务的行为，也就从负面的定性叫法转为了积极的准备过程。只是一个词语的变化，虽然结果一样，但人的内在感受和准备继续努力去应对挑战的动力却会发生巨大的变化，也会使人的行为进

一步发生积极的改变。

所以，请父母慎用一些负面的词语给孩子的行为定性。也许你当时很愤怒，需要用这样的话语发泄，如果这样的说法对孩子的行为改变有用，那么不失为一种教育孩子的方法；可如果经过多次的尝试，证明这样的说法对孩子行为层面的改变并没有帮助，那么我们就需要及时调整自己的言行。

毕竟，学习是孩子的事，需要他们发自内心地愿意努力，他们需要更多积极的陪伴和支持，而不是被打压和削弱。几乎没有什么事情是第一次就能被完美地解决的，不断地练习和获得进步其实也是我们学习的必经历程和乐趣。上一小节，我们说"风物长宜放眼量"。当你遇到孩子磨蹭的问题时，你需要在内心转换视角：嗯，我的孩子在酝酿呢。虽然这对你来说可能有点儿难，但是你不妨先用在自己身上试试，观察一下自己的感受和内心的变化。这样你就能更容易地了解，转换用词、给孩子的行为进行积极赋义将会多么重要和有效。

第 2 节　仔细观察，停止无效的回应方式

问题不是问题，如何应对才是问题。持久的问题也对应着持久的无效的应对方法。如果你的孩子总是磨蹭，那么你就需要"看到"你在应对这个磨蹭时，是否也一直在不由自主地重复着某种做法，进而维持了你们之间"磨蹭—无效回应—继续磨蹭—继续无效回应—继续更多的磨蹭"的循环呢？

如果想改善孩子的磨蹭行为，就需要先"看到"你所采用的无效的应对方式都有哪些。你只有试着停止这些无效的应对方式，才有时间和空间尝试可能有效的方法。

有一个非常简便的方法：你可以选一个孩子经常磨蹭的场景，如在孩子早上出门或下午回家做作业的时候进行录音。然后在四下无人的时候，把这段录音当作别的家长的记录，让自己做一回观察者，看看在陪伴的过程中，"这位家长"有哪里是做得不错的，做得不错的可以继续保持；有哪些是无效的，对于无效的行为需要提醒"这位家长"下一次注意。

不用多，一般只需要 1 ～ 3 次，你就会真正地发现你和孩子最容易在哪里卡住。所谓磨刀不误砍柴工，大家可以将这个方法用起来。夫妻双方可以相互观察。当然，这更适合当下夫妻关系相对融洽的家庭。

在你找到无效的方法之后、尝试有效的方法之前，你最好暂停。你只需要把无效的方式停下就可以了。

让你一下子停止所有无效的方式可能有点难，那么可以每次停掉 1 个。例如：

- 不再从孩子起床到出门每隔5分钟提醒一次，而是改为不提醒或者只提醒3次；
- 孩子到家之后，不说作业的事情；
- 睡觉前不催孩子洗漱，而是按时关灯；
- 请读者开动脑筋，"擦亮双眼"，仔细地先把那些无效的方式找出来吧。接下来，你还需要更进一步地"看到"：磨蹭对于孩子来说是有意义的。

第 3 节　了解磨蹭背后的功能与意图

当对你而言，磨蹭有了新的称呼时，也许你还可以再往前一步，充满好奇地停下来看看磨蹭背后的功能和意图。简而言之就是：磨蹭有什么好处？这个问题是系统式思维的表达，它可以让我们看到一种行为不仅有所谓的负向结果，其背后还有正向的动机以及积极的功能。

作为小朋友，孩子是很清楚我们内心的感觉的，如果我们没有对他们产生真正的好奇，那么他们其实是非常容易感受到我们是否在寻找一个新的方法来控制他们。

也就是说，家长行为的背后其实也是有功能和意图的。还记得在上一章中，我们谈到的 3 个问题吗？"我想要的是什么？我是谁？我能做什么？"这都和我们内在的养育蓝图有关，在第二章中我们将会继续详细展开。我们来看看孩子通常是怎么看待自己的磨蹭行为的。孩子在接受采访时会告诉我：

- 我是真的不会，但妈妈总说我是故意的，我得不到帮助还被暴击；
- 我不喜欢数学，一做就头大；
- 我不喜欢被催，越催我越着急，越着急就越不知道该怎么办了；
- 我不能做太快，太快了，我妈还拿着别的活儿等着我呢；
- 我做作业时，弟弟就不能来打扰我，我也不用陪他玩儿；
- 我做慢一点，爸爸妈妈就能多陪我一会儿；
- 我做错了，爸爸妈妈就会讨论我的事情，他们就不会吵架了。

这是一些比较典型的回答。我们可以看到，孩子磨蹭的背后普遍的原因大概分属于如下两个大的分类。

第一，事实。这通常和孩子的发展阶段以及学习能力有关。低年级的孩子适应突然变化的高节奏学习生活需要一些时间。如果孩子处在教学压力大的求学环境中，那么他们通常会面临比较大的学习困难。这时，父母需要非常耐心地观察和给予支持，而非一味地催促，否则不仅帮不上忙，还会损耗孩子对学习的信心和兴趣。

第二，感受。这往往和父母的陪伴方式以及家庭氛围有关。如果父母在学校的学习之外经常忽略孩子的身心发展阶段，一味地增加孩子的课外学习任务，那么孩子往往就会在学校学习的范围内变得磨磨蹭蹭，他们会放慢速度，以免失去更多自己可以做主的空间。同时，根据我们在家庭治疗领域的研究，如果家庭氛围不够好，那么孩子的厌学通常与父母的情感不合高度相关。

只有了解了孩子行为背后的原因和动机，才能更好地帮助孩子寻找积极正向的行为来代替磨蹭的行为，以实现他们背后的需要。

例如，如果孩子有不懂的地方，就先请教同学的家长或者老师，再进行辅导。在学习之前，让孩子有一个和父母联结放松的闲聊；在学习活动之后，让孩子有一个和父母互动的游戏，也就是在学习的前后穿插孩子喜欢的活动。将这个安排提前和孩子商量，让他们在学习时明白后续或者整个的安排，得到孩子的承诺，然后让孩子如约进行。这样，不仅可以帮助他们更加高效地完成作业，还能增进亲子关系，同时有助于训练他们进行自我时间管理的能力。

下面我们看一些具体的案例。大家在阅读时，请留意在事实和情感层面父母和孩子是如何互动的。

 **案例** 1

通过管理家庭生活节奏管理学龄前孩子的磨蹭行为

【问】幼儿园老师总是反映孩子在学校吃饭或喝水时很磨蹭，孩子在家时，睡觉、吃饭也很磨蹭。我虽然希望孩子有自己的节奏和时间观念，由她自己做决定和把握时间，但每次都会时间紧张，特别是在上学时就忍不住催促她。我越催促，她越慢，我只好帮她收拾东西，整理衣装。我不知道在管理孩子的时间方面怎么"收"与"放"，是应该包办，还是应该等待？

【答】在保护孩子的节奏和尊重自己的需要之间，你似乎遇到了孩子以磨蹭为表达的挑战。如果跟随孩子，放任孩子按照他自己的节奏来，我猜你多半会百爪挠心；如果按照自己的节奏来要求孩子，好像又有点儿于心不忍，会担心自己剥夺了孩子成长的自由。

首先我想说，你的孩子是幸运的。因为你看到了这中间的差异和对比，并且在积极寻找解决方案。单单这份尝试尊重孩子和自己的心，就足以让我感动。

学龄前儿童在生活方面，还需要家长的支持和帮助。所以，他们的时间安排和生活节奏会深深地被家长的生活习惯和节奏影响。

在我讲具体的方法之前，我想和你分享一下我对另一个提问的回应。

一天早上，我的孩子 8 点起床，他和我一起做了黄油面包丁、葱香酥肉饼。吃过早餐，我送他去了幼儿园。我觉得这件事让我感受到了深深的幸福，就把这件事发布在了朋友圈。结果很多朋友给我留言，问我：你们迟到了吗？我觉得这是很有意思的问题，与我想表达的初衷有很大的差异。

其中一位妈妈说，她孩子的幼儿园 8：20 上课，她的孩子没有一天是不迟到的。于是我问了问孩子的睡眠情况，果然和我心中的一个假设相符：孩子睡得很晚。那孩子为什么睡得晚呢？原来爸爸每天下班的时间都很晚，孩子一定会等爸爸回家后玩耍一会儿才休息。我想这是一个孩子对父亲很正常的期待和需要。

对于学龄前儿童来说，生长发育是他的重要使命，他需要大量的睡眠，要睡够。但在他们家早上的时间受到限制的情况下，孩子的状态没有完全恢复，所以孩子不磨蹭是不可能的。我们大人如果没有睡好，早上的反应也会是慢一拍，还会有所谓"起床气"的情绪。天真自然的孩子更是如此。

这位妈妈接着问我怎么办，我说，可以从两个方向对家庭生活节奏进行改善。一是，在清晨增加孩子和父亲的互动，满足孩子和父亲的联结需求，为他进行"蓄杯"。二是，把晚餐的时间提前，这样就可以提前安排孩子入睡。对大多数幼儿来说，从晚餐结束到睡觉需要一个过程，如果孩子过于饱腹，他是不会去睡觉的，他需要一个消化的过程。这是从整个家庭生活的节奏上来进行调整的建议。

回到你的提问。对学龄前孩子的时间管理，其实就是家庭生活的节奏管理。

孩子在这个阶段会跟随大人，我们在节奏安排上，还需要给家庭中的每个人留出一些弹性的空间。当一个家庭拥有足够的弹性时，就可以让每个家人在家庭生活的节奏中获得足够的支持。

所以，我给出以下建议。首先，你需要判断一下孩子晚上的睡眠质量如何。孩子入睡困难吗？睡得晚吗？睡眠时间足够吗？换作大人，如果睡眠时间不够，白天也会感觉到没有精神，动作缓慢。学龄前儿童的睡眠是非常重要的，如果你的答案是孩子缺觉，那么孩子在白天磨蹭就很容易理解了。针对这个部分，可以对家庭生活节奏进行调整。

其次，你需要"看到"自己在孩子磨蹭时的状态。孩子和我们心中的那个我们自己熟悉的内在小孩如此不同，我是那样长大的，他却是这样的。这很容易让我们像一个小孩子一样带着愤怒和委屈与孩子较劲儿。

我的孩子在看到我和先生拌嘴时就会说："你们别吵架了，怎么像我们幼儿园的小朋友一样。"所以，可以从这个角度问：是谁需要孩子这么急？是谁需要孩子这么快？为什么对于我来说慢是困难的？

管理好你自己的情绪，"搞不定"时先通过呼气来调整自己，然后问自己：我想要的是什么？我是谁？我能做点儿什么帮助自己在孩子磨蹭时保持平静、清醒和觉知？

陪伴学龄前的儿童时，我们好像在牵着一只蜗牛散步。他们对世界的好奇是成长的需要，也需要家长保护。因此，在问题之外，我还建议你，将对自己的期待和对孩子的期待进行区分，问自己"我希望养育一个什么样的小孩？我怎么做可以支持到这个部分？"

有时，孩子的磨蹭，孩子的不听话，只是在表达："爸爸妈妈，我是和你们不一样的人，我想做我自己。"

这是针对学龄前儿童磨蹭行为提供的建议和思考方向，我在其中用到的是系统式思维的工作方式，从事实、感受层面进行拆解，"看到"孩子的部分，也"看到"家长的部分，希望对大家在思考和实际运用中有所帮助。接下来，我们再看一个三年级孩子在星期一磨蹭不上学的案例。

案例 2

星期一，孩子磨蹭不上学怎么办

早上6:50，起床的闹钟响了，孩子好久没有动静。我去看，孩子（三年级的小男孩）还在沉沉地睡着。

我想起他周五晚上11:30睡，周六晚上凌晨睡，昨晚看电影的时候看了一半就睡着了的样子，知道他肯定非常疲倦。同时，虽然已经到白露节气了，但是在秋天的早上还是闷热得让人汗流浃背，可能会让人莫名烦躁。

【点评】遇到挑战先不着急做出反应，暂停一下，将自己"摘"出来，看看是什么原因。这份"看见"通常可以激活我们对孩子的爱和理解。然后思考，此刻，自己可以为他做点儿什么？而非聚焦在单纯的结果上，以致忽略了过程。得不到孩子的理解也会让自己掉进和孩子纠缠斗争的坑里。这份理解也能为父母争得退后一点点的空间，缓和可能爆发的亲子冲突。

我轻声唤他，他翻了个身，看看时间，不说话，接着睡。我再喊，他就开始满床打滚，说："我不去上学。"

我站在床边，一边心疼他，一边觉得好笑。这哪里是 8 岁，简直就是 8 个月嘛！"接受孩子可能的磨蹭"，像警报灯似的在脑海里提醒我。

我柔声说："看上去你确实很累，我现在需要出去买早餐，希望我回来时你已经起来了。"

【点评】继续遇到挑战的时候，你依然要提醒自己观察并思考原因，以退为进，错开容易引发情绪冲突的点，为自己找点儿事情做，并预估孩子进一步可能会有的反应。这样，当你看到他果然如此的时候，就会有所准备，也能帮助自己多点儿时间和空间思考对策。是不是颇有斗智斗勇的味道？但在这背后，包含的是你对孩子的爱和理解。

在这里还有一个非常重要的点：孩子的情绪是孩子的，不是你的。通常，孩子情绪的发作，尤其是在你还没做什么的时候，往往来自于他们自身发展过程中的失衡。那是他们自己的部分，家长要慢一点，不然很容易就会跳进去和孩子的情绪"同呼吸共命运"了，那样对问题的解决没有什么帮助，反而会让自己失去理智。

这时，你要保持冷静，默念"这是他的事儿"，然后给孩子提供温暖的支持和回应。因为，孩子越不可爱的时候越需要爱。这个时候，他们更需要父母给予的回应是温暖的爱和理解。

在处理孩子情绪的章节中，我还会举例讲解如何管理混世魔王般的孩子的无理行为和情绪。在这个案例中，很明显，孩子需要父母给予充分的理解、爱和支持。

我买完早餐回家已经 7：08 了，果然，孩子还是在呼呼大睡。

先生已经把他的校服在床边放好。我一进去，孩子就睁开眼睛对我说："妈妈，快把体温计给我。"我没说话，给他夹体温计。体温计显示温度正常。

孩子好无奈啊，但他还是决定"斗争"到底。他继续翻滚了两下，还是不起床。我决定先去把早餐摆好。

【点评】孩子情绪上来时，允许他发泄出来，同时为自己赢得空间和支持；允许孩子使用他自己的"笨办法"尝试解决自己的困难。根据对情绪发展的了解，情绪走完全程就能消解，但如果在其中遇到阻抗，它就会"死灰复燃"，导致情绪升级或者整个人被情绪淹没。所以，在这个时候，家长的稳定、冷静非常重要，尤其在早上时间紧张的时候，切忌和孩子硬碰硬。你可以在心里默念：都会过去的！你要给孩子一些时间。情绪高点只能持续12秒，只要不去对抗，这个大浪就会退潮。接下来，你会发现家长的"允许"会帮助孩子将和家长对抗的能量收回去，用在自己的思考和选择上。

这是很"划算"的工作方式，家长不用生气，孩子可以自由地和自己的情绪待在一起。这是一种深层的"允许"，同时，孩子还得到了空间思考自己的事。

这个过程的核心就在于家长要不断地问自己：这是谁的事儿？这样你会更容易给出这个"允许"和"等待"的应对方式。

我说："现在是7∶15，你需要做一个决定，是去上学还是在家里休息？"

他回答："在家休息。"

我说："好的，你需要跟王老师请个假。"

他大喊："我不会请。"

【点评】第一点，针对低年级的孩子，需要增强他们做选择的能力。在基于事实的层面给出选择范围是一个很好的方法，不要使用带有情绪和指责意味的话，如："你马上要迟到了，你去不去？""你能不能快点儿？"而是告诉他具体的时间，邀请他在一个范围内进行选择。你也可以问他："现在我做什么会让你舒服点儿？"目的在于帮助孩子从情绪中挣脱出来，引导其对自己进行观察和思考。

第二点，要将选择的权利让给孩子——去和不去的选择在你，实施也在你，后果也应该在你。这就是"我做主、我选择、我负责"的思路。

父母在这个时候要忍得住。其实，事实往往告诉我们，这个过程只需要几分钟。但如果父母内心很焦虑、着急或者恐惧老师的指责，这样的场景往往就会升级，以致耗费很多心理能量和时间，往往还解决不了问题。

可见，第一节中关于父母自身情绪稳定的练习是很重要的。常常用"三三法"帮助自己，我们会在遇到挑战的时候情绪更加稳定，情绪稳定能给我们带来令人放松的选择。这样，我们才能更好地支持孩子缓解他自己内心的冲突。

我温柔地看着他说："我可以给你手机，你跟王老师说清楚就行了。妈妈知道你很累，肯定没有休息好，如果不想去上学，妈妈是没有问题的。而且妈妈今天要去收拾工作室，你可以陪我去，也可以在家里接着休息。"

孩子的眼泪流出来："你去说，我不知道怎么说。"

我是真想帮他啊，能在家好好睡觉养身体真的很重要啊。

作为母亲我还是忍住了。我温柔地摸摸他的头："上学是你的事，现在已经 7∶16 了，你自己要想一想，选好了告诉妈妈就行。今天屋子里真的很热，和你说这一会儿话，妈妈就一身汗了。这个屋子也闷，我刚去买早餐外面还是很凉快的，你先换好衣服到客厅里凉快一下吧。"

【点评】在继续面对挑战的过程中，家长要死守"学习是你的事儿"这条底线，这样可以反复提醒孩子回到自己那里，然后提出真正的困难。在这个过程中，父母需要坚持到底，再多坚持一下，孩子就会发生转变。

孩子又滚了几下，很不开心。我说："来，妈妈给你按摩一下吧。"

我温柔地给他"刷"了两遍身体，时间就到 7∶20 了，如果他要去上学，肯定是会迟到的了。我没有说话，又抱了他一下，也在心里做好了今天他在家休息一天的准备。

孩子用枕巾擦擦眼泪，把衣服换了。我们一起来到客厅。

【点评】低年级的孩子在面对情绪困难时，身体层面的接触可以帮助他们快速地将情绪稳定下来，如按摩、"刷"身体、拥抱等，都可以帮助他们处理这些内在冲突。一般 3～5 分钟就能使情绪平稳下来。很明显，这些很有用，孩子已经主动地脱离了对他诱惑很大的场域，从卧室转换到了离家门口更近的客厅，可喜可贺。

我热得又出了一身的汗。洗漱完的先生把美术老师临时发的通知拿了出来，说："要迟到了。"

孩子一听，觉得爸爸在催他，一跺脚，转身又回他的房间去了。先生也生气了，跟进去训他，我隔得远，还是能听到先生在咆哮！

孩子哭丧着脸出来，开始吃饭，用筷子翻捡包子，闭着眼睛拿筷子捞玉米粥喝，不扶着碗。那个碗如果是个人，估计都能把肺气炸了！

吃完了，他抬眼说："我不去，要请假！"

【点评】可能你一步一步的努力会被"猪队友"的一句话搞得前功尽弃。这个时候，你需要支持你的伴侣，否则将会使孩子的磨蹭升级，那时每个人都会输。你务必问问自己：我想要的是什么？我是谁？我能做点儿什么？这样可以快速地帮助你在伴侣和孩子之间找到平衡。

这样也会帮助孩子继续回到他自己的部分，而不会利用父母的分歧与冲突要赖。

我在厨房洗碗，回答他："好的，过来拿手机，顺便问问老师落下的课是什么和作业什么时候去学校取。"孩子没进来，我觉得奇怪，出来一看，他已经穿戴整齐准备上学了！

【点评】三年级的孩子也处在语言使用的爆发期，对于说狠话会感觉很开心。很多时候，他们也会尝试着说反话来试探父母。这个时候，不妨将计就计，顺着来。他们为了显示和父母不一样，反而会走到皆大欢喜的路上去。

在这个案例中，孩子其实已经做出了决定，但他为了和爸爸斗气，要使自己显得像个"硬汉"。这也是这个年龄段的孩子的规律之一——男孩子在七八岁的阶段，需要通过反抗父亲获得精神层面与父母的分化与成长。

如果你也面临这样的情况，就请记住这个规律，这样你可能就会从之前的痛苦反对转为理解与支持。毕竟，孩子是亲生的，你得多多"支持"他们的成长！

我也赶紧穿鞋，先生也一起。孩子为了节约时间，骑了自行车，我们小步快走和他一起往学校赶。

在他往前骑的过程中，我对先生说："待会儿你能抱抱他吗？"先生的怒气还没消。我接着说："要不你抱他一下，我抱你 10 下？"先生摇头。我说："那要不 100 下？"先生还是摇头。

我说："还生他的气呢？"先生快速且肯定地说："是！我恨不得踹他两脚！"我斜眼瞟先生说："你太有眼光了，挑了一个脾气这么好的老婆啊！混合双打愉快啊！"

然后，在自行车库门口，先生还是牵起了孩子的手。我们三人手牵手一起走到了校门口，迟到了 5 分钟。我们一起亲了孩子。

【点评】抓住空档，找到机会和伴侣沟通很重要，要记得，你们是育儿路上相互帮扶的拓荒者，是战友，不是敌人，时刻要建立联盟并沟通。

很明显，在这个案例中，丈夫憋的气被妻子的调侃卸载下来了，他可以感受到妻子不仅没有责备他让其前功尽弃，反而还有甜头——被抱100 下。这是夫妻之间很重要的互动，可以帮助爸爸回到父亲的角色，在分离前自然地给予孩子谅解和支持。

这就会在孩子和爸爸之间达成一种男人间的默契，也使妈妈可以得体地退出。

我蹲下来再紧紧拥抱他："谢谢你为自己做了很重要的选择和决定，妈妈知道你很困，不舒服，但妈妈很佩服你为自己做了选择，也很努力地追赶时间，这是负责任的行为！你到了学校多喝点水就不会那么困了，我们下午见！"

【点评】快速地对孩子做到的部分进行反馈，表达对孩子做主选择承担的"看见"和认同甚至是赞美。说实话，这对一个孩子来说确实很不容易，发自内心地称赞和感谢他们，将为他们极大地赋能，同时，分离之前提供一个小小的期盼，让孩子知道虽然他做了可能让爸爸妈妈不开心的事，但他依然被期盼着，爱着，关心着。这样，他将更有勇气和力量面对自己即将迎接的挑战，因为他清晰地知道：爸爸妈妈爱自己，自己有家可回，有路可退。

"庞大的不傲慢，微小的不自卑"，在亲子关系中，抱持温柔，尊重孩子选择的权利，"看见"他做到的、做得好的地方，忍受那些和我们不一样的磨蹭，真的是修行！

【点评】事情过去了，自己也别忘做个复盘，在"看到"孩子做到的部分的同时，也"看到"自己做到的部分。这样，在下一次挑战来临时，你将拥有更为平稳和有效的方法以支持和陪伴孩子。

孩子的磨蹭，大人的拖延，其背后都有动机、功能和意义。如果想改变以磨蹭、拖延为表达形式的行为，首先，就要为其重新命名，用新鲜的、好奇的眼光寻找这个不断重复发生的现象背后的原因。理解会让人放松，人放松了就能产生新的创造性的解决方案。

其次，爸爸妈妈要努力尊重孩子，因为孩子是和我们不一样的人。因为我们不一样，所以我们对时间的感知不一样，我们完成一件事的方式和节奏也不一样。当我们比较快时，就需要提醒自己保持好奇，先学会观察，看看孩子是什么个性，天赋在哪里？他的"出厂设置"和"使用说明书"我们是否比较清楚？继而看到孩子其实能够用他们擅长而又不同于我们的方式面对自己生命中的挑战。

这可以提醒我们不把自己内心的标准和喜好作为孩子的行为准则和底线，不让自己的经历成为孩子发展中难以突破的天花板。只要我们发自内心地尊重孩子，就很容易建立起平等的亲子关系。

得不到尊重的孩子，将活在父母的局限里，他们将会花费巨大的代价去满足父母的要求，从而忽略自己成长的需要。而这，违背了生命存在的意义——成为他自己。

得到尊重的生命将更容易放松地探索和成长。孩子会对这个世界和自己充满希望。而一个拥有希望的生命，将很好地活在自己的节奏里，饱满而充实。

第 3 章

情绪失控，难以应对

在陪伴孩子学习和成长的过程中，排名第二的问题是家人认为孩子容易情绪失控，难以应对和安抚。在这里，我主要从父母与孩子的互动层面展开情绪管理的话题，所以需要将问题放到"挑战"发生的情境中看。

我们需要看到，在情绪失控时有两个关系主体：孩子和父母。在前面的章节中，我花了不少的篇幅讲父母情绪管理的内容。下面我接着讲孩子情绪管理的内容。

孩子为什么在父母陪伴的时候会情绪失控呢？我们先看被很多父母忽视的部分——培养孩子对父母权威的尊重。

第 1 节 培养孩子对父母权威的尊重

每当临近期末，关于孩子学习的咨询量就会增多，学龄儿童的坏脾气、磨蹭和青春期少年的厌学及不服管教的案例比较集中。在咨询的进程中，我观察到，几乎所有遇到高难度挑战的家长，都在孩子 12 岁前的养育中，长期缺失了对教养中的首要原则——培养孩子对父母权威的尊重——的坚持和练习。

无论是由于软弱、劳累还是忙碌或者缺乏清晰的人际边界，如果父母在孩子早期的教养中经常"对抗"失败，那么他们在后续的亲子关系中将很难引领孩子，也很难在冲突中获胜。"小霸王""小祖宗"将占领制高点，亲子关系倒置，父母的功能受到巨大的威胁；而对孩子来说，当他们遇到真实的挑战和需要成长支持时，也会因为缺乏具有权威的父母的引领，成为跑出天际的"熊孩子"或者一生依赖父母的"甩锅侠"。

　　这样的代价，无论对父母还是对孩子来说，都是很惨重的。但如果在早期教养的过程中，父母好好留意培养孩子对父母权威的尊重，尤其是在生活中加以陪伴和引导，能有意识地在放养和圈养之间找到"爱与管教"的平衡点，那么基本就能将亲子教养中的常见问题削去大半。这是事半功倍的事。

　　下面，我针对自身对于爱与管教平衡点的理解和运用展开论述。

认识3种类型的父母

　　培养孩子对父母权威的尊重，父母需要具备权威。我们先来理解一下与权威型父母概念有关的经典理论。

　　20 世纪 60 年代，加利福尼亚大学伯克利分校的心理学博士戴安娜·鲍姆林德把父母的教养方式归纳为两个维度：控制和接受。

　　控制，指的是父母对孩子的监督程度和所设的界限，而接受是指父母给孩子的温暖和关怀。鲍姆林德博士根据这两个维度，将父母分为以下 3 类：专制型、放纵型和权威型。

　　一种极端，是专制型父母（监督、冷漠）。专制型父母严厉、刻板、无情，他们看重的是孩子是否顺从，并不会考虑孩子的需求。

　　另一种极端，是放纵型父母（放松监督、温暖）。他们温和、慈爱，但缺乏原则，对孩子疏于管教。

　　专制型父母太严厉了，而放纵型父母又太温柔了，两者都是有害的。

　　恰到好处的中间状态是权威型父母（监督、温暖）。他们对孩子的感受和需求非常敏感，又不太会放纵他们，他们有清醒的原则和界限，却又懂得变通，并注重培养孩子的独立性。

50 年来的研究表明，在三种类型的父母中，权威型父母能培养出适应能力最强、最有教养、最机智、成就最高的孩子。

权威型父母的操作核心

鲍姆林德博士提到的权威型父母具备监督和温暖的特征，我们可以用"不带敌意的拒绝，不带诱惑的深情"形容和理解权威型父母在亲子关系中的情绪和行为特点。放在肉眼可见的操作层面，我总结概括为"接纳情绪，管理行为"这 8 个字。

我们都想让孩子拥有善良、感恩、令人愉快的人格特征，但这个结果的达成不能仅仅靠我们的期待，还需要依靠良好的管教，即管理和教育。

从"以终为始"的角度来思考这个问题：

如果我们期望孩子成年之后拥有诚实、坦诚、无私的品格，那么在孩子早期教育的阶段，我们就可以有意识地将这些品格作为教养的目标。因为，孩子的良好态度不是与生俱来的，我们怎样教导他们，他们就会成为怎样的人，我们不能奢望孩子浑然天成地成年。同时，每个孩子都强烈地渴望自己可以支配自己的生活，在和家长的意志对抗中，他们都希望获胜。这个对抗从他们在婴幼儿时期就开始了。

例如，有家长问我："我家宝宝 19 个月了，脾气很急。当他迫切地想要看书时，会气得把书扔掉；给他讲书时，如果不是他想听的，他会再次哭着把书扔掉。玩玩具插不到小孔里时，他会气得把玩具扔掉。他基本上不能玩难一点儿的玩具。对于脾气急的宝宝，有没有什么好的办法？我目前的方法就是安抚，让他说出他的情绪。但我知道自己的内心没有接纳他这个状态，我有时候也会被他气到。"

对于这样的问题，我的回应是：

对于现在十分爱孩子的妈妈来说，爱与管教的平衡，确实很有挑战性。两岁左右的宝宝确实会有叛逆的情况，父母在无条件接纳他们的脾气和行为的同时，也需要逐步建立父母的权威。

从你的描述来看，我有两个印象：一是，你对于孩子的哭闹和急切不是很"耐受"；二是，你的孩子通过发脾气赢得了很多好处，他似乎"打赢"了你。

这个阶段你需要接纳他的脾气，同时你也需要通过简单明了的指令让他明白发脾气没有好处。

例如，带着爱和关怀让他哭个够，不打断，不离开，只是倾听他的"发作"，直到他自己偃旗息鼓。我之所以给你提这个建议，是因为从你的行文中我感受到，他发脾气时，可能你给予了过多的干预，打断了他情绪的表达。

你可以清楚且温和地告诉孩子，他现在处在什么情绪里，例如愤怒、悲伤、失望或者难过，这是为情绪命名的过程，可以帮助孩子看到自己处在什么状态里。在此之后，再对孩子进行行为层面的管理，需要帮助和陪伴他收拾残局，捡回书籍和玩具。你要温和地坚持，让他明白可以发脾气，但他得自己收拾自己带来的局面。也就是说，"接纳情绪，管理行为"。这个年龄段的孩子可以很快学会这些，就看做母亲的你能否勇于管教了。

　　"接纳情绪，管理行为"的方法，既能保护孩子的自主意识，也能让他们了解和学习什么是界限。界限和秩序就像悬崖边的护栏、黑屋子里的墙壁、大桥上的栏杆一样，将为人生旅途中正处在低年龄阶段"学步起跑"的孩子带来充足的安全感。

　　面对孩子的种种挑战，如果你可以温和而坚定地勇于管教，那么这将会为你在孩子心中树立权威打下良好的基础，也会为你们未来的合作起到良好的支持作用。

培养父母权威的方法1：立即对挑战予以回应

　　教会孩子尊重的概念十分重要。作为父母，你需要判断，当孩子产生一种不受欢迎的行为时，是否是他正在对父母权威公然进行挑战，然后根据你的判断决定采取何种形式的管教和回应措施。

　　通常，孩子特别喜欢不断地探索你的底线。在他们心里，有另一套逻辑：妈妈让我 8：30 去洗澡的意思其实是我还可以再玩一会儿，让我 8：45 去洗澡的意思其实是我得站起来了，9：00 时对我喊的意思其实是我必须立即去洗澡了。这半个小时的历程，就是孩子和父母之间的拉锯，受制于父母对孩子行为回应的及时程度。

　　如果你不能让一个 5 岁的孩子捡起他的玩具，收拾好后去洗澡，那么，你也不太可能对一个青春期的孩子拥有更多的引导力。

　　通常，我会建议父母在感受到被孩子公然挑战而非无意过错的时候，立即针对孩子的挑战做出回应。"及时应战"非常重要，这可以立即教会孩子边界在哪里。

　　在你行使管教权利时，请注意结合方法 2 和方法 3。

培养父母权威的方法2：管教而非惩罚

　　管教是父母之爱的一种明确的功能，但往往被很多家长误认为是控制或者惩罚，它们其实是有巨大区别的。管教是带着纯粹的爱"支持"孩子成长、帮助孩子感知界限的行为，控制或惩罚却往往是父母被挑战之后，为了发泄对孩子的愤怒而产生的失控行为。

　　"接纳情绪，管理行为"可以帮助你分辨惩罚和控制，也能帮助你让孩子在被管教的过程中感受到父母的爱。我想说的是，虽然爱与管教的平衡点很难掌握，但它们是在相互作用的基础上影响孩子的，并不是两个相互对立的因素。爱和管教本身是同一事物的两个面，在亲子关系中相互依存。

　　管教的动机是矫正孩子的行为，而非发泄被挑战后的愤怒。破除将爱和管教二元对立起来的思维，你会更自如地找到融合这二者的平衡点。

　　"我们太爱你了，所以不能让你这样做。"这句话推荐给带着爱勇于管教孩子的朋友。

　　当我们带着爱——纯粹的爱——去管教孩子时，孩子的心里其实非常清楚他是不是应该受到这样的"惩罚"，是否罪有应得。你如果不确定，那么可以在受到孩子公然的挑战（挑衅）后告知你的孩子：

　　"你这样做让我很不舒服，如果下一次再发生，就没这么简单了，我可能会采取……样的措施来管教你。因为我太爱你了，所以不能让你再这样做。"

　　然后，如果再次发生类似的事，你就可以拿出权威管教孩子了。我把这个过程称为预备管教。这个方法可以为你还没想清楚如何回应"找个台阶下"，也可以为你下一次给予干脆的回应留出空间，还能让你的孩子有所警觉和收敛，这就是俗话说的"先礼后兵"。

培养父母权威的方法3：尊重孩子

如果我们不尊重孩子，就不能要求孩子尊重我们。不论孩子多大，我们都需要小心守护孩子的自尊，永远不要贬低他们，尤其是不要让他们在朋友面前难堪。

"爸爸妈妈是真的关心和爱护我"，孩子会有这样的直观感受，但这并不意味着你需要走向另一个极端——讨好孩子。我观察到放纵型的父母很容易讨好孩子，导致父母与孩子的角色错位。这不仅会丧失父母权威对孩子的滋养和支持，也会让孩子失去界限内的安全感。

勇于管教，在于在"爱和管教"中守护孩子的自尊。你可以假设自己是孩子，感受自己期待如何被管教，如何被对待。这样的角色置换可以帮助你更好地采取适中的方式对孩子进行管教。

处在青春期的孩子的表现是孩子以前所有教养和行为的浓缩，或者说是综合。所有在青春期前存在的问题，到了青春期都有可能恶化和爆发。每个孩子成长中的前 12 年，都是解除青春期定时炸弹隐患的最佳时期。

希望父母秉持"我做主，我选择，我负责"的态度，基于"接纳情绪，管理行为"的核心操作原则，培养孩子对父母权威的尊重，使用及时予以回应、管教而非惩罚和尊重孩子的基础方法，在爱与管教的平衡中引领孩子走向广阔、安全的未来。

第 2 节 孩子乱发脾气时，你可以立即使用的管教方法

在上节内容中，我们了解了爱与管教的平衡方法，着重谈到了培养孩子尊重父母权威的原则，从"接纳情绪，管理行为"出发，在日常陪伴中着重练习 3 个重要方法——立即对挑战予以回应、管教而非惩罚和尊重孩子。

接下来，我将继续就勇于管教的主题，结合案例给大家拆解在常见沟通情境中（如电子产品的使用、做作业、零花钱、家务活儿等），当孩子乱发脾气时，你可以立即使用的有效管教方法。

我将向你介绍：父母的管教风格；在你遇到挑战时，可以立即使用的应激沟通 3 要素；事后联结的示范。你可以将其在日常的沟通中进行运用。这些方法不仅适用于亲子沟通情景，也适用于处在较大张力状况下的成人的沟通情境。

下面，我将从电子产品的使用冲突开始讲起。

一个常见的冲突场景

某个工作日的早上，孩子起晚了，吃过早饭的他无所事事，既不准备上网课，也没任何迹象表明他会读书或者下楼锻炼，而只是在家里东摸西摸。这些我看在眼里，却没有做任何干预。

过了 9：00，我开始工作，没一会儿工夫，他举着 iPad 进来请我为他打开。我"很惊讶"地问他："这个时候用平板干啥？"他回答："看电视。"

这一天是工作日和上学日，9：00 之后是我们早就约定好的各自工作和

学习的时间，他不可能不知道，所以，这是一个公然的对父母权威的挑战，我必须立即予以回应。

我非常平静地告诉他："现在是学习时间，不是娱乐时间，不可以看电视。"

他大概知道妈妈大多数时候都是说一不二的，估计自己也做好了不被允许的准备，但可能没想到妈妈如此简洁地说了"不"！

他恼羞成怒，突然像炸裂的鞭炮，重重地关上平板盖子，又"啪"地一声，将其重重地丢在我的书桌上。他"嗷嗷"地喊了几嗓子，说我总是不允许他看电视，等等，然后跺着脚，大张旗鼓地"哼"了一声，接着甩着手走了！

我坐在电脑前觉得既好气又好笑，气的是他乱发脾气，笑的是他的如意算盘落空后恼羞成怒的憨傻模样，同时也有一些欣慰：他可以接受拒绝，他知晓规则，但就是想挑战规则。这可真是一个顽童啊！

我知道，非常好的亲子管教时机到了。

第一回合至此告一段落。

如果是你，你会如何回应你的孩子？你会采用什么样的管教风格和孩子沟通呢？在了解具体的回应方式之前，我们先认识一下常见的4种管教风格。

4种管教风格

心理学家在20世纪60年代末提出了4种不同的管教风格。研究表明，我们每个人都有一种主要的管教风格。接下来看看你最接近哪种管教风格？

（1）引导孩子进行换位思考。与孩子沟通他的行为造成的后果，教导他，与他一起推理，让他思考自己的行为对他人的影响。

（2）表达失望。对孩子的行为而非孩子本人表示失望，表明你知道他本可以做得更好。让孩子知道你对美言善行的期待，表明你知道他可以做出正确的选择，但是在这种情况下，他却没有做到。

（3）诉诸权力。借助暴力和物质资源控制孩子，包括肢体动作威胁、体罚（如打屁股）、呵斥、免除特权、禁足或通过安排额外的家务活儿惩罚孩子。

（4）疏离。通过不再给予情感支持、忽视、孤立、背对孩子或拒绝跟孩子说话惩罚他，直接表达对孩子的厌恶或者告诉他你以他为耻。这些行为的初衷是让孩子觉得特别难过，希望他不会再做令人反感的事情。

引导孩子进行换位思考和表达失望属于管教，它们旨在帮助孩子学习，所传达的信息是责任和可能性：我们一起做这件事，我教你做"对"的事。

诉诸权力和疏离属于惩罚，它们旨在让孩子感到痛苦，所传达的信息是不认可、反对：我可以孤立你。

在孩子公然挑战你的权威时，不论你将使用"黑猫"还是"白猫"，立即使用你的管教风格予以回应是非常必要的。这将帮助你的孩子学习尊重父母的权威，其好处在第一节的分享中有详细的描述，读者可以翻回去再巩固一下自己的管教风格。

立即对挑战予以回应的示范如下。

有那么一刻，我被孩子的脾气"怼"在座位上，当时我手头有重要的工作要做。根据过往的经验，我知道这是他放弃试探、接受拒绝之后发泄的样子，一会儿就会好，但这不能成为他乱发脾气并不尊重妈妈的理由。我大概花了 30 秒做了一个暂停：我需要立即管教他。

我从书桌前起身走出房间，他刚好上完卫生间转身准备出门，没冲马桶！

他看到我站在卫生间门口，打算从我胳肢窝下钻过去，以对我的视而不见表达不满。我堵在门口，没让他通过，他抬眼看我，那愤怒的小眼睛，闪闪发亮！

我为了增加自己的气势，把手交叉叠在胸前，眉头一皱，非常平静地对他说了如下的话："果果，你知道这个时间是不能看电视的，还来问妈妈，这说明你真的很想看。我也谢谢你很快就接受了不能看电视的结果。所以妈妈猜想你心里其实很清楚什么是更好的选择，对吧？这一点是值得肯定的。"

他的身体表现出了放松的模样。他叹了一口气，肩膀松了下来。

我抱着手臂继续说："但是，正在工作的妈妈被你打断，还被你乱发了一通脾气，你这样没有礼貌地对待妈妈，我不开心也有些失望。虽然我能理解你的想法，但我认为你这样做是很不好的，对妈妈不公平也不尊重，我需要你向我道歉。"

他退后一步直直地看着我，看上去是不想道歉啊！

"因为我非常爱你，所以我不能允许你这样没有礼貌。我希望以后不再发生这样的事，不然，我会对你不客气的！我可能会向你学习，用你对我的方式对待你，你觉得这样好吗？"

他皱着的眉头松开了，摇了摇头。他仔细地看着我，我猜他估计在感受妈妈是不是真的爱他。

我想他应该很明显地感受到了我对他的管教是出于纯粹的爱而非惩罚，因为他很快就轻声对我说出了"对不起"这 3 个字。他能说出这 3 个字不容易呀！

我心一动，弯下腰，松开手臂对他说："收到了。记住，不能有下一次。"

他眉眼又一松，学我把双臂抱在胸前，对我说："我要出去做作业！"

我坚如磐石，依然站在门口，说："不着急这一会儿，你回头看看，忘记什么了吗？"他转身看了看，按下了马桶的冲水键，然后准备冲出卫生间。

我指指马桶盖上方的墙壁："现在，马上，请你写一个能帮助你记得冲马桶的提示贴上去，这是你很早就答应了妈妈要做的事。如果需要帮助，可以来找我。"

他又要发脾气，脚抬了一半，我摇摇手，轻声说："嗯……"他很尴尬地还是把脚踩了下去，不像几分钟前那么"地动山摇"了，只是嘴上还是不服输："哼，做就做！"

第二回合至此告一段落。

在这个过程中，我首先让自己暂停，做出了管教而非惩罚风格的管教选择。在孩子有强烈情绪的状态下，我接着使用了"应激沟通 3 要素"（后文会进行详细的讲解）。下面，我们来看在上述沟通中，我使用了什么方法。

应激时及时"暂停"，日常重视"维稳"

当孩子和你都处在情绪张力的应激状态时，作为父母，首先要帮助自己快速暂停。这个步骤非常重要，否则我们很容易被孩子的情绪带入更加紧张的防御的状态，让我们和孩子之间的冲突不断地升级，从而增加处理挑战的时间，增大处理难度。

你可以通过深呼吸，和孩子暂时分开一段时间。这个时间不能太长，通常深呼吸 1～2 分钟就可以快速地恢复到相对平静的放松状态。你也可以默念"亲生的"、我要追求"有效而非发泄"、我要"管教而非惩罚"，你提示自己：我不是去和孩子对抗的，而是要帮助孩子了解什么方式更好，是要去教导孩子做"对的"事的。

这就像行军打仗，想要有正确的战时应对方案，就需要在日常加强训练。

平日里，我会建议父母常常书写针对孩子的观察日志，记录孩子"金光闪闪"的一面；每天打开"优势开关"，从赞赏的视角和孩子沟通，让自己经常锻炼，获得好的体能和稳定的情绪。这些未雨绸缪的准备工作可以帮助我们在和孩子发生冲突时，能够快速暂停，更好地管理情绪，带着满满的爱做出支持性的管教选择。

应激沟通三要素

在第二回合中，"暂停"带来了很好的处理空间，接着使用应激沟通三要素进行沟通，可以快速地帮助你和孩子管理情绪，使孩子清晰地领会你的意思并做出行动上的回应。这三个沟通要素如下。

第一，简洁清晰。

（1）使用肢体语言（如抱拳、堵门儿）创建沟通场景。如果人多，需要将孩子带离冲突现场，给他留面子，这也有助于控制孩子乱跑，但要注意分寸，勿让孩子觉得你在"打"他或者"拉扯"他。

（2）控制语言的数量。简洁清晰对于处在情绪中的孩子非常重要。例如：不，不可以，不行，不好意思，现在不可以，等等。

第二，声音平稳。

语气是孩子常常吐槽的觉得父母不够友好的点。往往父母说的内容都很有道理，事后复盘孩子也会了解父母是对的，但在冲突情境下，父母的语气、语调、语速往往都会发生比较大的改变。你可以在日常和孩子约定：如果你用了让他感觉不舒服的语气，他可以使用什么方式提醒你，帮助你"暂停"和转换到平稳的状态，如戒烟的"No"的姿势、"暂停"的姿势、嘘的手势、下蹲等。这些方法同样适用于你提醒孩子注意自己的语气时。

为什么需要关注这个部分呢？因为紧张、不耐烦、不友好的语气会给孩子的情绪火上浇油，你们会更容易一起进入战斗防御的状态。这对解决问题不仅没有帮助，反而会让冲突升级。

第三，直接要求。

记住，不讲道理，只讲"1、2、3"，讲你需要他怎么做。例如，当你说现在、立即、马上时，就代表他必须现在去做，这是日常的约定。再比如，你在外面直接叫孩子的大名时，意味着行为层面的提醒，他就需要"暂停"，想一想自己的言行是否合适。

以上方法需要在日常生活中和孩子提前约定，或者在冲突发生之后复盘时，通过沟通与他约定。因为冲突会再次发生，你们可以通过这样的方式不断优化沟通形式，节约彼此的能量和精力，让冲突得到更好的解决。

打开"优势开关"，重建联结

没多久，他拿着他写好的"提示"悄悄走到我身后，我瞬间回头并"哇"地大叫一声，他咯咯直笑。我说："想吓妈妈吧？……"

他乐呵呵地把写好的提示给我，转身就走了。我拿在手上看了起来。内容很幽默，我瞬间明白，他一定是自己写得很开心，又不好意思在妈妈面前表现自己已经不生气了，所以转身跑开了。我拿着"提示"起身追了出去，一边追一边夸张地喊："帅哥，别跑呀，我是你的'迷妹'呀，你写得太好了……"

他一听妈妈"疯"了，赶紧拔腿就跑……我一把抱住他，甩着手里的"提示"说："你是怎么做出来的？我看得好开心啊，这下我也不会忘记冲马桶了！你真的是太幽默了，太有才了啊！"

他指指上面的内容说："我在网上搜的。"然后煞有介事地给我念，每念一句，我们都笑得前仰后合。我还发现"提示"的四个角都贴了星星。

"迷妹"又开始夸了："哇，我才发现你居然在四个角还贴了星星啊！看起来很美观呢！你真的很在乎细节并追求完美哟，很养眼，我喜欢！"

我双手捧着"提示"，不停地赞叹。他真的很开心，跑去拿了胶水过来，让我和他一起把"提示"贴在了墙上。

之后的几天，我们去卫生间时都会先念一念"提示"上的文字，大家都乐呵呵的。孩子的幽默不仅给我们带来了很好的心情，也非常好地帮助了他自己和家人保持了马桶的清洁。

第三回合至此结束。

在这个过程中，我有意识地打开了"优势开关"，"看到"孩子做到的部分，结合他的好的特点和品质表扬他。这是从优势出发的表扬方法，可以快速创建亲子联结，使彼此达成有效的沟通。

总结如下。

遇到亲子冲突时，我们需要积极地"暂停"，选择管教风格，立即对孩子公然的挑战予以回应。在"接纳情绪，管教行为"的原则下，我们要通过简洁清晰、声音平稳、直接要求的沟通 3 要素引领孩子达到行为层面的改变，随后使用打开"优势开关"这一方法，重建爱的联结。

接下来，我将继续和大家分享表扬的分类、操作要点，以及如何通过一些魔法词帮助父母和孩子在日常的生活中进行"维稳蓄杯"，以此获得更多亲子关系中的爱的积累，从而轻松应对随时可能出现的情绪冲突。

第 3 节　孩子的乐观与坚韧，
是从日常生活的积极反馈中得来的

在第二节的内容中，我提到了在面对孩子用心制作的可爱提示（贴了四个五角星、搜集资料、仔细抄好、区分颜色、横平竖直贴好）时，我打开"优势"开关，"看到"孩子做到的部分，结合他的好的特点和品质表扬他。这个方法是第三节的内容中我想和大家进一步分享的，它不仅可以帮助我们快速建立亲子联结，更能长期有效地为孩子赋能，同时为他们的乐观和坚韧品质的发展提供十分有力的支持。

只要孩子发展出了乐观和坚韧的品质，那么面对情绪冲击时，他们将更容易依靠自己的力量度过情绪风暴，父母在这个过程中也将更省心。

也就是说，对于孩子难以处理的情绪问题，我们要在日常的生活中帮助孩子应对。我们无法护佑孩子未来的每一天，我们要做的是，在他们日常的生活中帮助他们成长为乐观和坚韧的孩子。这才是最好的应对方法。

关注孩子做到的部分

前面我们谈得比较多的是亲子关系遇到挑战时如何回应，这符合人类常常优先关注负面行为的特点（俄亥俄州立大学的一项研究表明，我们的偏见在我们尚未觉察时就已经发生了）。这意味着，在孩子没有出现负面行为的大多数时间里（相信你的孩子绝对不是一天 24 小时都是熊孩子，更多的时候他们其实是"无公害"的），我们很容易忽略他们做到的部分，并缺乏与他们就其做到的部分积极、主动地进行沟通的意识。

当然，这也能用以解释为什么负向行为是孩子获取父母关注的一大法宝了，因为当他做得足够好，足够平顺时，我们往往视而不见，我们更容易扑向那些问题，而不是他们已经做到的部分。不知不觉中，通过孩子的所谓问题，我们才与孩子主动联结，这是事倍功半的做法。

有一项测试亲子间的沟通和儿童大脑发展关系的纵向研究，研究对象为四年级到六年级的学生。

研究发现，在积极沟通居多（在这种沟通模式下，父母会表达赞许、支持、关爱、幽默、幸福、愉悦、关怀）的家庭中成长起来的孩子，在成长为青少年的过程中，大脑中所发生的变化更有助于增强学习能力、决策能力、社交能力和情绪管理能力。

相反，如果父母的积极沟通水平较低，孩子在成长为青少年的过程中，大脑中发生的变化则让他们更有可能罹患抑郁症。

我们总认为自己对孩子的态度并不消极，我们做得还不错，而这项研究表明，低水平的积极沟通也可能会对孩子的大脑产生负面影响。做得不算差，并不等于做得很好。

那么，比较好的积极沟通的方式是什么呢？心理学家莉·沃特斯在《优势教养》这本书中提出了从优势出发的表扬方法，她认为这是积极的沟通方式。

从优势出发的表扬，能够更好地帮助父母打开心扉、擦亮眼睛，有意识地观察孩子做到的部分。这种思维方法非常重要，可以帮助我们更好地"看到"孩子在生活中的常态。在得到父母的鼓励之后，孩子会在自己做到的领域里获得更为充足的自信和动力，从而获得能量和支持，助力自己攻克难关，扭转负向行为，建立更为自信的人格。

针对做到的部分，启用从优势出发的表扬方法

当你观察到孩子做到的部分时，你会如何给你的孩子进行反馈呢？这些反馈是积极的还是消极的呢？这个时候，请留意你对语言的使用，因为它非常重要。

孩子的成长离不开反馈，成人之间关系的深入也离不开反馈。在系统家庭治疗体系中，反馈是非常重要的技术。若反馈用得好，用得积极，就

可以构建亲密的关系；若用得不好，就极有可能破坏关系。从我们日常生活中的交流就不难看出，一个人的情商也和他的反馈水平直接相关。

从优势出发对孩子进行表扬，是一种结构化地进行积极反馈的方法，很容易上手操作，在日常的陪伴中也会起到事半功倍的效果，前提是你需要打开"优势开关"，努力"看到"孩子做到的部分。

从优势出发的表扬不仅可以让孩子的自我感觉良好，影响到他面对失败的态度，经历挫折后的调整与恢复，还能对培养孩子的乐观和坚韧品质起到十分重要的作用。

除此之外，从优势出发的表扬更能强化孩子的优势涉及的 3 要素：优异的表现、充满激情和经常用到。

从优势出发的表扬要素1：表扬孩子取得的成就

从优势出发的表扬至少需要包含两个层面的内容。

从优势出发的表扬的第一个层面的内容是：表扬孩子取得的成就。通过表扬过程表达你在打开"优势开关"的过程中所"见到"的孩子做到的、做得好的、肉眼可见、心中可感的部分，也就是说要言之有物。

表扬过程是培养成长型思维模式最有效的方式，要关注孩子取得的成功，"看到"他们做到的部分。

"看到"自己做到的部分，可以培养内在资源的稳定性，让"自动驾驶"或者新经验被自己"看见"，成为未来生活、学习、工作中可以快速调取的经验。理解自己如何取得了成功的人，对未来会更乐观，也可以更好地应对挑战和挫折，即变得更加坚韧。

这样，一个人的心理弹性就会增加，不至于太脆弱，自己的承受力也会扩容，独立性就会增强。

例如，"你真的很不容易，刚才还在生气，现在却很快管理好了自己的情绪，搜集了这么多句子，工整地写了下来，花了很多时间。我感受到了你的认真和用心。"

值得注意的是，你需要考虑到孩子本人是如何看待努力和能力的，别表扬错了。有的孩子会认为努力是一件很丢人的事，因为这会让别人觉得他不够聪明。

我的一位学员的故事就能充分说明这一点：

今天和孩子就优势的话题继续展开讨论，我才知道我常常表扬孩子的点，对于他来说感觉却是"鸡皮疙瘩掉一地"，因为他觉得那些事情没什么好表扬的，如帮助家人打个水、煮个面条等。如果我们总是为这样的小事表扬他，就会让他觉得自己很无能。而他花时间认真拼一个积木、做一个手工，我们不以为然的东西，他却希望得到我们真诚的赞美。

了解到这些，我恍然大悟，原来我们在认识上有这么大的偏差。那么，以后我要表扬他时怎么才能"踩对点儿"呢？

我们商量以后达成的一致是，如果他觉得这个赞美很肉麻没必要，就在我开始表扬时立刻做出一个"stop"的手势，我便立刻闭嘴。如果他感觉我的赞美太敷衍，他便说："太假了嘛！"我便知道他很在意。

我知道平时要多赞美孩子，但真的没想到，9 岁的孩子的世界已经不是我能想象到的了！

如实地"看见"孩子，在事实层面上给予反馈可以避免"掉坑"。你可以反问他："你对这个部分是怎么看的呢？"还记得我们前面提到的"联结始于关注"吗？很多时候，你的"看见"对孩子来说就已经是莫大的鼓励了。把反馈感受的空间适当地留给孩子不仅可以帮助你避免"掉坑"，还能创建一个开放的沟通场景，帮助孩子发现和观察自己。他们自己得到的结论将让记忆变得更为深刻。

在这个部分，语言要简洁平实。我们要留意自己是否抢占了孩子的对话空间。请记住：这个时候，主角是孩子，我们当导演就好了。

从优势出发的表扬要素2：表扬孩子的好的特点和品质

从优势出发的表扬的第二个层面的内容是表扬孩子本身的好的特点和品质。这样你就从第一点中关注孩子的行为，到了认可孩子的内在特质，也就是表扬这个人本身的层面了。

对孩子来说，知道自己做到了什么，并了解推动自己做到的内在品质非常重要，因为这个过程是你作为父母点亮孩子内在资源的过程。

例如，"你的确充分发挥了自己的创造力和对美的追求（优势）——用了4颗星星装饰'提示'的四个角（行为）。"

"这张'提示'中有这么多的细节（行为），看得出来，你充分运用了自己搜集信息的能力（优势），然后抄写下来（行为），我能感受到你的认真和自娱自乐的精神（优势）。"

我们希望孩子发生行为层面的改变，这需要帮助他"看到"自己有能力做到，并了解自己是怎么做到的。第一层面关于孩子行为的积极反馈很重要，同时我们需要帮助孩子举一反三，了解这些良好行为与他们的内在品质和优势有关。这样才会使他们获得更多的自信，帮助他们在不同的运用场景中，更快、更清晰地主动调用自己的优良品质做决策和选择。

也就是说，从优势出发的表扬，既能认可孩子的行为，也能认可孩子的优势。通过这种方式，孩子可以理解自己是如何将自己的优势应用到具体的行为中去的。这将在鼓励孩子取得成就、培养良好的品质的部分起到无可替代的、事半功倍的积极作用。

那么，就请每天都有意识地打开"优势开关"，对于孩子做到的部分，使用针对行为过程和个性品质的从优势出发的表扬方式对孩子进行积极的反馈吧。

通过冥想和静坐增强父母的稳定性和觉察力

我们为什么常常看不到孩子做到的部分呢？除了前文提到的人的天性倾向于关注负面信息，还因为在"三多一快"（物质多、选择多、信息多、速度快）的时代，我们很容易焦虑，从而会非常快速地扑向孩子行为的结果而忽略其努力的过程，或者看不到孩子的成长是一个缓慢的过程。

这时，父母特别需要慢一点，稳定一点，清晰一点，再敏感一点，这样才能更好地"看见"孩子真实的模样，用对的方法，内心清明一点、从容一点去育儿。在这一点上，冥想可以非常具体、实在地帮助到我们。

多项研究表明，冥想至少有如下好处。

冥想让你大脑更聪明。冥想可以提高记忆力、注意力、创造力等认知能力。

冥想让你情绪更稳定。冥想可以缓解压力、焦虑、抑郁复发、悲伤等情绪问题。

冥想让你入睡更容易。冥想可以解决入睡困难、浅层睡眠多、噩梦多等睡眠问题。

冥想让你身体更健康。冥想可以辅助你改善疼痛、厌食、免疫力低下等身体问题。

关于冥想的脑机制研究发现，长期冥想会让大脑的 gamma（伽马）波活动比平时增加，而 gamma 波与注意、记忆、学习等心理过程有着密切联系；冥想练习者左侧前额叶脑区激活显著增强，而这种增强与正性情绪增强有关。

也就是说，经常冥想更有助于我们打开"优势开关"，如实地看到孩子成事的过程和品质，进而更加有效地与孩子积极沟通，让他们在成长中获得更多的爱、关怀、慈悲和善意。

我有冥想的习惯已经多年了。我曾接受过两年时间的哈科米正念训练，平日有书写和静坐的习惯，在谷歌工作时也曾负责过相关的项目。

我深知带着慈悲、善意和关怀对待自己有多么重要。通过冥想照护好自己，会给亲子关系、夫妻关系带来巨大的滋养。

依据我的从业经验和自我实践过程，我建议各位读者在生活中可以尝试冥想或者静坐的练习。对于这个练习大家不用想得很复杂，最简便的方法就是在每天睡醒之后，花上 10 分钟时间，安静地坐着，数一下自己的呼吸就行。

你最好在固定的地点和固定的时间进行这项练习。只要你坚持一段时间，哪怕只有 3 天，你也一定会发现自己开始变得更加稳定、清醒和觉知，也更能应对孩子的情绪问题了。

扩大多元信念系统训练，增强抗压、抗挫折和解决问题的能力

近年来，青少年因为情绪失控而自杀自伤的事件频发，除了遗传及神经症的因素外，许多案例的家人在事后都追悔莫及地提到：如果早一点关注孩子的情绪，帮助他们获得更好的抗压、抗挫折和解决问题的能力，他们就不会钻牛角尖，也就不会放弃自己宝贵的生命了。

每次看到这样的新闻我都感到很痛心，在此提醒父母：要有意识地通过调整生活节奏在日常闲聊对话中用多元视角提问的方式帮助孩子扩展他们的视野，"看到"一个问题的解决方案可以有很多种。这样就可以帮助孩子卸载"一件事只能有一种做法"的观点所带来的压力和失败后的绝望感。

扩大观察问题的视角还能帮助家庭在遇到困难时，通过这样的方法积极主动地"看到"并探索更多的可能性。这样可以保护孩子的情感和动力系统，使其不至于走上绝路或者停留在自责、内疚、悔恨之中，从而促使处在困境中的孩子和家庭将注意力放在可以改变的部分。

这个思维是宝贵的成长型思维，它意味着父母不会给孩子一次或者多次的行为定性，不论是好的还是差的，父母都应该知道这只是孩子成长过程中的"一小步"。我期待父母在孩子出现重大困难时，想一想他们在人生最初阶段学习走路的模样。那个时候，你一定不会因为他总是摔倒就担心他学不会走路，因为你深深地相信你的孩子。请带着这份相信，去陪伴遇到困难的孩子，鼓励他们一次次尝试，也鼓励自己多点耐心去相信他们下一次会做得更好。

　　在孩子取得进步时，也请保持淡定，你可以表达你的欣赏和愉悦，切勿夸张地提出更高的期待，以免压垮孩子。

案例 1

如何回应拥有完美倾向的孩子

　　首先，有的孩子天生是"完美主义者"，不如意时容易极度沮丧。他们往往拥有比较高的天赋，从而也在后天的环境中被老师、家长寄予厚望。在孩子幼年时，细心的家长就需要多观察孩子是否有如下行为：如学习能力超前，但一有不顺，如蜡笔画出了格，情绪就马上失控，因为橡皮擦不掉笔迹，或者练琴时错了一个音符就一定要从头再来。

　　孩子追求更好的结果是无可厚非的，但父母需要关注其情绪的稳定性，并管理自己对孩子的期待。如果你的孩子本身就很紧张和对自己的要求很高了，那么你需要帮助他减压，并引导其增强对结果的多样性的理解。

　　其次，低年龄段儿童会遇到一个完美秩序的敏感期，如会因饼干缺了一角大哭，会因鞋子没摆整齐大哭，等等，这和高敏感的有完美主义倾向的孩子是有区别的。

　　前面我们谈到问题不是问题，如何回应才是问题。但如果你的孩子处在以上描述的状态时，父母就需要多一些理解，帮助他获得第 3 种解决方案，以便从唯一论和非黑即白的二元视角脱困。这都可以帮助孩子扩展其看世界的视角，使其从紧张的唯一或者对立中松弛下来。

　　例如，在蜡笔笔迹擦不掉时，出于做父母的本能，你可以建议孩子从家里带一个"涂改带"或者"修改液"，把画错的蜡笔盖住，以避免孩子产生挫折感。

儒家的道德修养法中的"慎独"告诉我们，即便盖住了，追求完美的孩子也知道"错"就在那里。在学习生活中有很多错误是盖不住的。错了就错了，没什么大不了。画错了，可以翻过去，多点耐心，重新再画。

父母切忌被孩子的情绪卷进去，鼓励或者加油可能都是多余的，在他哭时陪着就可以了。父母切忌嘲笑或者打断孩子的情绪体验，只有情绪过去了，新的处理方法才能被孩子更好地了解和吸收。

我们来看一个关于扩大视角，助力孩子多元发展的案例。

 **案例2**

系统式育儿：如何在生活中扩大系统观察的范围

我是一名系统式工作方法的实践者，下文分享的内容既是我育儿生活中的简单记录，更是系统式工作方法在不同育儿场景中的运用。

创建节奏，建立生活的节奏系统

周六，是我们的家庭活动日。周末的清晨，我们到必胜客去吃早餐，上午进故宫观展《千古风流人物》，中午吃米其林餐厅的美食，下午在书店读书，晚上看与新冠疫情有关的时代报告剧《在一起》。这次，我们舍弃开车，全程公交或者步行。

从一天的节奏来说，动静结合，集体与个体独处穿插进行，张弛有度；从一周的节奏来说，是家庭活动日，也是孩子每周盼望的日子，我们能够在一起。

这样的安排是系统式的，有连贯接续的部分（如周末早餐日、周末书店之旅、每周至少一次的美食之旅），也有新奇的日程安排（观展），还有后续的大松弛（周日的家居日）。

以上安排思路的核心是时间上的物理性和节奏感。在日常的生活中有意识地、尽力保持一些固定的节奏，能使人拥有一定的期待，保持一定程度的身心稳定性。

在万千世界中，"稳定"是人内心的归属和安全需求，这对情绪的稳定是极有帮助的。好的节奏，带来好的身心滋养。

结合情境，通过提问扩大系统观察的范围

早餐时，我们没有使用一次性勺子，而是合用了一根木制的搅拌棒。先生在转换"用户"时，使用了柠檬水进行清洁，孩子则使用了纸，他觉得爸爸浪费了一杯水，由此展开了水与纸哪个更珍贵并应该如何进行选择的讨论。从个人价值排序到对情境的考量，他们在观察范围逐层扩大的基础上进行着对话和思考：

- 对你来说，水和纸有什么不同的价值？
- 对爸爸来说呢？
- 人的行为背后反映了他们内心的排序，你和爸爸有什么不同？
- 吃早餐的时候你觉得水更珍贵，那么写字、上卫生间的时候呢？
- 在沙漠里呢？

后来，我收到客户发来的"日进一寸"的练习。我说在企业里，要在这么多人面前表达自己的内心世界真的需要很大勇气，孩子认为"微信"让表达变得更容易。我们由此对信息传递中的55、7、38原则（在任何人的信息传递中，55%来自肢体语言，7%来自文本，38%来自语音、语气、语调）展开讨论，从关系远近到情境关联深入讨论。他结合自己的感受和朋友圈，进行了观察和分享：

- 用"微信"表达和当面表达有什么不同？

- 与你喜欢的二姐和你喜欢的女生沟通，你喜欢用什么方式？

- 你表白时，希望对方怎么回应你？

- 在确定和不确定的情况下，你如何保证信息尽可能多地传递给你想传递的人？

观展时，看到《千古风流人物》虽聚焦于苏轼，却仅有少量作品来自苏轼。苏轼精神也是中国文人精神，孩子记得东坡先生可爱的"生蚝莫为外人道也"的故事，也体会到了文人雅集中所呈现的气息，还懵懵懂懂地感叹："我不要做千古风流人物，他们都过得不好！"我听完甚为惊讶，接着很欣赏。

之后，我们进了书店，让孩子自己选书。我们隔三岔五地悄悄看孩子选了什么书，悄悄观察孩子的喜好。不干涉，不交流，管住嘴，迈开腿，走远一点儿。谁都需要有偷偷做自己的时间。

在繁华的三里屯，遇到过快递小哥撞到劳斯莱斯，也遇到过全身瘫痪、面目"狰狞"的烧伤者，以及夫妻双双吹拉弹唱的乞讨者。孩子在看见我把钱给乞讨者之后开始发问：

- 如何辨别他们的真假？

- 对于倒在地上的老奶奶，我要不要扶？

这时候我们回到个体的感受：有没有能力，以及想不想。两个都是肯定的答案，就可以悄悄行动起来，无须张扬，做自己愿意的、力所能及的事就好。

再进一步，因为有可能是假的就不用面对自己的真心了吗？爱是付出，也许有时在别人眼里是傻里傻气的，但万一给对了呢？同时，在不确定时，一定要学会建立联盟帮助和保护自己！爱出者爱返，福往者福来。跟随自己当下的真心去付出就好。当然，要敏感一点，保护好自己。

在回家的地铁上，有人给孩子让座，这让在外一天的孩子甚为感谢。我相信这份善意会成为他心中的一粒种子。

在餐厅吃晚饭时，我们目睹后排两个家庭的男主人因道路狭窄造成3次身体碰撞，两人从碎碎念的口角演变为斗殴，举座皆惊。在回家的路上，我们又是一场讨论：

- 观察到了什么？

- 感受如何？

- 什么导致他们这样？

- 他们各自都有什么特点？

- 如果你遇到这样的事，怎么回应？

- 一个爸爸为什么躲在了女儿的身后？

- 如何避免惹怒情绪压抑的人？

- 如何有礼貌且谦逊地提出自己的想法和意见？

● 如何理解行为背后人们完全不同的动机？

● 换个情境会怎么样？

● 如何帮助自己进入更好的场域？

● 如何多一份对"不良行为"的耐心，并加强观察？

● …………

看到不可逆，主动退出孩子的个体系统

某日，因为孩子的不断发问，深感孩子长大了，更觉得作为父母的挑战可真是太大了，稍不留神就会被孩子甩得老远。心中其实更明白，被他们甩得老远将是一个不可逆的趋势。

"看到"这个不可逆的部分，学会退出孩子的个体系统，留给他"我做主、我选择、我负责"的空间，是我要持续进行的功课，正如我在一篇文章中所说的："我允许我的孩子通过自立获得身体上的独立，我允许我的孩子通过自由地使用他的选择能力获得意志上的独立，我也允许我的孩子通过没有干扰的独立工作获得思想上的独立。"

这不同层面的允许需要父母"看到"孩子所处的系统，帮助自己和孩子提升观察的层级，从而扩大亲子养育的系统。

系统扩大了，人生的可能性就多了；人生的可能性多了，焦虑也就减少了；焦虑减少了，幸福也就多了。

幸福多了，焦虑就会更少，人生可见的可能性持续增加，系统自然持续扩大，人生也将变得开阔而从容。

看，这个思路也是系统式的。

重视生活节奏的建立

生命有时。固定的生活节奏能够给孩子带来强大的安全感。我们需要的，或许是在和孩子相处的过程中努力寻找我们彼此相处的最舒服的模式，在节奏的背景下，"随波逐流"地触摸到实实在在的生活。

有段时间，亲子俱乐部里关于孩子吃饭问题的讨论此起彼伏，如：妈妈产假结束，三个月大的孩子拒绝用奶瓶吃奶怎么办？八九个月大已经吃辅食且一向热爱食物的宝宝突然不喜欢吃东西了怎么办？三四岁的孩子边吃边玩怎么办？和老人喂食习惯不同怎么办？问题都很具体，且分布在孩子不同的成长阶段。

随着对吃饭问题的讨论，引出了另外一个很重要的育儿关注点：孩子的睡眠。比如孩子要不要抱睡？要不要奶睡？要不要陪睡？要不要分床？要不要分房？孩子入睡困难，晚上 11 : 00 还很兴奋怎么办？孩子有起床气，每天醒来就哭哭啼啼怎么办？孩子的吃喝拉撒睡真的让父母操碎了心。

这些提问的背后藏着这样一个现实：父母比较焦虑。面对孩子这些不断出现的问题，父母变得有点儿苦恼，可能也在渐渐地失去耐心，甚至会对自己带孩子的能力产生怀疑并进行自我批评。与此相对的，尝试了各种努力的父母可能会开始批评孩子：你怎么这么不省心，这么不听话，这么不好带啊？低年龄段的孩子虽然不会说话，但也是有脾气的。父母会发现，好像越努力，孩子越不满意。各种沮丧、挫败、对抗、啼哭、病痛纠缠在一起，进而引发父母或者孩子的强烈情绪。

仔细一问，每种情形背后的原因都是不相同的。孩子使用"不按照大人意志的方式吃饭"（不好好吃饭）这个现象（症状）提示大人，家里有什么地方和自己熟悉的场景不同了。孩子在抗拒这个变化。

首先，我们看一个关键的理念：在孩子的生活里创建节奏和韵律。

换到成人的世界，当我们面对一个变化，我们会怎么去适应呢？假如这个变化是被预告的，我们接受和适应的过程会和突如其来被卷入一个变化有什么不同？

我们都听过或者经历过这样一个经典的场景：夫妻二人平日都是晚上一起在家吃饭，妻子负责做饭，丈夫负责准点回家一起吃。如果丈夫在公司遇到临时任务，需要应酬，那么可能得到凌晨才能回家。可能出现的情况会有，丈夫接到通知立即就通知妻子，或者他快忙完了才想起来告诉妻子，甚至直到喝得醉醺醺才回家。

预告的时间节点离预约时间节点的距离不同，给对方带来的影响会大不同，从而导致两个人互动的结果不同。

提前一天告知，妻子会省去准备的时间，没有额外的付出，没有沟通中的沉没成本，反而可以预留时间去和闺密约会；临到头的通知，沟通得好，可以获得妻子的理解并还有可能获得晚间的醒酒汤；醉醺醺回家，其间妻子如果再无法联系丈夫，那么迎接双方的有可能是一场情感的大战或者日后的疏离。

也许有的人会说，孩子吃饭这件事，怎么能预约呢？母乳喂养不是讲求按需喂养吗？我怎么知道孩子什么时候会饿啊？大一点儿的孩子，一顿吃得少，一顿吃得多，怎么预约啊？

华德福在谈到对 0～7 岁孩子的养育时，提出了一个非常好的概念，那就是节奏和韵律。就像四季有序，万物有时，孩子生活的每一天都有可以预期的节奏时，他们的内心将是安定的。

这种固定的生活节奏带给孩子强大的安全感，可以让他们实实在在地触摸到生活。同样，这些节奏会让他们有更多精力应对日常生活，给他们带来好处。安全感富足的孩子，对变化的敏感度和适应性也会很强，因为他知道，无论如何变化，父母的爱都在那里，生活的节奏都是可以预知的。

"如果为孩子建立有规律的外部节奏，那么一种内在的节奏也会在他们内心形成。"无论是在家里，还是在学校里，当我们建立起节奏时，我们也是在帮助孩子与大自然的节奏建立更牢固的联结。这是孩子未来遵循规则的基础。

比如，在早期的婴儿生活中，妈妈离开几分钟是一定会重新出现的，这是一个节奏；婴儿感觉到饿，哭泣时，妈妈的乳房就会出现，这也是一个节奏；婴儿排了便，感觉不舒服时，一定会有人帮助他清理，使他重新变得舒服，这也是节奏。

经过这些不断重复的节奏，婴儿会对世界形成一种感觉：这个世界是可以预知的，是自己可以控制的，是安全的。在缺乏节奏的环境中，孩子会过度使用自己的能量维持平衡。如大哭，扰乱规则和秩序，非常难以安抚，等等。这不仅使我们期望的"自由中的顺从"变得举步维艰，也会使父母和孩子陷入负面情绪的长期循环中，从而对孩子未来处理自身的情绪问题产生影响。

再举一些和吃饭相关的例子。比如，当给婴儿增加辅食时，一开始就把勺子放在孩子手里，配合大人的喂食，就是在建立进食的节奏；当孩子到了两岁以后能走稳，开始用语言表达时，餐前邀请孩子摆筷子，餐后请孩子收拾餐余垃圾也是节奏；在外玩耍回家后先洗手，也是节奏。

再来说大家讨论的睡眠问题。日出而作，日落而息，谈的就是节奏。每天晚上 8：00 开始固定的睡眠程序：洗澡，喝牛奶，刷牙，拉窗帘，讲故事，熄灯，按摩，入睡，这就是节奏。每天早上醒来，一个微笑和拥抱，一句"让我们开始美好的一天吧"也是节奏。

或许我们现在的工作繁忙，尤其对于父母都在职场的家庭来说，建立有规律的家庭生活会更困难一些。不过，我们关注的是让孩子每天都有一个地方去"定锚"。无论遇到什么情况，我们都要尽可能以富有创造性的方式去解决这个问题。

其次，我想非常简单地谈谈在节奏变化时和孩子的沟通。

当节奏被打乱时，安全感高、适应性强的孩子会比较容易接受变化。慢热的、对节奏很依赖的孩子就可能需要比较多的时间去处理变化。

对于可预期的变化，尽可能平静地提前和孩子沟通可能的细节。如果有焦虑，我们可以真实地表达自己内心的感受，并告诉他父母的焦虑和他无关，那是父母需要处理的部分，感谢孩子努力成长去配合父母的变化。

无论孩子多小，都是可以和他进行沟通的。0～7 岁孩子的脑电波与成人不同，他们的接收器是全频段开放的，意识、潜意识层面照单全收。

真诚地告知孩子可能的变化，他们是听得懂的。这样的沟通也能帮助父母在言行层面保持一致，使孩子的内心不会太困惑。这对帮助孩子适应变化是一种很好的支持，因为他们不需要再花精力去确认或者猜测。

举一个例子，身在职场中的妈妈很可能会面临的一个问题就是从"亲喂"转入"瓶喂"。我见过极端的例子是，孩子饿了一天半还是拒绝食用妈妈挤出来装在奶瓶里的母乳，家里人没有办法，最后找来输液的滴管，每天一滴滴地灌到孩子的嘴里。

我的经验是一定要提前一段时间对孩子说明，妈妈隔一段时间就不能时时刻刻地陪在他身旁了，而且妈妈不能亲自抱着他让他吃中午的饭了。妈妈不在，但是妈妈会挤出他最爱吃的"饭"请外婆帮忙，那是妈妈的爱在陪着他。这些话主要在睡前说，因为喂奶的时候孩子迷迷糊糊的，最适合给孩子催眠。同时，务必谢谢孩子愿意努力配合妈妈。

一周左右，孩子基本就能预期到这个变化。妈妈可以自然过渡到上班状态。

对于不可预期的变化，首先关注孩子的情绪，再处理"问题"。比如，对于大家讨论的"起床气"，我家的孩子偶尔也会出现。通常我会先一把抱着他，问他是不是没有睡好，有些烦躁？是不是饿了，有些着急？有没有哪里不舒服？睁开眼睛没有看到妈妈，有没有害怕？先确认情绪，同时排查问题。无论他会不会说话，都可以进行这一步。然后对症下药，同时积极关注他当晚睡前的活动，检查节奏。

关于睡眠的节奏，我的做法用朋友的点评来说是比较"神"，除了关灯之前固定的入睡节奏和程序，我还有一个固定的"工作"：熄灯之后，我会感谢我的孩子，摸摸他的头，给他做一些放松的按摩，并祝福他有一个好梦。一般他睡醒时，我都尽量在他睁开眼睛前出现在他眼前，邀请他伸个懒腰，并开心地拥抱他，对他说："让我们开始美好的一天吧！"

我去上海出差 10 天的过程中，开始实践睡前祈祷文，每天早上发语音给孩子。他的情绪一直不错，可以很好地处理对妈妈的想念。这种实践也是很好的，供大家参考。

每个孩子都是不同的，没有人比我们更了解自己的孩子。父母擦亮双眼，仔细地观察孩子，配合他的年龄设定家庭生活的节奏，帮助他获得身心稳定成长的环境，这对他的情绪发展将起到不可估量的支持性作用。

关注孩子的精气神，帮助孩子建立稳定、清晰、敏感的身心节奏。

生活是我们生命依托的场域，是我们身心活动、身心延展和发展的场域。除了在生活中建立规律的生活节奏外，我们也需要关注自身的身心节奏，令其稳定、清晰、敏感。

稳定，顾名思义，稳住才会安定。当我们把自己的身体安安稳稳地放在某个场域里，放进某个节奏里，我们便能体验到身心的安定。

我常常会对我的学员提出这样的建议：在家里为自己建立读书角。创建、优化读书角是对我们精神世界的宠爱，能够帮助我们深深地进入生活，这份"进入"让我们身心安稳。在读书角的场域中，我们通过每天的阅读日课形成新的节奏，读书角便成为物理空间中的"定海神针"。

我会要求我的孩子每天睡前收拾好他的书桌，我也会确保他的书桌上有我亲手做的插花。

对于学习，父母需要给孩子创造一个舒适的环境。父母要从自身做起进行示范，这样孩子可以进行模仿；同时，父母可以要求孩子自己动手打造学习的空间，这能使他们愿意在自己打造的空间里学习。

如果这个空间还能有一些私密性就更好了，因为现在的小朋友几乎都曝光在父母、祖辈的目光下，他们需要一个私密的空间让自己放松。

作为大人，我们都知道，在自己专属的位置上不被观察地待一会儿，内心会放松下来。这是一个可以和自己独处的时空，甚至不做什么，都会产生疗愈的功能。

所以，现在我想邀请你放下书，站起来在家里走一走，看看哪里是你可以安心地一个人待着的地方。

每次我去中小学讲课，我都会邀请现场的父母举手示意他们在自己的家里，除了厨房、卫生间之外，是否有一个地方是可以自己一个人待一会儿的。每一次，举手的家长都寥寥无几。

我们是孩子早年的精神支柱，保持我们的身心"安稳"将给孩子带来巨大的疗愈和滋养。请邀请孩子一起为各自的学习打造空间吧。

《经典中医启蒙》一书中说："中医和传统文化常提到的精、气、神，也可以称为生命力。"我们的神、气的稳定也需要有一个收敛的过程，尤其是当我们处在比较忙碌的生活节奏中时，张弛有度就显得尤为重要。

我们需要有意识地帮助自己进行开阖有致的生活和精神方面的安排，节约自己，避免耗竭。我们要常常保持意志层面和身心层面的平衡，有动有静，为自己赋能。散步、静坐、阅读、早睡等都是简单有效、稳定身心的法宝，可以助力我们拥有开阔有致、收摄身心的生活。

稳定则会带来精神层面的清晰的呈现。

冲泡柚子茶时，如果我们不断地搅拌，整杯水就会变成一片混沌的状态。但只要把茶杯安放一会儿，柚子茶和水便会清晰地分离开来。同样，当我们安稳地把自己放进读书角的场域中，身心的关联便会让自己逐渐清晰起来，即使身忙，心却是悠闲的、聚焦的。

当我们变得稳定、清晰时，我们对事物的观察就会越来越细致，敏感度也会慢慢增加。我常常给我的学员布置"看花"的作业：站定，只要花 5 分钟的时间用心看花，便能清清楚楚地看到它、感受它。

当我们对事物的观察越来越细致时，我们的感受就会出来，美感也会出来，从而更进一步地驱动我们开启更多的探索，重新认识自己，爱上自己，重新"看到"一个鲜活可爱的孩子，并与他共同成长。

我们来看看部分家长在进行读书角、散步、静坐、阅读等收摄身心的练习之后发来的反馈：

早起洗漱完，我柔声地唤醒儿子，送他去幼儿园。路上我们一起感受地面平不平，听脚踩在树叶、草坪、石头上发出的声音，听风吹动树叶的声音、知了的叫声、鸟鸣声。下班回家，我特意从小区里另外一个平时很少逛到的门进入，发现挂满枝头的莲雾、青青的小柚子，还发现红透的杨梅、不知名却开得绚丽的黄花儿，心情大好，走走停停，拍照观赏。

在忙碌的日子里，想办法静下心来阅读，好好吃饭，好好睡觉。因为阅读，生活慢慢地发生了改变。

现在晚上睡觉前，我还会静坐 5～15 分钟。这个静坐不是专业的、很"讲究"的静坐，只是安静地坐着，跟自己待一会儿。这让我可以收摄身心，能量回拢。静坐还能帮助我暂停，让大脑和身体获得暂时的休息。这个小小的活动，就像在每天陀螺一样的生活节奏中放入的一个暂停键和"减压阀"，让我有机会感知自己的身心状态。

在老师带领的"锦时悦读训练营"中，我每天读书两页，输出 50 个字，这种输入和输出的不断互动会带来大脑回路的重塑，使我能更加清晰地认识自己。除了保持日课，老师还给出了几项特别的作业：散步、静坐、写信、做菜、布置餐桌等。这些作业简单又有趣，让我有机会在每一天的小小练习中扎扎实实地进入生活，受益良多。希望可以积小胜为大胜。

我在"日进一寸"的练习中变身"厨神"，再也不用追着娃喂饭啦！

五一节期间，我终于把做菜的作业完成了！我做的菜，除了排骨，其他味道都一般。不过父女俩表示，做成这样都不舍得吃。他们在饭桌前坐了半天才开始动手吃，尤其是女儿，抱着南瓜饭爱不释手，还轻轻亲了一口，说："我要留着它！"我劝了她好一会儿，说还会再给她做，她这才肯吃。

做家务让女儿"用心"的同时也有了专注，我"用心"做饭才会有人认真吃饭！花时间用心生活，体会满满的烟火气息。

阅读并非简单的入眼之事，其志在入心。入了心，便能将好书读进生活里，也会让我们慢慢地领悟到，我们应该如何生活。而进入真切的生活中，哪怕只是做到好好吃饭，好好睡觉，也是一种关爱自身的极好的方式。积蓄能量，才能在面对生命的无常时，保有一份可贵的稳定、清晰和敏感。

　　这一章节的内容不仅关注在陪伴孩子学习和成长的过程中情绪来临时的应急和日常处理方法，更重要的是，我希望读者可以看到"功夫在诗外"。如果你是一个对情绪，尤其是负面情绪不太耐受的家长，那么以上提及的日常生活节奏和自身精神节奏的练习将变得尤其重要。

　　就像在熨衣服时，你需要先抻平褶皱的地方一样，面对汹涌的情绪，更多的工作应是在日常的生活学习中，先"抻平"情绪四周的节奏以及对场域的打造。长此以往，不仅情绪更容易管理，你还会惊喜地发现，那些因为慌乱、过多的安排、焦虑、节奏不适、环境场域杂乱、睡眠不足、精神紧张而一触即发的情绪，居然消失不见了。

　　而你和孩子，将在稳定、清晰、觉醒又彼此敏感的互动中，感受到彼此深深的爱。

第 4 章

虎头蛇尾、无法坚持，浪费精力和钱财

谈到孩子做事情虎头蛇尾、无法坚持、"既费马达又费电"的情况时，父母比较容易义愤填膺，颇有一种恨铁不成钢的气愤与无奈，其中也包含着因对自己无法让孩子养成坚毅的性格而感到的挫败。

大多数父母都希望自己的孩子言必信，行必果。这样坚毅的品格自然不是一两天就可以养成的。

这一小节的内容旨在关注孩子虎头蛇尾背后的原因，留意在挑战发生之前我们需要关注的要点，在挑战进行中以及挑战结束后我们可以如何协助孩子进行选择。这一小节的内容不是帮助父母"控制"孩子，而是帮助父母"支持"孩子做出选择。

面对这个挑战，我们从 3 个层面实践，在开始新的学习时，"谨慎地拥有"；在学习进行中，"珍惜地使用"；在决定放弃并转入下一个阶段时，"感激地告别"。希望对这 3 个阶段的拆解可以给读者一些参考。

第 1 节　开始前的阶段：自主承诺，谨慎拥有

当孩子看了一个引发他兴趣的内容，乐颠颠儿地告诉你他想学时，或者在上了课外辅导班老师采用奖励、表扬等方式全身心陪伴孩子的一节体验课，孩子说他决定上辅导班时，爸爸妈妈都需保持冷静和理智。这时，我们需要擦亮眼睛，帮助孩子谨慎地做出不仅事关他自己未来时间、精力分配，也会较多影响到父母和整个家庭的时间、精力分配的选择。

相信父母都已经很有经验了。每一个学习方向的开启，或多或少都会影响到孩子和家庭的时间以及精力分配，如果轻率地根据孩子表面的喜好

做出选择，而在学习开始后又不能持续推进和陪伴，那么这样的学习往往都会虎头蛇尾，不但难以坚持，破坏亲子关系，还会严重破坏孩子的学习动力，对他们的自信和坚毅品格的形成也有破坏性。

首先，能坚持不懈的前提是找到孩子热爱的领域。

这就如同婚姻，如果只强调忍耐，用心经营，那么一旦选错了人，坚持不懈反而是对自己生命的无限消耗。孩子的学习，尤其是课外学习，也需要父母多花一些时间帮助他们做出更好的适合他们的选择。这极其重要。

从这一点来说，当孩子不能坚持完成一件事情时，爸爸妈妈首先需要判断这是否是孩子的热爱所在。热爱和兴趣是层次、深度不同的对一件事的喜欢程度。如果你观察到这只是孩子的兴趣所在，那么你可能就会降低对他的期待，在后续的学习过程中，就不会逼迫孩子必须如何，因为兴趣是很容易转换的。

热爱就不同了，这首先需要家长长期去观察。通常热爱与一个孩子的天赋有关，如果孩子做一件事会忘记时间，忘记吃饭，那么他手中的这件事往往就和他的天赋有关。

分清孩子表达出来的是热爱还是兴趣，将帮助我们在后续陪伴孩子时不断调整我们对孩子的期待。

其次，你还需要多多关注一个更为深层的内容：这是父母要求的，还是孩子自发选择的。为人父母，当孩子表现出对一些事情的兴趣时，父母都会比较容易在这个层面上给予孩子鼓励，并给予精力以及财力的支持。我们需要在付款前花点时间和伴侣讨论一下：

- 有没有把自己的孩子看作天才？

- 这部分的学习对孩子目前的状态合适吗？

- 这部分的学习是必需的吗？

- 孩子学出来后我们会不会觉得很有面子，而不是为他发自内心地开心？

- 如果他学到一半不学了，如何与他讨论？

- 如果孩子学不下去了，我们能接受吗？

- 如果这个学习需要花费我们额外的大量精力，我们能配合吗？

- 这个课外班的老师和其所在的机构"靠谱"吗？

- 其他在这里学习的孩子怎么评价他们的所学？

这些问题可以帮助我们较为清醒地从单纯地让孩子开心的部分转移到整个家庭的决策上来。是的，课外班不仅涉及孩子，还涉及整个家庭系统的各项安排，如果后续的支持跟不上，那么孩子的学习就会"缺胳膊少腿儿"。但那时，家庭通常将由孩子一个人承担没学出来的这口"恶气"，这对孩子来说是不公平的。

如果经过对以上问题的思考，你发现这是孩子必须去学的内容，而不是孩子自发选择的内容，那么你就需要准备为之付出更多的努力和陪伴，去发展孩子的胜任力，支持他高效地完成这个部分的工作，增强你与孩子之间关于这个部分学习的联结感。

这是因为，高效的学习是一件特别需要内在动机的事情，如果内在动机缺乏，就需要外在的力量补足。

一个人的内在动机包含自主性、胜任力和联结感 3 个部分的内容。这个结论由自我决定论创始人、著名心理学家爱德华·L. 德西基于 40 多年的科学研究提出。他一步一步地证明了人类动机这一深刻而本质的问题，并告诉我们，相对于追求外在的金钱、名声和社会强加的评价标准，只有满足内心对自主性、胜任力和联结感的基本心理需求，人们才能产生内在动机，保持对学习和工作的兴趣，过上真正自由和幸福的生活。

我们也会发现，孩子在上学前对很多事情都充满了好奇和自主学习的动力，为什么上学后却越学越"丧"呢？爸爸妈妈在初为人父母时，对孩子充满信心，为什么越陪伴孩子学习就越有挫败感呢？

我们都可以从以上 3 点入手深入地剖析和寻找解决之道。

在启动学习之前，除了从孩子、家长的内在动机入手考虑外，如果决定要学，那么还需要得到孩子的承诺。

对于比较小的孩子，家长可以带着他去要上学的地方考察，如试听、亲子班等，这些都是帮助孩子适应的好方法，引导孩子对他学习的环境产生兴趣，然后逐渐得到孩子的承诺。

例如，我的孩子上小学之前，我带他跑步时就从小学门口经过，并故意在上学高峰期带他经过那里。第一天他就很感兴趣地问我这是哪里，大家为什么排队，等等。大概用了 3 天的时间，他知道了这是他要上小学的地方。他于是对大家是怎么入校的，周一是怎么升旗的，等等，产生了浓厚的兴趣，并强烈要求早点儿去上学。

后来证明，这个举措让他对学校产生了好感。所以，他是很开心地进入小学生状态的，而不是感觉一下子被"丢进"小学里，和那么多孩子以及老师白天学习、生活在一起。

第二个例子来自我的孩子学钢琴的故事。

从5岁到8岁，我们用了3年的时间才决定学钢琴

我的孩子在5岁多跟着我参加了一位朋友（著名钢琴演奏家）的小型音乐会之后，很认真地对我说："妈妈，我也想学钢琴。"

我带他去听音乐会，自然是有私心的。我觉得音乐是这个世界上给我带来最多享受的艺术形式，我也认为一个人如果能够被某种艺术形式安慰，那么他这一生可能会比较容易自我安抚，也就不那么容易走入绝境。所以，当我听到他说出"我也想学钢琴"时，内心其实是非常开心的。

虽然我很喜欢欣赏音乐，但我并没有学习过任何乐器，我的先生也是。也就是说，我的孩子要突破父母曾经的发展局限尝试一个新的领域。

我首先感谢并表扬了他，并表达我对此充满期待。接着，我大概跟他说了一下学习钢琴将需要付出的，例如，需要每天练习5～30分钟，跟随一名老师学习，每周要上1～2节课，每节课在30～60分钟，相当于他看5集动画片那么多的时间。

接着我带他去了好朋友开的钢琴教室，让他和里面的小朋友接触，观察他们是怎么上课的。

5岁的他还是决定再等等。

但孩子想学钢琴的诉求引起了我的关注。我回看了他过去的成长经历，才惊讶地发现他对音乐是极其敏感的，而我天天生活在他身边，因为自己喜欢居然觉得这对他来说是顺理成章的事情，就忽略了他对这个领域更进一步探索的愿望。

但从那以后，我和先生就开始带着他去看一些不限制年龄的音乐会、音乐剧，也安排他和钢琴老师进行不间断的接触，以及邀请他已经开始学钢琴的朋友来家里玩。我在他 6 岁时，学了一个多月的钢琴，学会了他一听就知道的曲子《天空之城》。他对此表示很惊讶。我以身示范，告诉他只要肯学肯练，"老骨头"都可以学会。

他再次提出想学习钢琴。我又走了一遍上文提到的流程，请他自己做决定。那时，他已经上小学了，考虑了一下后，他摇摇头，说放学后还是希望可以多玩会儿足球。

孩子 7 岁时，依然走了一遍五六岁的过程。我的反馈最后都落在谢谢他每年都来和我确认，我感受到他保持了对音乐的热情。比较重要的是，我并没有被他的热情诱惑，因为我们了解之后也知道，学习钢琴是一项巨大的工程，孩子需要勤学苦练，父母也需要付出接送陪练的时间。我评估了自己的时间和精力，我觉得自己做不到，所以把重点放在了继续培养他对音乐的热情上，同时告诉他学琴意味着需要更多的自我管理，他觉得可以的时候我们就开始。

孩子每天早上起床时，我用音乐唤醒他，流行乐、古典音乐和浪漫音乐轮流播放，他也常常听得入神。偶尔我会"神补刀"地说："要是你自己能演奏出来，那该是多么神奇的事情呀！"

就这样，8 岁快放暑假时，他跑到他好朋友的钢琴课上，陪读了两次，回来后十分坚定地对我说："妈妈，我考虑好了，我也准备好了，我要学钢琴。"

经过 3 年的等待，我感觉时机已经成熟，就在这个基础上增加了一个很重要的增强我们联结感的内容。我说："太好了，这是一个巨大的礼物，你可以在我们的结婚纪念日上送给我们吗？"

于是，在我和先生的结婚纪念日，我们带上拜师礼，去钢琴老师那里拜师。我们为他交了学费。

在随后至今的学琴时间里，孩子决定每次都自己去上钢琴课。十来分钟的步行距离，他不需要我们接送，每天基本也是自觉练琴，偶尔需要我们提醒。最近他还非常努力地准备了他人生中第一场音乐表演，家里也逐渐有了悠扬的琴声。

对琴童来说，最苦、最难的部分应该就是持之以恒地练琴了。我一开始就告诉他："妈妈不会弹钢琴，虽然妈妈很喜欢音乐，但妈妈对乐理一窍不通，你的热爱全靠你自己了。"

我在自己有空时，基本就做一个安静聆听、热情反馈的听众。但这一年多的学习对他来说，大部分时光都是愉悦的，压力基本来自于他对自己的要求和老师要求的部分。

从目前的观察来看，大概率他会坚持学下去，至于他能在学琴的路上走多远，我们在他学习之前就认真地考虑过：我们希望学琴对他来说是一段愉快的经历，如果能够在这个过程中训练出坚毅的品格就更好了。

虽然大把银子花出去了，但这个明确的期待让我和先生都比较放松。在着急的时候彼此提醒就能快速归位，而孩子也更能做到他所承诺的部分，并感受到自己学习钢琴的内在热情。

在这个过程中，我感觉自己一直在被孩子的热情感染着。

如果孩子不能自发地坚持，而这又是一个课外班，那么工作繁忙的我哪有精力在他要放弃的时候去管他呀！

回看这个过程，我觉得我们做得比较好的地方有以下几个方面。

（1）自主性鼓励。关注孩子的自主性表达，给予反馈和鼓励，不打击，不渲染，平时自然地抽身，让孩子有一个自我澄清的空间做选择。

（2）耐心等待与观察浸泡。既然是孩子的事，又是我没法儿帮得上太多忙的事儿，就得等到孩子自发自动地做出选择时再启动；并且敏感于孩子的表达，为他创造后续"浸泡"的环境，帮助他更进一步澄清自己内心的愿望。

（3）胜任力评估。不被孩子的热情所裹挟，而是帮助他和我们自己进行胜任力评估。这样减少了后续可能会发生的大量困难。有的事情，时机不到强取硬做，将会得不偿失。

（4）保持联结。在学习方面，除非拥有天赋的孩子会觉得非选择某个领域不可，大多数孩子其实都是普通人，承认这一点对家长来说很困难。在孩子学琴的路上，我没有过高的期待，因为我看到自己其实就是一个普通人，他父亲也是。所以当他做不到或者没有太大抱负时，我们都能平心静气地接受。在日常的生活中，我们将重点放在了亲子关系的构建和维系上。

当他特别肯定地反复强调要学琴时，我才将他的愿望与我们的结婚纪念日放在一起。这表达了我们的开心，其实也是在表达我们的期待，然后安排拜师这个充满仪式感的事情。这些放在最后，旨在帮助孩子将个人的愿望和努力与周围爱他的人之间形成联结。这样，学习不仅可以满足自己内心的渴望，还能超越自身给到周围人滋养。他一定会更加努力，在遇到困难时也不会轻易放弃。

这个部分，在他考虑和选择的时候，我们是非常克制的。因为我们希望他优先考虑自己的需要，他自己想清楚了，我们再表达对他的期待，他接着继续评估。由于我们对他的期待比较克制，所以他其实很容易向前迈出第一步。

我也常常对孩子说：再难的路，只要你迈出第一步，一步一步地走下去就能到达目的地；而再容易的路，如果你不迈出第一步，那么永远也无法抵达目的地。

以上 4 点供读者参考。从我个人的经验和为家庭做咨询的临床经验来说，以孩子为中心，让他的自主性先行是极其重要的部分，后面的内容都是围绕这个部分展开的。我相信，一个生命，需要先为自己而活，才能拥有饱满而充实的生命力去发展，进而为这个世界的发展带来帮助。

如果顺序颠倒了，家庭往往会面临巨大的挑战。例如第 4 点，如果父母将自己的期待放在孩子的需求之前，而孩子又十分照顾父母的感受，那么这个孩子可能终其一生都会将自己的精力放在取悦父母上；如果孩子的自我意志非常强大，那么亲子之间的冲突将会持续很长时间，甚至是一生；如果孩子属于中等水平，那么他就可能因此而总是在自己的需要和他人的需要之间摇摆，浑浑噩噩，内心充满着不自信和对自己的怀疑。

这算是我们家关于学习决策过程最长的一个实践，确实挺考验我们的耐心，但这个过程的存在其实避免了后续大量可能的挑战。迄今为止，我没有因为练琴和他发生过冲突，他也确实越来越喜欢练琴。我相信，缺乏内在动力的学习，老师和家长越努力，孩子面临的挑战就会越大，彼此也会越痛苦。

因此，在除义务教育的必须之外，在孩子和父母有得选的空间里，慢一点，从自主性、胜任力、联结感的角度出发，耐心地培养孩子的内在动机，是一个孩子持续努力、保持坚毅的基底。失去了内在动机，学习就会变成"磨洋工"，变成"鸡肋"，变成"导火索"，变成"地雷"。

接下来我们来看，在学习的过程中，如果发生了"炸雷"现象，我们可以从哪些角度"支持"自己和孩子平稳地度过。

第 2 节　挑战发生时，保持联结感，增强胜任力

在学习的过程中，如果前面你已经花了比较多的精力帮助孩子形成自主性，那么接下来在孩子遇到困难时，你可能就要把较多的精力放在保持联结感和增强胜任力上。对于帮扶自主性的内容，我还会在后续的章节中不断地逐层展开。因为孩子作为学习的主体，其自主性是极其重要的，做好了这一点，家长也能更轻松地陪伴孩子。这需要持续不断地从各个层面来提醒我们关注这个部分。对于增强胜任力的内容，我也会在"学习方法有问题，真的学不会"这部分更多地展开。这一小节，我们重点看如何更好地和孩子保持联结感，以及澄清家长和孩子对学习期待存在的差异。

保持联结感

你可以回顾一下你在陪伴孩子学习时遇到孩子不想做，不会做，反复修改，最后"炸锅"的情况，想一想当时你是如何回应孩子的。角色互换一下，如果你是孩子，你希望当自己遇到巨大困难或者耍赖不想学时，陪在身边的爸爸妈妈为自己做点儿什么呢？你为什么愿意听从父母的建议？你在什么情况下讨厌父母给你的建议？

请先想想这些问题怎么回答，再接着往下阅读。

在讨论具体的方法之前，我们要看到一个很重要的前提，那就是你和孩子之间联结感的质量，通俗地说，就是亲子关系的质量。

你提出的方法，孩子愿意接受吗？且不论是什么方法，只是问问自己，每次你给孩子建议时，十次里有几次孩子愿意接受？孩子的接受度又有多高？这个问题的答案可以帮你快速地评估你和孩子之间的联结程度。联结程度越高，孩子的接受程度越高；联结程度越差，孩子基本就会和你对着干。

孩子不想做，要耍赖，这种"虎头蛇尾"的原因可能是：孩子刚开始想学现在不想学了；也可能是孩子一开始就不想学，是被逼迫着学习的；还可能是孩子充满了热情，但遇到了难以克服的困难，反复尝试后打算放弃。

总结起来，比较典型的原因有以下几个。

- 真的不喜欢。
- 遇到了困难。
- 想先玩儿。
- 使用这个方式争取父母的陪伴。

情况不一样，所以不能一概而论地和孩子对抗和辩论，只有仔细辨别孩子行为背后的原因，才能有的放矢。

以上提到的四大原因，第一点、第三点和第四点需要在日常多做工作；第二点更考验父母的应对能力，当下的回应必须谨慎。但这四点背后都指向了一个核心：孩子愿意听你的建议，对应着你和孩子之间的联结感。

基于以上的认知和假设，当你在亲自辅导中频繁遭遇来自孩子的挑战时，可能就是一个非常强烈的信号：你需要重建和孩子更为深入的联结，然后再解决所谓的"问题"。那么，如何做可以帮助我们更好地保持和孩子的联结感呢？要从应急和日常两个方面着力。

我们先来看大家比较关心的应急的部分。首先，读者可以回看第 1 章中关于耐心的内容，还记得回归平静、清醒与觉知的"三三法"吗？在孩子要放弃、耍赖或者发脾气时，你的耐心很重要。你还可以回看第 3 章中关于应激沟通的三要素的内容。这些方法都可以帮助你快速地平静下来，并有效地和孩子沟通。在这里我就不再赘述了。接下来，我介绍一个非常好用的方法，帮助你在日常的生活中为亲子关系"存款"，这样在遇到上述挑战时，让你能够有雄厚的关系基础帮助孩子和你得到缓冲。

这个方法就是闲聊。

谈到闲聊，我需要先介绍一下系统式思维中很重要的两个概念：系统 1 和系统 2。

诺贝尔经济学奖获得者丹尼尔·卡尼曼在其著作《思考，快与慢》中提出了系统 1 和系统 2 的概念。

在系统 1 的状态中，我们是冲动的、凭直觉的、简单的、单一反应的；在系统 2 的状态中，我们则是具备推理能力的、智慧的、多元的。

人的创意和开阔性在系统 2 中更容易发生。丹尼尔教授提到，在我们紧张和觉得方法有限时，可以提醒自己："这是你系统 1 的想法，放慢速度，听听系统 2 的想法吧。"因此，系统 2 显得谨慎，对一些人而言，系统 2 也是懒惰的，缓慢的。

对一个家庭来说，如果孩子和家长只关注学习这个话题，关注孩子没有做到的部分，就非常容易让家长和孩子同时进入紧张的系统 1 的状态里，在这个状态里的人非常容易出现 3 种反应模式：战斗、逃跑和僵住，孩子和家长很容易产生"对抗"。强势的家长很容易打败孩子，取得显而易见的短期效果：打一顿、骂一顿就管半天！然后再继续系统 1 的战斗、逃跑和僵住。亲子关系将因此一落千丈，进入恶性循环。

人在大多数情况下是需要在系统 2 中生活的，这是一个长期的、探索的、放松的状态，对生命更为有益。这需要家长和孩子都放松下来，慢慢走，深深爱。

闲聊是一个特别好的帮助我们进入系统 2 的方法。每天安排 30 分钟和孩子聊一聊，不聊容易让他们感到紧张以致进入系统 1 的学习和手机话题，聊让他们感到开心的或者挫败的事情，目的在于邀请他们发声。想想谈恋爱时，如果每一次见面都是高大上的问题探讨和交流，跟开重要会议一样，你还会和现在的伴侣在一起吗？和孩子的关系同样如此，随着孩子的长大，我们更需要在日常生活中有意识地和他们闲聊，而不是一开始就直奔"短、频、快"的主题，那会关闭孩子和父母交流的心，父母也很难发现和意识到孩子所处的情境以及困难。

时常聊聊天，说说自己的观察和体会，孩子慢慢也会告诉你他在学校的所见所闻，不至于在有一天发现孩子遇到了巨大的困难而之前竟从未有所觉察时悔恨不已。

有意识地增加日常生活中一些无目的、无意义的话题，会帮助孩子放松下来，进而寻找到更多有效的方法支持他。这也能让父母获得喘息的机会，减小家庭中的冲突，构建良好的亲子关系，进而保持良好而深入的联结感。

澄清期待之间的差异

保持联结感是陪伴孩子、教导孩子的基础，在此基础之上，还有一点往往会被家长忽略，那就是我们对于孩子学习的期待和孩子对于自身学习的期待的标准可能是不一样的，甚至存在明显的差距。家长如果失去了对这个标准差异的关注和了解，就比较容易给孩子带来无形的压力。这样，在他们感到困难时，家长不仅很难给出实际的帮助，还很可能阻碍孩子进一步克服困难，导致孩子"撂挑子"。

拿最常见的"兴趣班是兴趣的坟墓"来举个例子。

有位家长问我："老师，我的孩子跟我说非常喜欢甚至热爱某种才艺，然后我们就支持她去学习，结果她一遇到困难就撂挑子不学了。我们无论用什么方法都没办法让她继续。从开始到结束不出三个月，为什么会这样？

"我们很担心她这样会浪费自己的天赋，也觉得半途而废实在不是什么光荣的事情，以后要是她都这样，我们就真不知道怎么办才好了！"

在我和这位家长进行梳理时，我问她的第一个问题是："你对她的这个兴趣学习有什么期待？孩子对此又有什么期待？你们讨论过吗？"

提问的妈妈一下子有点儿"懵"，接着迟疑地说："还真没讨论过。她那么喜欢，我们当然要无条件地支持啊。"

我接着说："你在无条件支持时，能感受到她在取得进步时的开心和你希望她更好的期待吗？"这位妈妈说："当然了，那多好呀。"

我问："那你在她遇到困难时，是怎么做的呢？"

提问者回答："就是鼓励她，平常没看出来她有什么困难。她基本是学了一段时间，看着好好的，然后突然就说不学了。"

我问："你通常会在第一次遇到困难时，就宣告天下吗？"

提问者摇头："肯定要再试试。"

我说："我猜你的孩子也是这样，只是你没有发现，她其实可能已经很努力地克服了许许多多学习上的困难了。但是，由于我们的高期待，让我们看到的可能更多是她辉煌可爱的时刻。本来，对她来说是兴趣，却变成了取悦父母的工具，这就让她可能报喜不报忧了。"

提问者说："您这么一说，还真是。她每次都没什么过渡的，前面都好好的，好像每次都是突然一下子就怎么都不学了。"

我对此的建议有两个。第一个，是她要留意，自己和先生对孩子的高期待和孩子自己开启对某种"兴趣"的学习期待是不一样的。如果对孩子来说，兴趣就是一个尝试和玩耍，那么爸爸妈妈就要学会退后一点，允许她有一个探索的过程。同时，要留意自己不要被她偶尔的进步诱惑，从而给出十分热烈的回应，这对于孩子来说，是无法抗拒的隐形期待。有期待是没问题的，但如果在一个孩子的周围持续存在高期待，她就会一直处在系统1的状态里，容易紧张。一个内在的学习愿望开始变成满足父母的期待，这会让孩子很难放松并享受学习的过程，更加在意学习的结果，报喜不报忧，进而导致父母的期待持续走高。这就变成了骆驼身上的稻草，压得多的时候，孩子学习的兴趣就容易消退。

第二个，是她要多留意并和孩子闲聊，问问孩子学习有什么困难，遇到困难时是怎么度过的。问问她做得好、令她愉悦的地方在哪里，她又是如何做到的。也就是说，常常和孩子闲聊她的"高光"和"至暗"时刻，帮助她"看到"她自己做到的部分。

同时，在遇到困难时，除了问她是如何度过的，还需要问问她妈妈做点儿什么能帮助到她。这个问题很能为孩子赋能，并可以启动孩子进一步思考：在下一次遇到类似困难时，自己还可以使用什么方法？

学习除了技能的获得，更为重要的就是思维方式的训练。以上小方法可以尝试用起来，这是打开话匣子的提问技术，当然，你需要先保持和孩子良好的联结感。

接下来，在保持联结感、平衡期待的步骤之后，我们来看看如何在孩子遇到困难时，帮助他们增强胜任力。

增强胜任力

如果孩子对学习的任务足够胜任，那么他们在学习的过程中，通常就会比较容易保持兴趣和比较充分的探索性，因为足够好的胜任力可以给他们带来自信并使其有更多的信心和勇气继续尝试。

上文提到的 4 大典型特点，如果继续深挖，其实都和孩子的胜任力相关。这个部分属于"硬知识"，是任何人在学习时都会触碰的部分。作为父母，首先需要排除那些不适合孩子性格和年龄发展特点的内容，帮助孩子避开不适合他们的内容，这可以大大弱化孩子在学习时的受挫感，降低放弃的概率。

其次，极少部分孩子可能有学习障碍，如果你的孩子持续很长时间对于非常基础的学习都跟不上，那么有必要带孩子到正规的医院进行必要的检查。

排除以上"物理"因素，我们来看家长在孩子学习遇到挑战难以坚持时，可以立即使用的两个方法。

● 欣赏式探询：帮助孩子"看到"他已经做到的部分。

● 向前一步：帮助孩子在目前的困境中试着迈出做出改变的一步。

欣赏式探询。当孩子遇到挑战准备罢工，呈现出虎头蛇尾的态势时，父母如果想要他们继续向前，那么单凭鼓励其实效果是不理想的，因为这很容易让孩子觉得这是来自父母的控制。我常对我的学员分享的经验是：没有"看见"与合作，任何鼓励其实都会带来控制和新的压力。

也就是说，在孩子真正遇到困难时，父母首先要选择和孩子站在一起，陪在身侧。他们越是不可爱的时候，其实越是需要爱和关心的时候。想想我们小时候，在遇到困难时，哪怕父母帮不上什么忙，但如果他们能够不指责、不怪罪、不逼迫，没有"假大空"的鼓励，就足够疗愈我们受伤的心了。现在，我们的孩子在遇到困难时，也非常需要父母的陪伴，希望父母和他们一起"打怪兽"。

其次，我们要"看见"他们已经付出的努力，"看见"他们做到的部分。

这份"看见"可以扭转孩子对自己的负面看法，从自己什么都没做到，自己什么都做不好转而"看到"自己还是可以做到一部分的；从自己是造成结果的唯一因素的单一决定论，转为自己只是问题的一部分而非全部责任承担者的系统视角，从而降低压力，更为放松、有创造力地处理和应对挑战。

这份"看见"更可以帮助家长在陪伴孩子的时候放松下来。家长"看到"孩子其实已经非常努力了，也可以帮助自己不卷入孩子的情绪，增强对孩子负面情绪的耐受力；"看到"孩子此刻发的脾气并非和家长有关，而是孩子在成长过程中消化自己挫败感的一种很正常的方式。这样，家长就可以从孩子的情绪中退出来，帮助孩子"看到"他自己已经做到的部分。

这份"看见"能缓和亲子关系，增强孩子对你的信任。接下来，第三步就需要增强孩子与你的合作性。这样你后续给出真正可以帮助他克服困难的方法时，他才会愿意与你合作，进行尝试；否则克服困难的"门"还没开，你就已经被孩子拒于千里之外了。

欣赏式探询是一种建设合作能力的积极方式，被广泛应用于组织和个人发展的设计。运用在与孩子的互动中也非常有效。通常，你可以在情绪相对平稳后，和孩子探讨如下两个问题：

● 这些已经完成的部分，你是怎么做到的？

● 在这些做到的学习经验中，你觉得自己哪方面做得特别棒？

这两个问题不仅能向你的孩子传递你对他的欣赏，还能激发他从困境中跳出来，启动思考，开始对自己已经做到的部分进行探询。当我们依靠欣赏或者通过欣赏开展对话时，孩子就会以一种极其特别的方式将自己展现在我们面前，那些积极的品质与富有希望的特征就会变得越来越突出，而这恰好是一个孩子可以继续克服困难的宝贵的内在资源。

如果父母这时跟随孩子一起掉进困难的"坑里"，用负面的方式看待孩子和困难，那么会让父母变成孩子的消极的观察者。这个时候，父母很难用欣赏的方式对孩子和当前的处境进行认知，就会让孩子在面临挑战时"雪上加霜"。父母将成为孩子新的阻力而非助力。

同时，探询还意味着持续地挖掘和发现。欣赏式探询是一种探索行为。以上两个典型的欣赏式探询提问的核心是充满好奇地探索，答案在孩子那里，不在父母这里。这两个提问可以引发孩子对自己的好奇心，帮助他们通过自己的探索发现自己的胜任力。所谓自信，不就是在这样细微的点上，一个又一个地完成探询后建立起来的对自己的信任吗？

你还可以通过如下提问继续扩展和孩子的对话：

- 你在学习的过程中，可以被称为"最佳状态"的时候是什么样的呢？

- 你做了什么帮助你体验到了"最佳状态"的美妙呢？

我相信，当父母用欣赏的态度聚焦问题，开启和孩子的对话时，那些令人惊讶的、催人奋进的，甚至饱含激情的、具有标志性意义的成就和经历就能通过上述问题显现出来。而且，欣赏式探询坚持一个基本原则：鼓励孩子更深入地"看到"自己做到的部分，挖掘潜藏其中的成功因素。更为重要的是，这是他自己就能做到的。

也就是说，通过欣赏式探询，父母可以帮助孩子在细微的点上"看到"

自己做到的部分，建立更强大的信心。然后，父母就可以陪伴孩子继续向前走，引领"看得见"的改变。

以上方法要想有效果，父母还需要提醒自己如下两点：

第一，自己不能比孩子更着急。为什么呢？当孩子遇到困难时，卡住了，如果父母比他们更着急，他们就需要花精力应付挑战之外由父母的情绪带来的新挑战。这是"雪上加霜"。

同时，如果父母和孩子一起着急，两个人都进入系统 1 中，那么解决问题的思路就会一下子变窄，也就是俗称的"干着急"。

如果你能做到不比你的孩子更着急，那么你就容易放松一点去看孩子面临的状况：使用欣赏式探询，帮助他回到放松、充满创造力的系统 2，方法就会被他逐步看见。

第二，做孩子的教练。孩子遇到困难时，需要你的陪伴以克服困难。我发现，很多父母要么急于训练孩子独立成长，让孩子自己去探索并解决问题；要么急于跳进孩子的困难，和孩子搅在一块儿，代替孩子处理问题。这些方法都会对孩子的胜任力培养产生负面影响。

通常，我会建议家长在保持联结、平衡期待、进行欣赏式探询之后，进一步使用教练型的方法陪伴孩子演练一番。演练的步骤如下：

第一，我做你看；第二，我们一起做；第三，你做我看。

这个步骤就像搭建脚手架一样，一步一步地帮助孩子处理一个个小困难，稳步向前。假以时日，他将会在父母充满爱与理解的支持下，向前一大步。

向前一步。在通过以上欣赏式探询方式"看到"自己已经做到的部分后，你的孩子就有了自己的信心和勇气，接下来你可以乘着这股"东风"，帮助他继续探索如何一点点地发生改变。请记住，在孩子想要放弃的场景下，我们只需要关注如何引领他一点点改变。这是帮助孩子摆脱困境的方法——扶上马再送一程。这是一个缓慢的过程，心理学家维果茨基称之为"最近发展区"。

"饭是一口一口吃的。"最近发展区，就像父母为孩子搭建克服困难的脚手架一样。父母不指望孩子一步登天，而是逐个地、日进一寸地克服困难。搭建脚手架类似于给孩子提供一个支持其成长的结构，孩子在这一结构的支承下能够克服困难，将其内化，并运用这一内化过程实现自立。

巧妙自然地搭建脚手架的方法是：父母让孩子参与练习，逐步提高任务的难度，让难度保持在孩子能够达到的程度再往上一点点的位置，帮助孩子逐步提高处理困难的能力，最终使孩子达到独立克服困难的目标。想想我们教孩子骑自行车的过程，应该就能快速地理解了。

在以上过程中，父母应尽量少地直接指导孩子应该怎么做。父母应更多地鼓励孩子独立解决问题，从一点点改变着手。父母要明确孩子学习的目标（大处着眼），在陪伴中让改变一点点（小处着手）发生，进而鼓励并帮助孩子在学习生活中继续练习。

这个步骤的重点在于父母要邀请孩子立即进行可以发生改变的小练习，这是孩子的最近发展区，一定要帮助他们沿着克服困难的脚手架爬上去。立刻的邀请和练习是非常必要的，这可以帮助孩子将脑中的想法变成行动，让这一点点的积极变化立即发生。这样，父母就从帮助孩子"看到"自己做到的部分，走到了让孩子向前一步的一点点的积极改变的进程中了。

接下来，我们来看一个案例，是关于一年级的孩子第一次背诵课文的故事。请读者结合保持联结感与增强胜任力的知识点来看故事中的主角是如何互动和解决问题的。

 **案例 2**

不抛弃、不放弃不喜欢背诵课文的一年级小朋友

《秋天》是孩子上小学后要背诵的第一篇课文。没有上过任何学前辅导班的孩子尝试自己练习，但因为刚开学，拼音还没有学得足够好，所以拼读的部分就比较困难。背了好几遍都不行，孩子急得直掉眼泪。他请求爸爸帮助，爸爸教了他好几遍，他依然卡在不熟悉的字词上，并且无法连起来阅读。

先生当时在厨房洗碗，我手中也有工作，所以晚饭后我们三人各自忙自己的事。直到孩子自己哭起来，先生才加入。我心里很感动，因为父亲和儿子一起做这个工作通常要比母亲困难一些。这里面有比较复杂的心理因素，如通常儿子是不太愿意在父亲面前显示脆弱和"认怂"的，因为雄性之间会竞争。

先生刚开始非常有耐心，但来来回回，孩子都卡在他教了很多遍的那几个地方。我听着都着急，果然，他的声音就大了起来。他也自动默认是孩子不认真的态度造成的，渐渐就从这个角度去挑战孩子。听上去，孩子从最开始的因为遇到困难而着急，逐渐变成了感到的委屈。

他们之间的关系变得紧张起来。先生越着急，孩子就越慢，到后面

先生开始责备和训斥孩子，如一定要矫正孩子的坐姿，要求他不断复述，等等，孩子慢慢就哭了起来。

我在书房忙工作，听见他们二人中，一个说教的声音越来越大，另一个哭声越来越大。孩子一哭，先生就显得更加有情绪了，他听上去开始有了明显的愤怒和着急，开始责备孩子，并要求孩子做出选择——要不要爸爸帮忙！孩子哇哇大哭起来，听上去既委屈又伤心。

爷俩儿的情绪很明显地都不对了。虽然我很想马上就出去看个究竟，但还是忍住了。我继续在书房一边支着耳朵听他们的动静，一边把已经站起来的自己再次"按"进书房的椅子里，安静地坐着，假装还在处理早已完成的工作。

大约过了几分钟，我只能听见孩子的哭声，但没有听见先生讲话或者看见他离开学习区。等孩子的哭声渐渐变小后，我仿佛得到了令牌一样，走出了书房。

果然，先生像一座大山一样，拿了一支铅笔，准备继续点读课文给孩子听。孩子一边抹眼泪一边看着课本。

我看着这个画面，感动得不得了（写到这里，我也要掉泪了。我真的觉得先生棒，他真的是一个好爸爸。那个场景看上去虽然很"苦"，但却让我印象深刻。两个人都没有放弃，都在坚持）。

【点评】"看到"孩子和伴侣做到的部分，不卷入他们的情绪非常重要。这样会让你变成他们的"灭火器"而非火上浇油。要想到那3个问题："我想做什么？""我是谁？""我现在能做点儿什么？"这能帮助你从孩子的困境中、伴侣的挑战里出来，获得观察和重新选择应对方法的机会。

　　带着那份感动，我一边走一边说:"妈妈终于忙完了，爸爸辛苦了，我来吧。"

　　【点评】将你的"看见"直抒胸臆，言简意赅地表达出来，这是对伴侣很好的支持，也能让夫妻双方结盟，共同成为孩子的支持。

　　先生把铅笔一放，拿起桌边的洗碗布，立即起身进了厨房，继续干活儿去了。我坐在先生的椅子里，摸摸孩子的头，让他转过来面对着我。我看着他眼泪汪汪的样子，对他说:"妈妈在书房听到了，你和爸爸都很辛苦，你看上去很不容易。需要妈妈抱一抱吗?"

　　【点评】在孩子处于情绪中时，务必先创建和保持联结，同时也不忘将联结的选择权交给孩子，帮助他从情绪风暴中开始理性的思考。"需要妈妈抱一抱你"和"来，妈妈抱抱你"是不一样的，前者给孩子提供了选择的空间，他就可以思考;后者看上去是支持，其实也是要求甚至是命令。

　　他没有说话，软软地趴在我身上。我紧紧地抱了他一会儿，然后将将他的后背，再用手托着他的头，分开一些距离。我看着他，再亲亲他，说:"妈妈心里很感动。我知道背诵课文这件事你现在不太喜欢，也觉得非常困难，你看，都哭鼻子了呢!"

　　【点评】对低年级的孩子，肢体的接触也很重要，胜过大段的语言表达。

他显得有些不好意思。

我继续说："妈妈在书房里听得特别清楚，刚才那么困难，那么难过，你都没有说不做了。我出来时还看见你跟爸爸在继续学习，我觉得你真的好努力！你哭妈妈虽然很心疼，但你愿意继续努力，我为你感到骄傲呢！"

我再次把他紧紧地搂在怀里，又亲了他几口。

【点评】帮助孩子回顾事情的经过，言简意赅，不仅可以让孩子跳出情绪，还能帮助他"看到"自己不是一个人。同时，强调在这个过程中，你对他的努力的"看见"，给出真诚的鼓励和赞美，让他明白现在这事儿是很小的一件事。

他好像被电击了似的，一下子从我的怀里滑了出去，端端正正坐回椅子里。我也赶紧坐正了，说："现在，我想教给你背诵的魔法，这个办法你愿意学吗？"他当然点头。

我拿过课本，看了看原文，然后想起头一天早上我们送他上学时看到的阳光下的金黄树叶，恰好，那个时候我邀请他看了树、看了秋天（我觉得前一天的那个无心的举动给了我很好的支持，让我这时可以很快地使用起来）。

【点评】从孩子熟悉的因素入手。这个部分可能有点儿难，需要多练习。

课文原文是这样的：

《秋天》

天气凉了，树叶黄了，一片片叶子从树上落下来。

天空那么蓝，那么高。一群大雁往南飞，一会儿排成个"人"字，一会儿排成个"一"字。

啊！秋天来了！

于是，我就和他回忆了前一天他所观察到的秋天的样子："昨天早上，咱们经过小区广场时，好多奶奶在那里跳'广场舞'。还记得妈妈跟你说'秋天来了'吗？"他点点头。

我接着说："早上上学开始觉得冷了，对不？我们还看到有金黄的树叶往下掉。你往天上看的时候，是先看见蓝蓝的天空，还是先感觉到很高啊？"他说："远看都是看见蓝天，仰着头才觉得高。"他还配合着自己的描述把头往后仰了仰。

我摸摸他的头："嗯，不错，很会观察。下面就是大雁了，你还没有见过大雁，但'人'和'一'这两个字都学习过了吧？"他回答："是！"我伸出两根食指，先比画了一个"人"字，又比画了一个"一"字。他也跟着用双手比画。

然后，我们就一起朗读第一遍。我在朗读的时候，在叶子飘落、看天空、"人"字、"一"字的部分，都会使用肢体语言帮助他理解。

接着，我说："你和爸爸朗读过很多遍了，现在脑子里也有画面了，我觉得你可以试着背诵一下。"

【点评】推动孩子做出尝试。

他犹豫了一下。我说："没关系，这样我们才能知道你卡在哪里了。我们可以节约时间，专门复习最难的部分。"

他居然站起来了。他笔直地站着，双手垂在腿侧，很认真地开始背诵。这时，他看上去是那么认真，那么努力；眼睛闪闪发亮，长长的睫毛上还留着刚才汹涌的眼泪；脸被泪水洗过，在台灯下也发着柔和的光。他就那样站着，不急不慌地背诵着。几处稍微停顿的地方应该都是在想象画面，因为我看见他的手指在悄悄比画着。

就这样，居然一遍就"过"了！

他背诵完，被自己一次就"过"了给吓了一跳。真的，他的表情绝对是被自己吓到了。我就那样欣赏地看着他。过了几秒，他终于反应过来，双手从腿侧放松，整张脸像开了花一样。他冲进我的怀里，一边抱着我的脸狂亲，一边很热烈地说："谢谢妈妈，谢谢妈妈！"

我紧紧地搂着他："你太棒了！掌握了方法，居然一次就背好了！"

我松开他，对他说："你也要谢谢爸爸，如果没有他刚才帮你朗读，应该就不会这么快。"

爸爸正好拿着笤帚在扫地，笑眯眯的。我估计他也非常开心。

孩子偷偷看看爸爸，没有说话，挥挥手算是打招呼了。他还沉浸在自己的喜悦里。他又坐回椅子里，看看课本，摸摸课本。估计他一下子背会了，有些不适应。

我抓住机会对他说："你刚才站得笔直地背诵课文的样子可帅了，明天是不是也要站着背诵啊？"答："是！"

【点评】庆祝孩子取得的每一个成功，他会获得信心和继续努力的勇气，而且是自动自发的！

孩子平常坐在教室第一排，他还没有养成朗读的习惯。这一晚他经历了那么多的情绪起伏。我想了想，就说："我们来玩一个游戏吧！"

【点评】依然使用孩子熟悉的元素进行尝试。这一次，妈妈结合了孩子在学校的场景来练习。

他眼睛一亮！

我说："你上学，我看不到，但我特别想知道你是怎么背诵的。你们教室有这么大吧？"我指指家里客厅和走廊的区域，接着说，"如果我去学校，我是大人，肯定要坐最后一排。你念给我听，我看能不能听见，好吗？'王老师'！"

【点评】称呼孩子为老师，能使他获得鼓励。

他一下子当了老师，立即指指走廊尽头："妈妈，你站那里，那里！"

我赶紧小跑过去，他开始大声地朗读给我听。我说："声音有点儿小，听不清。"他加大音量。这样三遍以后，我说："不错！可是我进不了教室，如果我在教室外面，就得退到卧室衣柜那里，对不对？"

他看看说："对！"

我说："再试试！"他很开心地大声背诵了两遍。我想 5 遍足够了，就说："谢谢'王老师'，很清楚呢！"

他跑过来钻进我的怀里。我想，那个时候，他的成就感应该"爆棚"

了吧。

【点评】在低年级孩子做到的部分重复 3 ~ 5 遍，会给他们带来极大的信心和满足感。

第二天一早，在上学的路上，我们又复习了一遍课文。送完孩子回来的途中，我和先生就昨晚的陪读进行了交流。先生感慨："现在的孩子太不容易了！"

我捏捏他握住我的温暖的手："幸好有你和我这样的好爹娘。"

【点评】要时刻不忘盟友，多多表扬。

没过两天，又有了新的课文需要背诵，这一次，就容易多了！请读者聚焦在欣赏式探询的知识点上，重点观察案例中的主角是如何支持孩子克服困难的。

案例 3

"看到"做到的部分，然后向前一步完成课文背诵

这天的语文作业是背诵《江南》，孩子回到家和我确认后就准备罢工。我只说："这是你今天必须完成的作业，你自己决定什么时候背。"

【点评】针对低年级的孩子，可以通过限定选择的范围帮助他们做出选择。

孩子快乐地做英语作业，吃饭，看电视。电视一关，他的苦瓜脸就又出现了!

他叽叽歪歪、扭来扭去就是不做作业。我和先生对坐喝茶，看他那副"熊"样子，心里很想笑。但我得继续喝茶，等他继续闹!

喝了几杯热茶，我把茶杯一放，转身平静但很严肃地看着他:"你选择一下，是在卧室'叽歪'五分钟再出来，还是现在开始背!"

孩子眼含热泪，摇头。我说:"好，你是小学生，这是你必须做的。"

我取出当天我读的书给他看:"你看，妈妈这本书这么厚，看完就要讲给学生听。这本书太难了，妈妈是上周看的，停了两天，刚才接着看。你看!"我数了数，接着说，"这么长时间，妈妈才读了四页!"

孩子停止了哭闹，用亮晶晶的眼睛看着我。我取出我的大字练习记录:"昨天妈妈铺出来时，你是不是觉得很厉害?"

他点头，我继续给他看:"你看，这两张是妈妈早上送你上学回家以后写的，只有40个字，妈妈写了快一个小时。妈妈最开始写的时候你还嫌难看，现在呢?"

我能看到希望和能力在他心里"长"出来了。

我又指指书桌:"你选，是自己背，还是爸爸妈妈中的一个人陪你背?"他指指爸爸。我接着说:"现在是8∶00，你需要在30分钟内完成背诵。"

爷俩儿开始背诵，我也悄悄地计时。11分37秒后背诵完成。我告诉他:"你用了11分钟完成背诵，比计划提前了19分钟呢!"

【点评】提供有限的选择，约定时间，创造比赛的氛围。孩子通常都愿意尝试，因为他们其实是很希望克服困难的。

　　爸爸着急往下走，我请求暂停："我们先停在这里，做一下反馈再继续，他能记住的。"

　　我说："有你想象中那么困难吗？"他不好意思地笑笑："没有。"

　　我问："你怎么做到的啊？"

　　他回答："专心，认真，开始去做。"

　　我很满意："好，得了为娘的精髓，继续练习去吧。"

　　他眉开眼笑地过来拥抱我，我指指爸爸："去谢谢爸爸！"他又过去紧紧拥抱爸爸。

　　我坐了过去，他站着又背诵了几遍。最后，我抱着他再次反馈："如果明天还有背诵任务怎么办？"他回答："一回来就背！"

　　【点评】针对做到的部分及时复盘，帮助孩子提炼他做到的、好的经验，并帮助他展望未来，相当于预演了孩子的能力。这些方法都可以帮助孩子增强胜任力。

第 3 节　挑战失败的时候：允许犯错并及时复盘

　　是不是所有的挑战都必须以胜利告终呢？孩子是不是开始一件事就得尽全力完成呢？我不这么认为。就像海浪一样，有涨有落，才能形成平衡；如果一路高歌猛进，带来的可能就是毁灭性的海啸了。向日葵在晚上还要低头休息一会儿呢。所以，针对孩子虎头蛇尾的问题，如果孩子确实缺乏内在动机，父母也感觉无力回天时，那就从了"心"，认个"怂"。人生那么长，总有一条路是适合你的孩子和家庭的。

允许犯错

家长都不希望孩子未来遇到困难不敢回家。

夜深了孩子还没回家，家长要揍他以给其严厉的教训吗

晚上 10 : 05，一位妈妈在"从幸福到更幸福"群中留言，谈到她的孩子没有遵守约定按时回家，她不想开门，并询问是否可以揍他以给予严厉的教训。我看到留言的时候已经过去了 6 分钟，考虑到时间紧迫，我只回复："让他进来，鼓掌欢迎并拥抱他。"

下文是对这个案例的进一步记录和背后的思考。

提问者：下午 6 : 00 带孩子上完钢琴课回家，楼下有几个孩子在用网子捉虫子，孩子也要一起玩。我不是很愿意，但还是答应了，但要求他玩一会儿就回来。可是孩子一直不回来，晚上 9 : 00，我打电话让他回来，结果过了半个多小时才回来。

我现在不想让他进门，我想给他一个严厉的教训，让他记住不能玩起来就没有时间概念。我该怎么办呢？我让他进来后可以揍他吗？请老师给我一些帮助和建议吧。

我：让他进来，鼓掌欢迎并拥抱他。

群友甲：昨天我也看到了这位妈妈的信息，如果是我，首先想到的会是孩子不遵守约定，不听话，等等。看到老师的回答时，我顿时觉得好温暖！我想为什么我就做不到接纳孩子，做不到拥抱他呢？我怎么才会有老师那样喜悦和平、爱意满满的心呢？

我总结了一下，觉得应该是我使用的是我熟悉的教养方式，我没有被这样温柔以待过，所以我没有形成这样的思维模式，进而也不会有这样的行为习惯。

我有一个问题问老师：请问您为什么总能四平八稳、温和从容呢？为什么您会这样呢？我做不到是不是因为我的修养不够呢？

我：我对第一位家长的回应是即刻的。那个时候时间比较紧张，她就在门背后等着，需要一个确定的回复。

我使用的方法叫悖论干预。按照第一位家长的逻辑，她之所以有那样的提问，我想她其实知道怎么做会更好，只是需要一个确定的声音把她的想法表达出来。我只需要"不让她直接揍"就可以。明明孩子没有危险地回了家，父母其实心里是松弛的，但可能面子上过不去。

我其实也有类似的经历。在那个时候，我也是抓狂的，有各种愤怒和焦虑，最坏的打算都会浮现，但当孩子终于敲门时，我却一下子就安心了，甚至是开心的，因为孩子安全到家了，至于教训，以后再说。

所以，我的选择是让爱流动。我还记得孩子晚归那一次，我也是找遍了整个小区都没找到。我给出差在外的先生打电话，我说我想揍孩子，和这位家长说的情景真的是一样的。

然而，具体怎么做是可以选择的，智慧和力量也就在我们的选择里面。从另一个方面来说，孩子在那时比我还忐忑。我不希望孩子在未来遇到困难的时候不敢回家。我想爸爸妈妈是孩子最后的防线，我要欢迎他回家，谢谢他没有让我白等。

有趣的是，在那之后，儿子便会和我约定时间。他在不被指责的情景下，开始为自己负责。

看上去，允许对方犯错，使父母和孩子双方松弛了下来，自然能收获喜悦平和、四平八稳。

当我们面临"育儿挑战"时，别忘记我们曾经也是一个孩子。

要尊重孩子，也要尊重自己的感受。规则同样需要被建立，这个非常重要。建立规则有很多方法，在放松和不被指责的情况下，由孩子主动选择建立起来的规则，孩子会更容易遵守。同时，孩子要长大，他们也需要学会和既有的规则进行对抗，这样能更好地支持他们成长。

作为父母，我想，在我和孩子的关系中，我可以给他试错的空间。这个"度"真的很难把握，我也正在持续地探索和练习，毕竟，在我有孩子之前，我也从来没有做过母亲。谁又不会犯错呢？要允许自己和孩子偶尔犯错，偶尔不那么"靠谱"。

及时复盘

允许犯错之后，还需要及时复盘，这样才能避免再次落"坑"，或者当再次落"坑"时，爬出"坑"的速度能够快一点儿。

一个特别简单的复盘方法，就是在事情结束时花 5 分钟的时间和孩子一起思考：再有机会做这件事时，怎样处理可以更好一点？怎样可以让自己更舒服一点？

第 5 章

学不会，那是学习方法有问题

孩子在学不会的时候最需要什么呢？除了有效的方法，还需要爸爸妈妈的耐心。

针对这个场景，我将和父母分享 3 个案例：第一个是针对孩子不会"擤鼻涕"的应对方法；第二个是针对孩子不会背乘法口诀表的应对方案；第三个是四年级孩子克服不会复习的学习问题的过程。

以此出发，我期待每个孩子都能够感受到父母在陪伴自己的过程中所给予的接纳，升起珍贵的对自己的希望。我更相信，一个孩子只有发自内心地保有对自己的爱和希望，他才能拥有更多探索和成长的勇气，从而拥有学习的内驱力，尝试寻找方法攻克学习上的困难，并不待扬鞭自奋蹄！

第 1 节 有了"看见"与"接纳"，问题不是问题

案例 1

4 岁孩子不会"擤鼻涕"——"看见"背后的接纳

4 岁不到的儿子招了风，感冒流鼻涕。

白天没什么，到了晚上躺下睡觉时，他总是非常生气地又踢又哭："怎么还有鼻涕啊！""你这个臭鼻涕！""我永远都不要你了，鼻涕！"……看他难过的样子，我们心疼他，想办法帮助他擤鼻涕。

爸爸教他用鼻子吹蜡烛的方法擤鼻涕。奏效时，他会比较开心。但是大多数时候，他喷出来的只是自己的口水。他迷迷糊糊地站起来或者坐起来靠着床头呜呜地哭，很伤心："我擤不来鼻涕啊……"或者我给他

做推拿，累得"半死"，却最终还是会被一声声的哭泣给消磨了斗志。尤其凌晨，如果他起夜排便，一定会和这个鼻涕接着"掐架"。爸爸接着要出差一周，我被累得晕头转向，睡眠极其不好，连着两个白天都浑浑噩噩，靠喝咖啡才"撑过来"。

我被这个"鼻涕大仙"折磨得快要神经衰弱了。

这晚又要睡觉了，经过白天的"反省"，我知道需要尝试新的方法。晚上9：00，讲完故事，关灯要睡觉了。刚挨着枕头，孩子又开始吸溜鼻涕了。要来了，要来了……

果然，他翻滚两下之后，坐了起来，开始踢腿："臭鼻涕又来了！"

我继续躺着，床头的纸巾昨晚被用完了，我拉拉他的手，柔声地说："妈妈在这里，需要我的帮助吗？"

他只管呜呜地哭："我擤不来鼻涕嘛！擤不来鼻涕嘛！"他开始变成复读机。

我继续躺着，伸出手臂："妈妈可以抱抱你吗？"

他停了一下，接着倒进我的怀里。我摸着他的头："等你长大一点儿，自然就会擤鼻涕了！"

我抱着他："白天也有好多鼻涕，好像没有看到你这样难受呢。是不是到了这会儿有点儿不想睡觉啊？"

我听见他很小声地说："是。"我心里想，你这臭小子，真是为了不睡觉什么方法都能用啊！

我接着说："有时我也不想睡觉，我知道你现在可能挺不想睡觉的，但是到了睡觉的时间了啊。"儿子又开始哭，可怜兮兮地说："我想爸爸了，我要爸爸……"

爸爸出差了，一时半会儿我可变不出大活人来！"爸爸走的时候说周四就回来了，还要和你一起放风筝呢，对不对？"他比出两个手指："再有两天？"我亲亲他："是的，再有两天。看来你记得很清楚呢。""可是，我希望明天早上就是星期四！"我避而不答："要不，你明天早上醒过来，去问问外婆？"

不哭了，鼻涕好像也被忘记了。我刚想小小庆祝一下，鼻涕又转回来了。

我拍拍他的背："怎么还有鼻涕呢？"他不再踢腿了，翻了个身，找到枕头。我没再说话，只是拉着他的手。没多久，他在我身侧安静地睡着了。

幸福来得快却不突然，又一次证明了"看见"是多么重要。

之前，我们没有"看到"孩子因为不想睡觉，顺水推舟地利用了当下出现的资源——鼻涕。因为他身体不适，我们扑向了那个"不适"，充当了救火队员，却成了最蹩脚的救火队员，不但没把火救了，反而还打击了孩子的能力，让他因自己"不会擤鼻涕"这件事真正伤了心。我们在这个过程中不愿意"看到"他的无助，以及胡搅蛮缠的样子，总是要去帮忙，结果越帮越急。越急，孩子越难受，连着两个晚上都是在疲惫不堪中入睡的。

这天，我很认真地想了想这件事情，回溯了整个过程，留意到这个问题就发生在睡前，提示我这和"入睡"有关。他不舒服是事实，但时间点是个很好的提醒。我想他不会擤鼻涕很正常，鼻子塞住了，嘴巴可以张开啊。于是，我放弃了想帮助他的想法，因为很明显，在过去的两天里，我总是越帮越忙，完全是帮倒忙！

没想到简单的几句对话，就将噩梦一样的每晚一个多小时的"搏斗"轻松化解了。

这样小的一件事情，却影响了我三天，仔细想来，还是和我很想帮助他有关。现在看来，他其实并不需要我的帮忙，只是需要我在，需要我"看见"他，更需要我接纳他的"不能"。

有意思的是，当我接纳了他的"不能"后，他反而就"能"了。这个接纳，来自于我对自己无能为力的接纳。而这，恰恰是最有力量的。

【点评】在这个案例中，最宝贵的部分是"看到"行为背后的需求，同时接纳孩子确实还没到学会的时间点，也承认自己就是教不会孩子。这份"看见"，让妈妈和孩子同时从"问题"上离开，问题变得不再是问题。

也就是说，妈妈停止了无效的工作方式，踩了刹车，尝试新的方式和视角，为这个"学不会"的困境带来了巨大的翻转性体验的转机。孩子的信心和妈妈的爱与关怀也得到机会被"看见"。

妈妈的"踩刹车"让她没有和孩子一样急，因此帮助孩子和自己从系统 1 进入闲聊的系统 2，问题也就不再是问题。

第 2 节　从做到的部分中寻找攻克难关的方法和信心

案例 2

从《张迁碑》到乘法口诀表——作业太难、完不成怎么办

某天晚上，我的孩子在做作业时，卡在了乘法口诀表竖着背诵的部

分。他遇到了很大的困难，前后花了一个多小时都没有搞定。

孩子刚开始自己背，半个小时没背会，觉得好难，就去找爸爸帮忙。爸爸帮了半个小时，开始按照他的要求录像以发给老师，但他的背诵总是卡壳。很快，孩子就急了。

爸爸一直在鼓励他，越是鼓励他，他就越是搞不定。憋着眼泪背着手靠在书架上。后来爸爸建议他放弃，第二天再背诵，他还是站在那里不动，眼泪在眼眶里转啊转的。

爸爸看上去一点儿都没有生气，一直在鼓励孩子。我在旁边听着那些话，知道这不是鼓励孩子就能解决的事。先生和孩子都卡住了。于是，我作为第三方加入了他们的互动。我加入以后和孩子的互动如"幸福日志"的记录里所言。

孩子开始只是拿袖子擦了擦眼睛，没哭。爸爸在一旁继续鼓励他，说他上周如何，这周如何，大意是说他肯定没问题。

我知道先生是好心要保护他的自信心。但那个时候，孩子内心的挫败感其实是很大的，鼓励没用。他需要接受并承认这个让他"失去面子"的部分，也要承认"死磕"的方法无效，还要看到他想完成的心，他才会愿意尝试别的办法，也能更好地学习到如何求助与改善现状。

同时，我也没有要求他必须完美，生活本来就不容易，他有那么优秀的爸爸妈妈，压力已经很大了。如果总是要求自己一次就做到，那会活得很辛苦。

那个时候是先生和孩子的主场。我在整理我的书法练习记录。

我从 5 月 28 日开始临《张迁碑》，断断续续，但从未停止，到了那天晚上终于临写完毕。从初夏到初冬，整整半年，在家得空就写。这半年恰好出差很多，能在家写字的时间也就没那么多了。临习速度就像蜗牛一样，也像儿子背诵乘法口诀表一样。

我写完帖子里的最后一个字，就把所有习字记录在他们背诵的地方铺陈开来，邀请父子俩一起看。

可是，他们哪有心情欣赏啊。先生克制着自己，孩子急得眼泪在眼眶里打转，就是落不下来。我知道，他们需要休息一会儿，所以我的做法是首先拿手指放在嘴唇上示意疲倦的先生不要说话，然后走到孩子那里，把他从书柜前面抱到了沙发那里。

我邀请他看那一地的习字记录，并说："我们要接受一件事：熟练是一个过程，可能需要像妈妈写《张迁碑》这么长的时间，这么多的耐心和坚持。"

接着，我对他说："你上一周还不会横着背，这一周就很顺利地成为班里第一个交横着背作业的学生。妈妈看到你很努力，也会背了，只是还不熟练。今天时间晚了，你也累了，我相信换一个时间，等你休息好了，竖着背也不会有问题。但这会儿我们就是做不到，你真的非常努力了，所以我猜你可能很难过，我觉得你也许需要好好哭一会儿，是不是？"

他听到我这么说，真的一下子很伤心地趴在我的肩膀上哭了起来。哭完以后，他就去刷马桶收拾卫生间了（这是他每日睡前要做的家务）。做完家务。我相信他的内心肯定可以得到一定程度的平静。

果然，他一忙完家务就出来问有没有考零分的同学。我直接告诉他，妈妈小时候有过只会写自己的名字交白卷的经历。他特别满意地就去洗漱了。

然后，他和爸爸洗脚的时候，居然主动地、特别愉快地继续背乘法口诀表，并且要求和爸爸玩刮鼻子的游戏，以辅助背诵。

这是他力量恢复的重要表现，没有人催促他，也没有人要求他必须完成。但他自己在想办法，在努力。我从心底为他感到骄傲。

更重要的是，我非常钦佩和感谢我的先生，在我出手时，他对我非常信任，停下了前面近40分钟的辅导，让我接管，并努力配合我的节奏。要知道，那天他刚结束连续4天的长途奔波，身心都是疲倦的。能有那样的耐心和对我的信任，是非常不容易的。

第二天吃过早饭，孩子自发地就开始背诵乘法口诀表。对于他卡壳的地方，我建议他用荧光笔"圈"出来，只在卡壳的地方连续背诵10遍左右，再接着背其余的部分。他很喜欢这个方法，很快就完成了作业。

当交给老师的录像通过时，他开心极了，高举双手在家里的每个房间蹦蹦跳跳地大喊"耶耶耶"！如果你不知道这个过程，你会以为这是中了500万元的大奖。但我非常清楚，这对他来说，是一个战胜自己、挑战成功，并获得能力和自信的重要事件。所以他会那么开心！

我内心充盈着感动。对一个孩子来说，不会有太容易的事。但当他能够从细微之处开始，保持耐心和好奇，时间就会给他完成的勇气和信心。一个人的自信也正是在这点滴的积累中建立起来的，这个过程让我着迷不已。

之后，我们全家出动吃了一顿丰盛的午餐，作为庆祝孩子克服困难的仪式。

等只有我和先生在一起的时候，我专门和他回顾了整个过程。

首先，我对他表达了真诚的感谢和钦佩，他能在那么劳累的情况下，脾气如此温和地应对儿子的倔强和"轴"，真是不容易，而且他能那么默契地接受我的"横插一杠"，让我感到了被支持。

我跟他更深入地谈论了对一个孩子内心挫败感的观察。

我认为在那样的时刻，接受并允许孩子表达挫败感和无力感，其实对孩子是很大的支持。这份接纳并不会削弱孩子的"战斗力"，反而会释放他的内在压力和焦虑，让他真正聚焦在事情的处理上，而不是和自己较劲。

先生听得很认真，很快认同了我的观点。

【点评】在上述案例中有几个很重要的点。

（1）妈妈的放松。我的情绪稳定，来自日积月累的自我滋养。这让我处在父子俩的情绪之外，不卷入，不着急。因此，更能"看到"孩子的学习是一个过程，要了解孩子的学习规律。乘法口诀表每个小学生应该都能学会，所以他也能学会，只是需要时间和耐心来经历这个过程。

（2）夫妻双方的配合。先生与我非常配合，这也来自日积月累的有效沟通。同时，我在得到先生的支持之后，没有把他晾在一边，而是专门找时间认真地感谢他，并通过这件事进一步构建我们之间的亲密关系。

（3）对孩子的看见和允许。"接纳"和"看见"孩子的情绪，"看到"他做到的部分，接纳他暂时做不到的现状，帮助他放松下来，并转换情境让他进入系统 2。

（4）对现场资源（书法练习纸）的有效使用。我使用了自己满地的练习纸以及完成的状态帮助孩子看到学习是一个过程。这个过程可能比较辛苦，但方法得当、持续努力就会有结果。

（5）庆祝每一个微小的进步。"看见"孩子持续的努力，庆祝他的成功。

通过这个案例的分享，我期待读者可以更进一步理解系统2的重要性。当我们足够放松，也就能更好地退出"问题系统"，看到孩子和伴侣的不容易，挖掘他们做到的部分，进而支持孩子向前一小步，引领他"看得见"的改变，增强他的自信。

所以，请将日常照顾自己、滋养自己作为重要的工作安排起来吧。

第 3 节　及时复习是个好习惯

案例 3

利用遗忘曲线帮助孩子养成复习的习惯

下午做英语朗读作业，爸爸逐个生词认真辅导，孩子却急着朗读，想读完去玩儿手工。我听见爸爸苦口婆心地劝诫孩子："你看，你刚才读的时候在这些生词上都卡壳了，现在不复习待会儿还是会在这卡壳，以后更会忘得快啊！"

孩子不服："先让我完成作业。"结果一个 healthy 的读音又引发了爷俩的争执，两个人对尾音的发音各执一词，找来网络发音还是各不相让。只听孩子无奈地大喊："你让妈妈来看看 healthy 应该怎么读！"

我赶紧过去。我先拍拍爸爸，然后发音，算是一锤定音了，和爸爸的发音一样。爸爸得到巨大的支持，转头继续劝诫孩子："你看，只有好好复习，做作业才能更顺利！"

孩子还想继续挣扎，我让他看刚给他的微信留言。

我在他们拌嘴的时候，给孩子发了一张艾宾浩斯遗忘曲线。等他点开，让他自己先看了一下，我才在他的好奇心之下进行了简单的讲解。我用背 100 个单词来举例，刚讲到一天只能记得 34 个，另外 66 个单词都遗忘了的时候，孩子就已经把手机一扔，赶紧抓过英语书："快让我背单词，不然待会儿马上就忘了！"

此为第一回合，作用是建立印象与关联。

孩子做完作业后，我们去外面吃饭，点了个豆腐，我觉得咸。爸爸抓住机会赶紧问孩子："这个可以用你下午学的什么词啊？"爸爸循循善诱一番，孩子总算说对了，是 salty。爸爸乘胜追击："你看，才这么一会儿就忘记了，如果咱们刚才复习一下是不是就记得啦。"

此为第二回合，作用是重复练习加强记忆。

接下来，我"补刀"："一般连续复习 3 天就不会忘记了。"接着我很神秘地问他："你知道妈妈为什么是学霸吗？"爸爸笑眯眯地说："你妈妈每天下午用 1～2 节课打篮球，还考年级第一，是不是很气人？"

孩子很惊讶，放下筷子抬头热切地等着我解答。我笑眯眯地说："你们下课后先干什么啊？"答："做作业！"

我摇摇头："妈妈这个学霸一般都是先复习再做作业的，看上去好像多花了时间，但是几乎每天我都比别的同学先完成作业，然后就有时间打篮球了。即便是在高三准备高考的时候也一样呢！"

孩子无限崇拜。我赶紧翻出底牌："你还记得那个遗忘曲线吗？"孩子如梦初醒，"哦"了一声，然后猛点头。

我继续"科普"："先复习就能让马上滑坡的记忆追上来，这样老师没有白教我，我还节约了做作业时查找知识点的时间。更重要的是，这些花一点时间看看就能记得很牢，而不需要像你下午那样花大力气在做作业时抓耳挠腮地去想，对不对？"

孩子一边吃面一边继续听，我接着说："节约的时间就能用来思考，你就获得了深入的机会。作业不仅做得快，还很有趣。这个过程如果用一个成语来形容，就叫'事半功倍'（他非常喜欢和我们玩成语接龙，每次出门散步时都会玩这个游戏，因此我顺便增加了对这个成语的输出）。"

此为第三回合，作用是说明好处以建立期待。

爸爸在一旁接着说："妈妈还有一个地方特别厉害，爸爸特别佩服，那就是你妈妈特别会抓规律，而且能够举一反三，在这里学会的能用到别的地方去，非常厉害！"

此为第四回合，作用是关联拓展并延伸。

下面的内容就和有效沟通有关了。其实和遗忘曲线背后的改善逻辑是一样的，帮助孩子和我们在沟通中"打个结"，只有建立反馈机制才能事半功倍。复习，其实也是在孩子的脑回路中建立知识学习的内在反馈机理，从而强化神经联结。

我们来看后面接着发生的事情。

孩子看看我们，摇摇头埋头"嗦"了口面，抬头说："待会儿咱们要洗澡的地方和餐厅很近对吧？"

我和爸爸对视一眼。我恼羞成怒地对孩子说："你知道吗？这就叫对牛弹琴，也叫风马牛不相及（继续输出成语）。"爸爸嚼着煎饼，好不容易咽下去一口："我感觉我们在说完全不相干的事啊！"

孩子放下筷子："我听你们说了呀！"

"那我们都说啥了？"

他复述了一遍爸爸妈妈的话，前后居然分毫不差！

我和爸爸再次对视……

我说："原来你都听进去了啊，你不说我可真是不知道。你刚才的话跳得太快了，如果你能跟我们说一句'好的，一个是先复习再做作业，一个是找规律多思考'，我们应该就能知道你的想法，也能知道你在听，而且居然还都抓得这么准确！你一下子跳过我们正在进行的话题，你的爸爸妈妈还没准备好啊。"

但他看上去有点儿茫然，那就继续举个例子："就像今天你泡柚子茶，开了盖子，你喝着热乎乎的柚子茶了，盖子是不是应该盖回去？"孩子点头称是。我说："对了，就是这个意思，沟通就要这样有来有往。开始下一个话题前，如果对方没准备好，就要尽可能地给个简短的总结，这也叫反馈，英文是 feedback（见缝插针地输出英语单词）。你看你完全吸收了爸爸妈妈聊天的精华呀！我们需要你帮忙把我们的"盖子"盖上啊……"

孩子恍然大悟："嗯，就像吃面卡住了，要理顺对吧？"爸爸说："刚才的情况用柚子茶做比喻更适合。你看，你品尝到了柚子茶的味道就像你听懂了我们的内容，再盖上"盖子"就完美了。"

这会儿，我猜他当时应该是在自己举例正在经历的被我们教导卡住的场景，而我那时因为错怪他在找补自己的部分，就忽略了他的情境。今天要补上我的道歉才好。

回家的时候，一个年轻的小伙子向我问路。他走了以后，我说："他为啥叫我师傅啊？"

爸爸说："一般管不认识又看不清的人都叫师傅。总不能叫你阿姨吧？"

我说："我有那么老吗？"

孩子说："也不能叫你姐姐吧？"

我看看天上的满月，月光不都是很迷人的吗？于是说："为啥不能？"

孩子看着我笑眯眯地说："你都四十啦！"

……好吧！

接下来，是早上上学路上的第五回合，是孩子主导的继续练习。

周一，我们一起送孩子上学，出了楼门，孩子主动将往常的成语接龙变成了背周日的单词。我感到很欣慰！

于是，我和爸爸一人一个地问他，他居然全都记得。好了，这5个回合下来，希望他有了更多的学习内驱力。爸爸妈妈尽力了。

后面至少3周都是帮助孩子巩固复习习惯的关键期！例如，在放学接他回家的路上，他就安排了复习的内容。

【点评】从上述案例的几个回合来看，有几个很重要的点可以总结一下：

（1）暂停。当孩子不断抗拒时，可以暂停一下，或者引入伴侣的支持，让自己缓口气。

（2）联盟。和伴侣"搞好"关系，这样在他补充进来的时候，你们就不会对抗，而是统一思路，彼此支持、陪伴孩子。这会让孩子感到安心，减少其内心冲突，也能避免孩子"钻"父母不和的空子，从而错失学习的好机会。

（3）等待。给出新点子时，让孩子先感受一下，再给出建议和思路，否则会削弱新点子的作用；在孩子不能接受时，不努力给主意，如对于复习的建议，从一年级到现在，我都提过，他不愿意，依据我的观察，我认为是没到时候。四年级了，就仔细酝酿，然后尽量"一招必胜"。

（4）关联。要将孩子遇到的困难和你给出的内容进行关联，并时常回到他所处的困难里。这能帮助孩子感受到父母的理解和支持。

（5）陪伴。孩子在学习上遇到困难，父母要陪他一起克服，而非指责。陪伴、提问和示范可以让孩子获得更多信心和动力去解决自己的问题。

（6）重复。学习非常需要重复。天才儿童很少，帮助孩子在不同的运用场景中重复知识点，不仅能加强记忆，还能创建举一反三的可能性。

（7）放松。一次学不会、十次学不会都没关系，家长要先放松下来，以便找到合适的方法支持孩子。通常，如果你试了 3 次还搞不定，就意味着你需要透口气或者换个思路。

（8）延展。如果可能，延展开来，做父母而不是老师，帮助孩子发现生活中更多的乐趣。这个适合年龄稍大一点的孩子，对于低年龄段的孩子，每次 1 个点足够了。

（9）允许。允许孩子常常赢过、攻击、调侃父母，这可以帮助他们卸载学习中因为父母的权威带来的压力。也允许孩子在养成习惯的过程中出现"要赖"的情况，毕竟，没有什么事是可以一蹴而就、一劳永逸的。

（10）情境：留意孩子感兴趣的情境，在此基础上加强和深入。抓住一个就单点突破，不贪多，慢慢来。

这个案例的内容这么多，是因为孩子进入了四年级，可以更多地从理性层面进行沟通；在他低年级时，每次基本 1 ~ 2 个点，见好就收。

最后再强调，陪伴孩子学习最为核心的基础只有一个，那就是耐心！如开篇所说，这是最有效率的方法。为什么呢？因为孩子能从父母的耐心陪伴中，感受到接纳和珍贵的对他自己的希望；而唯有一个孩子发自内心地保有对自己的爱和希望，他才能拥有更多的探索和成长的勇气，拥有学习的内驱力。

希望以上故事的分享，可以给读者带来帮助。愿作为父母的我们可以支持孩子迎接一个又一个人生挑战，使孩子能够自信、健康地茁壮成长。

第 6 章

迷上手机无法自拔

孩子沉迷电子产品成为现代家长越来越头疼的"问题"。在这个章节中，我将和大家分享 3 个渐进式的案例，内容与学龄儿童、青春期孩子、伴侣沉迷手机的应对思路和方法相关。

以下案例中涉及的方法均为系统式的处理方式，可能和日常你所见到的方式有很大不同。

第 1 节　关于玩手机：不能用制造问题的思路解决问题

首先是系统式思维中很厉害的关于问题的解读，我在《我是妈妈，更是自己》这本书的第二章第一节中提到过一部分：

一是，问题不是问题，当我们觉得它是个问题的时候才是问题；二是，问题是通过我们想解决它的意图而得以存活和维系下来的。

这意味着很多问题，其实只是生命历程中的一部分，它们有自己的发展过程，常常不需要外力就能得到解决。当我们不那么看重问题本身，而是专注于发展自我时，我们在问题上的力量就会被撤走，问题就会因为得不到我们的关注而萎缩消失。

也就是说，问题本身不是问题，是解决方式不恰当导致了问题的形成。

没收并严格禁止、使用手机是否有效且不说，但似乎产生了更多问题：母亲内疚自责，孩子对抗，疗效只有半日，后续困难重重，恶性循环，家庭大战，等等。

如果因为解决一个问题而产生了更多的不适，那么这是一个非常重要的信号：

We can't solve our problems by using the same kind of thinking we used when we created them.（我们不能用制造问题的思路解决问题。）

这是我在中德班接受督导师长程进阶训练时给我印象极为深刻的一句话，来自爱因斯坦。

孩子的"症状"真的只是"网课"或者青春期带来的叛逆吗？我们再来看看心理学家鲍文在核心家庭情绪系统中提到的内容：

如果家庭的焦虑经常而且持续地借由小孩作为解决的方式，那么这个小孩会发展出一种症状（也许是身体的、心理的/情绪的或社会的）。而这个症状的发生将增加父母的焦虑，他们将会开始担心这个孩子。然而，他们越担心，这个孩子就变得越焦虑，并强化了症状。接下来就是一种恶性循环，我们很容易看出来。这种模式也被叫作'聚焦于小孩'的模式。

换句话说，玩手机不是问题，玩手机背后的家庭情绪才是问题。

爱因斯坦和鲍文的这些意思是：任何针对问题本身去操作的内容都是新的问题。也就是说，针对玩手机本身进行的操作就会产生新的问题。

那这个时候应该怎么办呢？我们先问自己两个问题：一是，孩子不玩手机的时候玩什么呢？二是，你在其中起了什么作用？

对于常常抱怨伴侣回家只知道刷手机的读者来说，这个问题同样适用：伴侣不玩手机，和你玩什么呢？

疫情期间的一段时间里，我非常忙碌，我的孩子也出现了偷偷玩手机的情况。我睁只眼闭只眼，直到发现他某一天偷玩游戏长达四小时的时候，我和先生都非常震惊和愤怒，那个可爱的孩子哪里去了？痛心疾首之余，我发现愤怒除了让孩子觉得妈妈的眼神像女杀手之外，没有一点作用，不仅没有解决问题，还更加快速地破坏了我们之间的亲子联结。

孩子说妈妈的眼神就像女杀手的，这让我立即清醒了过来。我很快就意识到我太忙了，忽略了陪伴孩子的部分，于是赶紧做了调整。

我和先生开了会，进行了细致的分工，并请孩子一起重新规划每天的学习安排。我们明确地告知他我们做得不够好，请他原谅，我们会增加陪伴他的时间。

上午增加了我做早饭，和孩子一起朗读 15 分钟，共学 1 节语文课，爸爸和孩子一起共学一节数学课，一起至少跑步 2 千米的安排；中午增加了爸爸妈妈一起陪他睡午觉的安排；下午增加了当日复盘一刻钟的安排；晚上增加了一起散步或者外出进餐的时间安排。

我的读书和工作时间因此每天会少 3 个小时左右，这是他往常在学校上课时，对我来说最为宝贵的晨间高效工作时间。经过权衡，我放弃了这个部分，将其转到上午稍晚先生接班的时间和午后起来的一个小时里。

经过一周多的调整，母亲节当天，孩子起床后过来拥抱我说：妈妈，我不玩游戏了，我觉得没意思，还是这几天和你们还有楼下小朋友玩有意思。

接下来，是"北京小学网课"翻倍的第一天。我提前按照孩子的意思，将他的日常生活"打卡表"和课程表结合在一起打印给他，临睡前还过了一下第二天的日程安排，因此重新上网课时，一切都很顺利。

关于孩子的学习，我想和大家分享一个结构化的重点。当孩子需要面对一个全新的挑战时，或者我们需要他们养成一个好的习惯时，切忌只是发号施令给他们，一定要注意：

（1）预先有商量。

（2）刚开始进行时有陪伴和示范。

（3）进行中，管住嘴，打开眼睛和心去观察，提供积极的反馈和基于事实的建议。

（4）完毕后，及时复盘，进行优化讨论。

这个结构化的进程看上去慢且需要家长的一些时间，但对孩子来说却是一个非常重要的陪伴，尤其是当他们面对比较大的挑战时，就更需要父母给予这样的支持。一段时间之后，家长一定会大为轻松的。

我的孩子才 9 岁，他没有我以为的那么不需要妈妈的陪伴，尤其在疫情这样大的变化来临的时候。我在他偷偷玩游戏的那段时间里忽略了这个变化，想当然地认为他会和大人一样积极适应。我忙得忽略了孩子和我们一样，正处于很大的震荡里。

特别幸运，他用玩手机游戏的"问题"及时地提醒我立即着手采用新的方式去互动，及时调整时间安排，补进爱、理解与支持，先恢复我们之间的联结，再处理所谓的问题。

扔掉无效的沟通和合作方式，我们就能离"希望孩子完全符合我们的期待"的执着远一步，也就能离"我们自己可以做点什么"更近一步。

回到鲍文的内容，不让孩子为核心家庭的情绪背锅。作为父母，退后一点点，在问题没有出现的地方做工作，这是不再和问题纠缠在一块儿的处理方式。

第 2 节　青春期孩子玩手机：不玩手机的时候玩什么呢

针对孩子玩手机带来的挑战，在上一节的案例中，我和大家分享了使用系统思维应对问题的方法：

（1）问题不是问题，你如何看待它才形成了问题。

（2）问题是通过我们想解决它的意图而得以存活和维系下去的。

（3）不能用制造问题的思路解决问题。

接下来我们继续看如何运用如下三点系统思维应对青春期孩子玩手机的挑战：

（1）人的需求带来问题，问题通过需求的满足而被解决。

（2）从短期活命的系统1进入长期学习的系统2。

（3）凡事都至少有3种解决方案。

系统思维1：人的需求带来问题，问题通过需求的满足而被解决

我们先看一位妈妈学员发给我的留言：

对于青春期这个特殊成长时期的孩子来说，手机游戏的自主参与，正如《微习惯》所说，它是可以比任何其他"坚持刻意练习的项目"都更容易改变大脑，而建立起自己的脑回路的！它容易使人上瘾。

在精力和时间有限等原因下，家长无法陪伴，我想也只能在还可控的时期帮助他断掉手机。慢慢来的方法都不合适了。各种实践还告诉我，也只能这样。

想起您推荐的李辛老师在《儿童健康讲记》中提到的："看手机是在耗能，而看书才是滋养身心，在赋能。"所以对于手机游戏这个耗能的产品，我作为监护人，只能对他玩游戏说"不"。

父母不可能陪伴孩子一辈子。该修剪的枝丫，不容商量也刻不容缓要

去除。虽然在这个阶段要小心翼翼，但不能看到了，却还要绕着圈子去哄着。边界和原则就是底线。不然，怎么做会更合适呢？

往日不可追，唯有未来可期。当下的我要"稳定"好自己，带着爱还有坚定的原则前行。

我在文章"留言区"给她的回复是：

支持你。同时，需要补上并跟进可以替代游戏功能的爱和其他有益的玩乐活动。

她接着回复：

感谢老师，是的，我该想想怎样跟进替代的问题。一语惊醒梦中人！

在这位读者的留言中，不难看出其思维上的模式：因果决定论。

- 因为玩手机耗能，所以不能玩。
- 因为玩手机会上瘾，所以必须停止。
- 因为在青春期玩手机会给未来的人生养成坏习惯，所以不能玩。

这样的思维方式会让很多问题看上去只有一个决定性的原因，因此，解决方案也应运而生：针对这个单一的原因考虑应对方案。

看上去，上文中读者所提到的困难都是因为"玩手机"这个行为带来的，所以我们认为只要不玩手机了，停止这个行为，这些肉眼可见的不良后果（耗能、上瘾、坏习惯）就会消失。

事情真的这么简单吗？

如果这时我问大家：对青春期的孩子来说，玩手机的好处是什么呢？从手机上拿开的手要放在哪里？请你至少写出 10 个来。

在系统思维中，任何事都有意义和功能，我们来看看因为厌学而向我寻求家庭治疗的孩子给出的答案：

（1）玩手机让我可以忘记学习带来的压力。

（2）我感觉自己在游戏里被需要，这让我充满力量。

（3）玩手机让我有朋友，哪怕他们是虚拟的，也能让我感受到被欢迎。

（4）玩手机让我能清静愉快地待在自己的世界里，想干啥就干啥。

（5）手机可以让我快速得到答案，更高效。

（6）手机让我有事儿可干，他们都不管我也不陪我，手机可以陪着我。

（7）玩手机让爸爸妈妈开始说话了，虽然说的都是我。

（8）玩手机让我可以不用和同学说话，沉浸在手机的世界里不用搭理他们，这让我觉得自己很酷。

（9）玩手机让我特别精神，一点儿都不困。

（10）玩手机让爸爸妈妈觉得我有病，这样我就不用参加考试了。

……

和孩子们一起走进咨询室的爸爸妈妈看了这些回答以后觉得很惊讶。有的家长很懊悔地说："我只是粗暴地把手机拿走了，没想到孩子有这些需求。我的方法没有对症，难怪感觉越来越困难。"

在这里，我们需要了解行为与需求之间的基础的关系：任何行为背后都对应着行为发起者内心的需求，行为有多样性，需求往往会聚焦。

如果我们看到一个行为就消灭一个行为，那么就会像玩打地鼠的游戏一样，这边消下去了，那边又起来了。俗话说的"按下葫芦起了瓢"就是很典型的只针对行为去处理的现象，这不仅粗暴，而且通常无效且耗能，并会让问题更严重。

例如，手机被没收了，还可以有电视；电视被关了，还可以有小说；小说被撕了，还可以恋爱；恋爱被禁止了，还可以休学；休学不被允许了，还可以放弃一切让自己抑郁；抑郁不被允许，还可以不断加重直至放弃生命。

想想孩子在婴儿期时，他们表达需求最主要的方式就是哭泣。敏感的母亲会仔细辨别孩子的哭泣，区分孩子是饿了还是尿了，是怕了求抱抱，还是困了求秒睡。需求得到准确回应的孩子更容易平静，而孩子一哭就喂奶的家庭会遇到特别多的情绪问题和喂养困难。

行为有正负向，需求却是积极的。例如，孩子打人是不好的行为，但他渴求友谊的需求是积极的。孩子有网瘾是不好的行为，但他渴求父母因此与他沟通的需求是积极的。

针对青春期的孩子，家长要学会倾听他们的声音，"看到"玩手机背后的需求，和他们一起寻找健康的、可以带来同样好处的积极行为替换玩手机这个给家庭带来极大困惑的消极行为。需求得到满足的孩子会更容易放下手机。

系统思维2：从短期活命的系统1进入长期学习的系统2

如何更好地了解孩子的需求呢？可以从闲聊开始，有意识地在日常生活中增加和孩子聊一些无目的、无意义的话题的比重，这会帮助孩子放松下来。根据人类的发展进程，正是对大量无意义的探索才有了对生命的意义的正确认识。

诺贝尔经济学奖获得者丹尼尔·卡尼曼在其著作《思考，快与慢》中有关于系统 1 和系统 2 的分享："在系统 1 的状态中，我们是冲动的、凭直觉的、简单的、单一反应的;在系统2的状态中，我们则是具备推理能力的、智慧的、多元的。"

人的创意和开阔性在系统2中更容易发生。丹尼尔教授提到，在我们紧张和觉得方法有限时，可以提醒自己:"这是你系统1的想法，放慢速度，听听系统2的看法吧。"因此，系统2显得谨慎，对一些人而言，系统2也是懒惰的、缓慢的。

对孩子处于青春期的家庭来说，孩子和家长如果只关注学习这个话题，关注玩手机这个问题，就非常容易同时进入系统1的状态里。在这个状态里的人非常容易出现3种反应模式:战斗、逃跑、僵住，孩子和家长很容易对抗。强势的家长很容易打败孩子，取得显而易见的短期效果。

然而，问题来了:打一顿骂一顿只管半天! 然后继续系统1的战斗、逃跑和僵住，亲子关系将因此一落千丈，进入恶性循环。

我们需要了解的是，在大多数情况下，人是需要在系统2中生活的，因为这是一个长期的、探索的、放松的状态，对生命是更为有益的。这需要家长和孩子都学习放松下来，学习慢慢走，深深爱。

闲聊、瞎聊是一个帮助我们进入系统2的特别好的方法。每天安排30分钟和孩子聊聊，不谈容易让他们进入系统1的令人紧张的学习和手机。试试看，生活一定会给你意想不到的美好。

系统思维3：凡事都至少有3种解决方案

放松下来之后，我们的注意范围将从狭窄的系统1变为开阔的系统2。这时就可以结合神经语言程序学中的法则1：凡事都至少有3种解决方案，以此来发散思维并进行探索。

凡事都至少有 3 种解决方案的思维意味着：你有选择。很多家庭在向我咨询时对我说："我也是没有办法啊！"

这时我会说："你现在不正在通过家庭治疗尝试新的未知的办法吗？"听到这里，他们往往会一愣，然后我们会开始合作去寻找第 2 种、第 3 种、第 N 种可能性，就如同本文中提到的对玩手机的好处的思考一样。

没有办法让事情画上句号，总有办法让事情拥有突破的可能。

人处在系统 1 时，通常很容易"甩锅"，"没有办法"就是可以直接"甩锅"的托词。它很容易，然而对解决困难并没有用。在系统 2 里，更容易产生总会有办法的想法。俗语说：方法总比困难多。带着新的信念看生活中的问题，每次都至少准备 3 个解决方案，然后翻它们的"牌子"。我想你会爱上这种"我命由我不由天"的感觉。

例如，针对"玩手机可以让我忘记学习带来的压力"这个回答，我就邀请孩子和爸爸妈妈进行思考：除了玩手机，还有什么方法可以帮助你忘记学习压力呢？我们得到了如下清单：

（1）睡觉。

（2）看综艺节目。

（3）跑步。

（4）做饭。

（5）吃美食。

（6）和好朋友打电话。

（7）踢球。

（8）玩半小时手游。

接下来，我请每个家庭一起制作一个魔法盒子：将每一个方法写在小卡片上，感觉到压力时就从里面抽一张出来玩，每次半小时，每天使用3次，可以邀请父母一起进行。

这样结构化、可视化的进程可以很好地帮助孩子自己想办法，使其获得喘息的机会并满足自己的需求。非常重要的是，这是一个主动选择，可以为孩子赋能，使他们感受到被尊重并愿意相信。

当然，拿到承诺需要补进去"爱与关怀"，这在上一个案例中有说明，我就不重复了。

从这个角度来说，你可能已经发现了，问题其实就是资源。它激活了我们和孩子之间的关系，帮助我们探索和尝试新的方法应对挑战，也让孩子从中获得独立的权利。

那就多多地稳定自己，帮助自己在系统2的状态中更多地和孩子互动起来。记着，从每天不谈学习和手机的半小时闲聊开始。

上面的案例集中在探索当孩子玩手机时，我们可以尝试的处理方式和观察思考的视角。为了帮助大家更进一步地理解"问题不是问题，如何看待和回应才形成了问题"的系统视角，我将继续和大家分享破解伴侣玩手机的方法。

亲密的两性关系是一个家庭建立的源头，大多数伴侣因为爱而走进婚姻生活里。然而，在一段或长或短的时间之后，一些伴侣发现彼此之间开始隔着一个不大不小的"第三者"——手机。

希望通过对以上情境的分析与应对方法的思考，助力读者产生看待生

活中挑战的更深入的不同思路和视角，进而更加从容地与问题共存，开创
新的人生体验和空间。

第 3 节　玩手机的背后心理

玩手机是家庭冷暴力吗

很多女性学员向我反映，尤其在有了孩子以后，丈夫回到家就会往沙
发上一卧，真的是"父爱如山"，岿然不动了。

昔日的亲密渐渐不在了。

吃饭时，一起上下班时，睡觉躺在一起时，很多人都是手机不离手、
人在神不在的。如果你看看身边的人，相信你也会发现，很多人一边吃饭
一边看手机。有时，一桌子人各自在自己的世界里，只有伸出筷子时才在
菜盘子里有了交集。

看上去，这好像是普遍的、不可逆转的生活方式，但是，内在的感受
是骗不了自己的。有人认为"玩手机不理伴侣，就算家庭冷暴力"，你同意
这个观点吗？以下内容均来自我的来访家庭或者学员。

我们先来看看妻子们怎么说：

● 为什么我那么辛苦他却那么轻松？都是在外面挣钱的人，为什么
我要带孩子、洗衣、打扫、做饭，而他回到家就可以只玩手机？
太不公平了！

● 我觉得在他的眼里现在只有手机，我对他一点儿都不重要，他已

经很久没有看着我说过话了，更不要说带孩子了。孩子交给他，他就扔给孩子一个平板，然后自己在那里玩游戏。我就算了，可这孩子是他亲生的啊！

● 我老公每天下班回家只知道抱着手机，我跟他说话他都是爱搭不理的，说急了还很不耐烦，我经常因为这个跟他大吵。每次会好个一两天，然后就是恶性循环。我真的太累了！

我们接着看被妻子们拽进咨询室的丈夫们说出来的话：

● 她总说我玩手机，可是跟她说话很无聊，还总是被她指责。反正横竖都是被指责，玩手机至少还能让我舒服点儿啊。戴上耳机能清静点。

● 她总跟我说不要玩手机，我没有玩啊，我在看新闻呢。她就知道孩子，她也看不到我啊，真的，除了孩子，现在和她没有共同语言了。一说孩子吧，还都是对我的抱怨，我做什么她都不满意，干脆就不做了。

● 回到家很尴尬，总不能没话找话吧，我看她也玩得很好嘛。为什么她可以玩，我就不能多玩一会儿呢？她放下手机我就得立即响应，我又不是机器人。

● 我上班很累的，回到家就想轻松一会儿，但她会从头到尾地唠叨，特别啰唆。如果不是因为孩子，我真的不想回家。

丈夫们的这些话让妻子们很惊讶，其中有些就会停下来思考：

（1）我们是如何从最开始的亲密变成今天的疏离的呢？

（2）我做了什么把他推开了呢？

（3）他之前为什么没有对我说这些话呢？

（4）我对他的关心是他想要的吗？

丈夫们也在这个对话过程中开始思考：

（1）她也不是每天24小时地对我唠叨，她温柔可爱的时候，我做了什么呢？

（2）我们又是如何从"无话不谈"到现在"各自面机"的呢？

（3）我踩了哪些雷？

（4）我做点儿什么可以让她感受到我其实一直都爱着她呢？

以上的探索会帮助伴侣们看到，现在遇到的挑战是两个人长期互动的结果，他并不是一开始就是这样的，对于现在的状况，自己也有责任。

也就是说，启动观察者视角看自己和伴侣的关系，我们可以更为清晰地看到自己做到的和没有做到的部分，从而在以后的互动过程中有意识地增加有效的互动，留意停止那些无效的交流模式。

当然，这需要时间，还需要更进一步地看到自己在亲密关系中的诉求。

抱怨的背后是什么

通常，在这个时候我也会引导咨询者思考：

（1）除了应不应该的讨论，我想知道你的感受是什么？

（2）你还爱他吗？

（3）在你对现状的抱怨背后藏着什么样的愿望和期待？

（4）如果他不玩手机了，你觉得你们之间会发生什么？

（5）为了达成这个愿望，在过去的时间里，你做了哪些努力？

（6）什么是有效的？

（7）什么是无效的？

这样的提问会帮助咨询者停下抱怨，去感受自己的心意和情绪，体会自己的愿望和期待，学习用正面的方式表达自己的感受和愿望，而非使用之前无效的彼此抱怨或者疏离的方式应对手机这个问题背后的情感冲突，以及因为情感疏离而带来的价值感的丧失。

心理专家沈家宏教授说：

感觉有两个系统值得思考：一个是对错系统和无对错系统，另一个是理性系统和情感系统。

对错系统对应的是理性系统，无对错系统对应的是情感系统。

在对错系统里，伴侣之间会有敌意，有对伴侣作为一个人的否定、拒绝和抛弃。我们要知道，有对错的只是行为，但伴侣通常会上升到对另一方作为人的否定。

在无对错的世界里，伴侣就可以看到对方的需要，看到对方的渴望，就可以看到对方作为一个人的存在，作为一个生命的存在。

家是讲爱的地方，不是讲理的地方。讲理的地方是法院和学校，讲爱的地方才是家。

按照以上观点，我们可以看到，夫妻之间需要的是伴侣的感性存在，可是他们经常做的却是法官和老师这样的理性存在。这对亲密关系的破坏是巨大的，这样的互动模式也会让伴侣之间的交流受到巨大的限制。

用深度交流构建支持系统

在我带领的聚焦于亲密关系的"回家工作坊"中，我对部分学员进行了问卷调查，询问大家每天和伴侣在一起的时间有多少。截至目前，"回家工作坊"已召开 26 期，近 500 人参与其中。数据显示，大家每天和伴侣在一起的时间不到半小时。

在这不到半小时的时间里，夫妻之间的交流大多聚焦在孩子的发展和简要询问上，曾经亲密的夫妻变成了"饭搭子"以及养育孩子的合伙人。

极少有夫妻持续地维持一定频率的深度交流，妻子或者丈夫的存在被忽略了。

从人性的角度来说，一个人是需要深度交流的，这会帮助他获得良好的、舒缓的、被支持的关系。提供这种关系的系统，在系统家庭治疗的理论中被称为"支持系统"。

浅层交流无法构建支持系统。例如：

- 作业做了没有？
- 今天老师怎么说？
- 同学怎么样？
- 午饭吃了什么？
- 单位今天忙不忙？
- 孩子的作业交了吗？
- 今天谁来了？
- 你回妈妈的电话了没有？
- 昨晚上睡得好不好？
- 我的快递收到了吗？
- ……

这些交流仅可以维持生活的基本运转。但一个家庭交流如果长期停留在这个层面，就无法发展出深层的支持系统。很多人意识不到这一点，在婚姻生活中维持了长期的浅层交流，彼此进入僵化的沟通交流模式中。

那如何从浅层交流进入深层交流呢？想一想你们初遇的时候，是如何可以"煲通宵电话粥"的。现在，激情褪去，生活平淡，不代表着就可以对"感受"的部分不闻不问。举个例子，如果你的伴侣说睡得不好，你或许可以和他多聊聊，问他："最近是否都这样？""有没有遇到什么事？""感受好吗？"看看他为什么会这样。而不是说"你是不是又玩手机晚睡了？"

深入的交流是我们获得良好的家庭关系和帮助支持系统良好运转的一个前提。

人与人之间，尤其是夫妻之间的深层交流非常重要。如果彼此之间的交流在表面进行，那么彼此的内心就得不到满足，会感到饥渴。这时，亲密关系中形式多样的"第三者"就会出现，如大量的出差、长期的两地分居、老人的控制、手机的大量使用和出轨等。

亲密关系自然会随着家庭生命周期的发展而发生变化，如刚有孩子的时候，很多丈夫都会被专注于孩子的妻子忽略，妻子的期待也从送花给她变成了晚上起来给孩子换尿布。服务行为的增加通常可以让新手妈妈感受到更多的爱。而新手爸爸通常很希望能有独处的时间，或者妻子可以多分一点时间照顾他的感受和情绪。

也就是说，随着关系的发展，伴侣之间的需求将变得更为多元。伴侣如果可以保持深层的沟通，扩大彼此关系中互动的可能性，那么这段关系就可以更健康地发展下去。

干预的目的是扩大可能性

心理学家海因茨·冯·弗尔斯特在描述系统思想和治疗方法时提出了一个伦理要求:"干预的目的始终是要扩大可能性!"(Heinz von Foerster, 1988)这个观点几乎被我用在了所有的家庭治疗中。

我会陪伴向我寻求帮助的夫妻一起去拓展婚姻生活中更多的可能性。在这里和大家推荐几个常用的小方法,多数夫妻看了就能用起来,往往有助于他们亲密关系的发展。

方法1:好篱笆带来好伴侣

由于玩手机很容易被伴侣解读为冷暴力,所以我会推动咨询者商量每天可以玩手机的时间段,在这个时间段里,大家都可以自由自在地玩手机,双方不可以指责对方。

同时,选定家中一个区域,制作一个养"机"场。在约定的时间段里,将手机放到养"机"场中休息。有孩子的家庭可以邀请孩子一起制作,同时欢迎孩子监督,这样可以给家庭成员之间带来更多的互动,启动深层交流的可能性。

方法2:倾听你的声音

夫妻双方每天认真听对方说话 5 ~ 10 分钟,彼此轮着来,我称这个为"倾听时光"。彼此只互相倾听,无须进行深层反馈。请注意在这个过程中保持目光的接触,同时允许对方有机会和你说话,记住,去听就好,无须建议、评价和做任何反馈,也就是说,在对方说话时有意识地闭上自己的嘴。

可以用一个拥抱结束这个练习。除非双方都同意，练习才能增加时间。只要一方想休息，就停下来，等待第二天倾听时光的来临。

方法3：家庭会议

每周日开个会，彼此看看这一周做到的部分、希望下一周增加和改进的部分。每周安静地坐下来，为彼此的关系一起努力。

在这个会议中，家庭成员要轮流发言，平日话多的人要有意识地提醒自己少讲话，注意倾听其余家庭成员的心声。

通常，我还会给来访夫妻提供一个暗号：打响指。每当一方觉得对方讲得太多时，可以使用"打响指"的方法提示对方停下来。另一方在这种情境下不可以生气，双方要认真地玩这个游戏！

方法4：一起做事

寻找两个人可以一起做的事，让两个人的目光看向彼此，有交集。可以是一起散步，一起看电视，一起旅行，一起听课，一起烤蛋糕，一起做家务，一起装修，一起陪孩子玩耍，等等，相信因为爱走到一起的你们会找到交集的。

方法5：复盘与展望

使用如下3个问题进行复盘和展望，帮助彼此启动新的互动方式：

（1）过去这一个月，你做了以下这些让我特别满意／开心／欣赏和感觉到被爱的事。

（2）下一个月，我对你有这样的期待。

（3）下一个月，我希望我可以和你一起做如下这些事。

两个人就此展开书写或者讨论，彼此交流。以上都是积极取向的提问，可以帮我们打开走进彼此的情感开关。

方法6：亲密关系上上签

通过方法 5，夫妻双方可以得到一个和对方做事的清单，或者希望对方满足自身的愿望，叠到千纸鹤、幸运星里或者写到冰棍儿棒上（可在网上购买这些小道具），或者贴到积木、骰子上。当手机进入养"机"场后，大家一起抽个签儿或者掷骰子决定玩点儿啥。

这个游戏可以经常玩起来，要相信大人其实更需要游戏。通常，咨询者都会告诉我他们玩得很愉快。

通过以上方法，很多家庭获得了更多相处的可能性，让亲密关系有机会进入新的发展阶段，获得更深层次的幸福。

最后，做个小结。伴侣玩手机不是一个人的问题，它反映了夫妻之间关系的变化。排除精神疾病的因素，大部分家庭都可以通过使用观察者视角回看亲密关系的发展史，通过新的视角获得重新构建深层交流的机会，从而帮助彼此拥有更好的支持系统，获得拥有活力和生机的亲密关系。

如果通过自己的努力很长时间都无法改善彼此的情绪状态，那么还可以向专业人士寻求帮助。

期待读者通过以上 3 个案例，可以更好地理解"背锅侠"手机不是问题，隐藏其后的家庭情绪、亲密缺失、亲子关系断裂才是背后的问题。

用爱与联结替换问题行为，让孩子和伴侣在这个过程中获得更好的理解、互动和支持，你也就不再是"甩锅侠"，手机也就能正常行使其手机的功能了。

第 7 章

同胞问题与缺乏人生目标问题

第1节　同胞竞争，难以和谐

现在，多子女的家庭越来越多，同胞竞争、难以和谐也成了父母在陪伴孩子成长的过程中不容忽视的一个挑战。

我们先来看我针对学员的一段答疑。

【提问】大宝8岁，小宝两岁半，姐妹俩性格完全不一样，姐姐文静，妹妹活泼。因为大宝得到了足够的爱，大宝也会把来自父母的爱传递给妹妹。

姐姐小时候从来不伸手打人，妹妹却有打人的行为，还会把姐姐打哭。爸爸说："她打你，你就收拾她。"姐姐说："她那么小，我不忍心啊！"我问妹妹："你为什么要打姐姐。"她说："她哭。"对于妹妹而言，这好像是一种游戏。她也爱姐姐，也听姐姐的话，可就是会不自觉地打姐姐。

请老师指导！

【回答】请我指导什么呢？是指导姐姐如何教训妹妹，还是指导妹妹如何才能不打人，还是指导你收拾你先生，因为他居然教老大去打老二，还是指导你如何心安理得地"任这浮云飘过"？

我希望通过上面针对你提出的问题的反馈，使你可以看到，在你和两个孩子之间，可能缺乏来自你，以及你和先生共同为孩子们设定的清晰指令和规则。试着从这个角度观察一下你的日常。

希望你在目前敏感的基础上，越来越稳定与清晰。

在上面这个案例中，我们可以看到父母容易被孩子们之间的行为迷惑，没有看到孩子们之间的相处以及父母在与不在对孩子们关系的影响。

我们再来看一个案例，来自姐弟俩。

妈妈说："老师，姐姐和弟弟之间简直没办法相处。基本上，姐姐每天都会揍弟弟。不过，弟弟也确实讨嫌，姐姐一做作业，弟弟就会去骚扰她，然后就哭着出来。我和她爸爸还有姥姥姥爷、爷爷奶奶想了各种办法就是不管用。"

姐姐露出了不屑的眼神。我看到这个后很好奇地问姐姐："看上去你和妈妈有不同的意见？"

妈妈当时愣了一下，我示意她先停止说话，邀请姐姐多说一些："你同意你妈妈说的吗？她有什么忘记或者遗漏的吗？"

已经 11 岁的小姑娘转头对母亲说："你怎么没说哭了 4 秒钟，他就好了呢？还有，疫情那段时间，你和爸爸都在上班，每天就我和弟弟在家，他出现过此类问题吗？"

原来，只要父母在家，小弟弟就会去找姐姐玩，因为爸爸妈妈同时在家的时候互相都不理睬，没有人陪他玩耍。姐姐认为爸爸妈妈在家了，就不需要再做弟弟的"小妈妈"，终于可以干点自己喜欢的事情了。弟弟打扰姐姐时，并不是每次姐姐都会揍弟弟，而是在忍无可忍的情况下才出手，因为这会很有效。

母亲听到这些来自女儿的表达，顿时眼泪扑簌簌地往下掉。过了好一会儿她才说："是啊，我们没有看到你其实是一个好姐姐，我和爸爸确实关系不太好，你一揍弟弟，好像我们俩一下子就都有事情做了。"

这是一个让我感到有些心疼的案例，老大承担了"代父母"的功能，弟弟成为父母情绪表达的出口，姐姐因此成为"替罪羊"被送到咨询室来接受咨询。还好，父母的"觉知"都不低，他们调整了咨询的方向，从青少年咨询转为夫妻关系咨询。孩子的问题居然"不药而愈"了。

同胞相争的挑战需要从孩子本身、父母的关系多角度进行思考。这不是一个简单的挑战，往往指向母亲的个人成长以及夫妻关系。

通常，老大承担了父母更多的期待和焦虑，毕竟是第一个孩子，牵动着家庭所有人的心，得到很多，也会在弟弟妹妹降临时，突然一下子体会到失去的感受。

母亲在这个时候往往是"被拉扯"的，尤其在两个孩子的年龄相差不大时，母亲往往是非常辛苦的那个人。通常，她对老大的期待会更多，希望他可以帮忙照顾弟弟妹妹。这对一个孩子来说是压力，他在失去更多关注的同时，还需要提供关注给这个争夺了自己的关注的小人儿。所以，父母需要先行理解弟弟／妹妹出生对老大的挑战。

首先，通常我会建议父母在准备孕育弟弟妹妹之前告知老大，帮助孩子理解可能的变化。同时，我不建议父母请老大决定是否要老二，他们不应该承担这么大的决策压力，毕竟这是大人要去承担的责任和义务。

其次，在弟弟／妹妹出生之后，需要安排单独的特殊时光给老大，每天15～30分钟的独处时光对老大来说非常重要，这可以加强老大和父母之间的联结。同时，父母可以和孩子分享当他刚出生时，父母是如何做的。这样老大可以了解老二正在经历他所经历过的部分，产生和弟弟／妹妹的联结感。

如果老大已经出现了行为问题，那么父母可以试着回想老大"金光闪闪"的模样。这些看起来没有直接面对问题的练习可以帮助父母放松，"看到"老大做到的部分。他也曾是"金光闪闪"的孩子呀。

弟弟/妹妹欺负老大，往往也提示着父母对老大在精力分配和关注上的缺失。当一个孩子"不可爱"时，往往就是他需要爱和关注的时候。在没有发生问题时，给他补充爱和关注，问题就会减少。这是比较基本的思路和观点。

我出生在多子女的家庭，在家中排行老四。当我从事家庭教育相关的工作时，我曾经采访过我的父亲。我问他："您有 4 个孩子，个个都'顶呱呱'，还特别融洽，请问您是怎么做到的呢？"

父亲伸出他的右手在我眼前晃了晃，对我说："你看这只手！"

我看了看，点点头，但还是很困惑。父亲接着说："你看，一只手 5 个指头，每根都不一样，你再看这手心手背也都不一样，但缺了哪个都不行。你们都不一样，组合在一起，才是兄弟姐妹啊。"

感谢我的父亲用特别朴素的话告诉我这个道理。他曾经和母亲有很长时间两地分居，一个人带着我们姐弟 4 人。他的工作非常忙碌，一个人还要给我们做饭，但每天晚上都会安排时间和我们聊天，"群聊"或者"单聊"都有。周末的时候，他也会组织我们一起从事需要合作才能完成的工作，如一起做饭，一起去河里抓螃蟹，等等。

我印象最为深刻的，还有每个学期，隔三岔五中午放学时，我的父亲会站在他二八圈的飞鸽自行车边等我放学，然后让我坐在前杠上，带我去吃好吃的。他会悄悄地告诉我："你是爸爸最爱的孩子呀！我带你'打牙祭'的事情，你不要告诉哥哥和姐姐啊！"

等父亲去世了，我们姐弟 4 个才知道，他对每个孩子都这么说过。

当我们发生冲突时，他有一个原则，不论对错，一起受罚。这个原则让我们痛不欲生，太简单粗暴了。事隔多年，我们才更加理解他老人家的用意——我们是兄弟姐妹啊！

所以，才有了爸爸午休睡熟之后，哥哥带我跑出去骑车往返几十千米买邮票、"飙飞车"的经历。我们一起干好事，也一起干"坏"事，人生多了很多乐趣。作为孩子，我们更感受到了来自兄弟姐妹之间的联结和支持。这是我们一辈子的财富。

在一个家庭中，爱是一切问题的答案。一个孩子"不可爱"时，说明他在呼唤爱，提示家中缺乏爱的表达。

祝愿有多子女的家庭既能关注每个孩子的特别之处，也能创建子女之间的联结，拥有和谐舒适的氛围，助力孩子们健康成长。

第 2 节　缺乏人生目标，空心啃老

在 2020 年 11 月举行的婚姻家庭峰会上，北京大学第六医院的陆林院长和大家分享了一个数据："依据流行病学研究，我国小学生抑郁障碍发生率为17.2%，我国中学生网络成瘾发生率约为 13.0%。"这个数据是比较惊人的。

为什么本应该茁壮成长的孩了会说他不想上学？为什么会出现抑郁低龄化的现象？为什么觉得人生无意义的空心病在大学生中越来越多见？

当我在临床和科研中寻找原因时，发现出现以上现象的孩子很难在家庭中获得纯粹意愿的支持。

什么是纯粹意愿呢？你可以理解为从内心深处涌现的"想做这件事"

的念头。例如，我喜欢吃椒盐烧饼，我想只穿红颜色的袜子，我不想吃剩下的饺子，这些都可以算作一个孩子在生命初期的纯粹意愿。

如果一个孩子从小时候开始，他发自内心的一些想法可以被看到，可以被认可，可以被实现，那么他就会从这些小事中积攒起自信：原来我是对的，原来我可以做到，原来我的想法可以被家人支持。这样他就会积聚力量去面对未来人生中更大的挑战。也因为顺从了自己大部分的心意，他会感受到自己是一个被尊重的、有力量的人。这样，他就不容易在成年的时候缺乏自信。

在现实生活中，比较常见的情境是"有一种冷叫你妈觉得冷""我这么做都是为你好"。如果父母再强势一些，孩子就很难反抗，逐渐变得乖巧顺从，进而失去内驱力。在和父母相处的过程中，孩子逐渐了解到：就算自己有想法，就算自己有期待，那些其实都是不能实现的，而且还会让爸爸妈妈不开心。他们想：我的想法不重要，我是一个不能实现自己想法的人，我没有能力去实现自己的想法，我是一个没有价值的人。有的孩子甚至会觉得自己不配活在这个世界上。

久而久之，他们也就不知道自己究竟喜欢什么，什么对自己来说是值得追求的了。

同样，根据研究，有超过 50% 的孩子能够从逆境中逆袭进而健康成长。这需要孩子付出巨大的努力。

我期待阅读本书的读者在想要否定孩子的想法时，稍微提醒一下自己：这是谁的事呢？有生命危险吗？违背道德标准和家规吗？

同时，你也需要增强觉知：自己今天否定了孩子的想法多少次？如果你愿意，可以拿出手机随机录下家人和孩子交流的语音，然后统计否定孩子的比例，说不定你会被吓一大跳的。

下面，我想和大家分享一个瞬间，来自我带领的"天赋优势工作坊"中的一个小记录。

在"天赋优势工作坊"中，大家开始按照要求书写和录制自己优势信的时候，我慢慢踱步到他们中间，想看看他们完成作业的情况，以便随时给出支持和解答。

当我走到讲台左侧最边上的小组时，我发现一个漂亮的女生低着头，左手举着手机放在左侧脸颊边，录音键开着记着秒数，右手拿着自己写的优势信，可是她的嘴微张，没有动。

我俯身一看，发现她眼含热泪，怔怔地盯着自己刚完成的优势信。

我没有说话，将左手放在她的后背，轻轻拍了两下，再顺着往下捋了几下。她的肩膀瞬间松弛下来，左手依然举着手机，右手放下优势信，支着自己的额头。她将头埋得更低，好让头发掉下来遮住自己，不让其他同事看到。接着，仿佛是一瞬间，眼泪开始噼里啪啦地掉落在她写的信上。没一会儿，眼泪就将她写的字氤氲成了一朵朵水墨梅花。

我轻声说："好好哭一会儿，我陪着你。"同时，示意附近的助教递了纸巾给我。我将纸巾放在旁边，她放下手机，取了纸巾擦拭不断涌出的眼泪。手机的录音键没有关闭。

周围很安静，我能听见她的眼泪砸在信上发出的轻微"噗噗"声。隔了好一会儿，她没有抬头，再次拿起手机，开始轻声朗读。

我拿开自己的手，回到讲台，安静地等着她并让她自己一个人待一会儿。

那一刻，她和那个不曾熟悉的被自己忽视的自己之间仿佛开启了一个单独深入的空间。走到那一刻是如此不容易和珍贵，就在那一刻的"止息"和"观照"中，她与自己相遇的瞬间，屏退了庞杂生活中繁复的信息，恍若惊涛骇浪，也如静水深流。

我相信，在那一刻，她会喜欢上自己的天赋优势。这个瞬间将成为她生命中珍贵的礼物。我更相信，慢慢地，这也会成为她生命中的日常。

善用天赋是你可以给自己的最大的善意。

愿我们的孩子可以在形成他们人生观的重要阶段，更多地获得来自父母的肯定和接纳、支持与鼓励。愿他们能够获得更多的机会去了解自己的本性。这个部分因为父母本身的局限而变得困难。但我相信，爱是一切的答案，只要我们愿意尝试，愿意退后一点点，给孩子足够的空间，好让我们以放松的姿态去观察，我们就有机会重建和孩子之间的健康关系，支持他们一点点实现心中的想法，使他们以和我们不一样的方式成长起来。

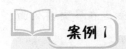　案例 1

允许一切如其所是

某周日，孩子生病见好，爸爸决定给他做手工面条吃。我感冒了，头晕得"七荤八素"，和孩子一起躺在卧室休息。爸爸一个人在那里忙，和外婆配合，做出了用木耳、黄花、豆腐、番茄、香菇炒卤的荞麦面条，真是好吃。

吃完了，面条机就那样放在桌面上。我问："怎么不洗啊？"他答道："明天等黏在机子里的面干了自然就好洗了。"我满腹狐疑地看了看面条机，面粉挂在机箱外，机箱里出面的模具全都惨不忍睹。我本来想催促他去洗的，想到人家和面，做面，炒卤，做好了才叫我们起来吃晚饭的这份辛苦就作罢了，看看自己也没精力和体力去洗，心想就这样搁着吧。

就这样，面条机被放置了一整天。周一晚饭前，爸爸想起了面条机，开始拆开，把他之前认为会干得噼里啪啦，能很容易地揭下来实际却依然黏手、软塌塌的面糊一点点抠下来。我在一边看着，心里在喊："看吧，还不是得泡，没偷成懒，反而更麻烦。"

面团被揭下来有拳头那么大一块，爸爸"揉啊揉"，居然成了一个小面团。一直在沙发上静坐休息的孩子突然展颜一笑，爬上餐椅说："妈妈，我要玩面团。"

这下成了全家总动员。我们给孩子拿来了月饼模具，他开始认真地做小熊月饼。而后，我主力陪玩，其实就是打下手，给孩子拿来他需要的所有物品。爸爸得空出去理发，回家后发现孩子还端坐在餐桌前玩面团，超级惊讶："快玩一个小时啦！"

孩子在后面还玩了很久。在接近一个半小时的时间里，他一直安静，专注，非常有创造力地在玩耍。

孩子请求我给他的物品及其用途如下。

月饼模具：压模。他最喜欢小熊那一款。

擀面杖：自己擀面团。

小刀：用来切割。

面条机出面口：使用月饼模具套接出面口。

饼干模具：有各种造型。

水果麦片：用来做夹心的水果麦片包子。

细线：他见过爸爸用线切皮蛋，也学样切面块。

盐：用来腌制面片。

辣椒酱：用来抹在面片上。

烤箱刷：他嫌小刀抹辣椒酱不合适而使用刷子。

电煮锅：用来煮熟自己所有的"作品"。

一个半小时以后，一碗孩子做的各种形状、各种夹心、各种味道的面食上桌了，居然还很好吃！不一会儿就被抢光了！

大人小孩都很快乐。我在"心里"出了一把冷汗：幸好周日晚上没有一定要爸爸洗面条机，幸好周日晚上允许自己接受凌乱，幸好没有在看着还有湿面时越俎代庖清洗面条机，幸好在父子俩玩面团的时候提供了各种道具，幸好在后面一个多小时的时间里没有告诉孩子该如何玩面团。

没有内心的允许，便没有这些因为幸好而来的美好。我允许了自己仅仅去做一个旁观者，也允许了自己不那么完美，也就允许了我周围的人去做他们自己。

以上是在和孩子相处时，关于"允许"的示范和记录。接下来，我邀请大家继续阅读如何在日常生活中，有意识地为孩子留出成长的空间，通过留白的方式锻炼孩子的独处能力，助力他内心纯粹意愿的生发和自我实现。

案例2

育儿生活中的留白

　　星期天，重度雾霾。我在厨房准备午饭，爸爸进来帮忙收拾。我们一边聊天一边做家务，然后我们不约而同地都笑了起来，因为我们听见在客厅独自玩耍的孩子一直在唱歌。他在用唱歌的方式玩他的各种玩具，从歌词里可以听出他使用了乐高、黑板、桌子、笔等字眼。我俩相视一笑，说："这真是我们见过的最快乐最会自己玩的孩子了。"

　　其实，一大早起床，孩子就和我商量想去攀爬。我说周六已经从早上出门一直玩到了晚饭结束，如果周日还想出去，需要和爸爸商量一下。

　　我希望能在家里"窝着"，好好吃一顿饭，整理内务，调整节奏，"静默日"般地度过周日。但是考虑到他刚起床，而且还不清楚先生的意思，就用了"暂停"的战术，以免让他太快地感受到期待的落空，引发不必要的情绪和压力。

　　早饭的时候，孩子继续努力和爸爸商量。爸爸和我心有灵犀，决定在家整理内务。孩子其实很不高兴，我们都对他说："相信你可以自己找到乐子。"然后就各自散去。

　　他开始还会来问我们，我们都会拒绝他："现在是自己和自己待在一起的时间，我们相信你可以自己找到乐子。"

　　然后，他就真的找到了乐子，唱着歌和玩具一起玩情景游戏，继续拼装他的乐高。在我做饭的间隙，他邀请我陪伴他，我假装答应了他，但其实是他自己独立完成了乐高的最后组装。这对于一个孩子来说，是很大的工程呢。他每天独立拼一些，居然搞定了。

这只是我们平常生活中的一个小场景。留白和暂停不同，暂停是使一件需要连续进行的事情中断；留白是结束一件事，留出什么都不做的空间。

在和孩子相处的过程中，我们每天都会给各自一些"留白"的时间。早上起床后的 30 分钟，晚饭后的 15 分钟，8：00 开始的洗漱时间，爸爸妈妈洗漱的时间，孩子都得学会自己照顾自己。当他寻求帮助时，我们会温柔而坚定地告诉他，这是我们各自的私人时间，同时要求他自己寻找乐子。

这些留白的时光，给了我们各自很好的和自己相处的间隙。爸爸妈妈得到机会修复自己，孩子得到机会学习自我陪伴，也会产生很多意想不到的创意。

什么都不做，可以让我们慢下来，获得修复整理的空间。给生活留白，给育儿的空间留白，我们彼此都会遇见惊喜。

以上两个案例很适合在孩子还没有出现厌学或者尚未感到无法独立的时候使用，尤其适合在年纪小的孩子身上进行。这样可以帮助孩子在日常的生活小事中逐步建立起发自内心的自信。

如果你的孩子已经有了厌学情绪或者年龄比较大了，就很需要家长每天尝试给他可以自由安排的 15 ～ 30 分钟的时间。在这样的独立时间中，只要合法合规、不涉及安全问题，做什么、怎么做都由孩子自己决定。

根据我的经验，从小管教比较多的家庭在进行这个练习时会顺利，爸爸妈妈总想打探一下孩子在做什么。我建议大家忍住这份好奇，让孩子拥有自己的秘密，这是和父母更好分化的标志。养育不就是为了让孩子身心健康地和我们分离吗？如果我们希望孩子分离后能独当一面，如果我们希望自己的中晚年生活幸福，那就从每天给孩子留出他可以自己做主的时间开始吧！

思 路 篇

在思路篇中，我们将从挑战中抽身，站在更宽阔的系统上看育儿这件事。具体包括育儿的目的、实现养育目的的蓝图、助力孩子从他律走向自律的方法以及关注孩子身处的关系系统等。

治未病是古人的智慧。希望以下 3 章内容可以助力父母用系统的眼光和方式看育儿这趟旅程，让我们的养育过程更轻松，管教更有爱，让我们的孩子茁壮成长，生活更幸福。

第 8 章

陪伴与辅导中的养育蓝图

第 1 节　养育的目的和蓝图

养育的目的

在陪伴孩子学习的过程中，遇到挑战时，比较考验家长的是应急反应策略。如果踩对了点儿，万事大吉；如果一个问题反复出现甚至越演越烈，往往提示着你过往的应对方式是临时的，不适合长期的发展，同时也提醒你该踩刹车了。你需要静下心来仔细想一想：教养方式、亲子关系、互动交流中，你和孩子卡在了哪里。

通常情况下，针对反复出现的困难，我都会和家长一起往回看，先去回顾和了解家长的期待，看看我们对孩子的养育蓝图是什么。这个部分的澄清与回顾往往能帮助焦虑的家长看到自己做父母的初心，放松下来，进而使用合适的方法和孩子沟通，选择新的陪伴方式。

谈到这里，我也想问读者一个问题：你觉得养育的目的是什么呢？

很多家长都会意识到，养育的目的是帮助孩子身心健康地逐渐独立。也就是说，支持孩子独立成长。这是很多家长头脑中可以意识到的部分。但在陪伴的过程中，我们常常会因为助人心切而忽略了这份初心，反而对孩子进行太多的干预，这样既破坏他们的内驱力，也容易破坏亲子关系。

如果带着这份初心，并能时常提醒自己，就可以在伸出手帮助孩子时先问问自己：这是谁的事呢？

这个问题也可以帮助我们获得"暂停"的机会，停下来思考一下，然后再做出选择。"非请勿帮，请了可帮"是我在和孩子相处时的指导原则。

孩子没有发出求助的信号，哪怕我看到他正处在困难之中，我也会先试着问孩子："需要我的帮忙吗？"如果他拒绝，我会"踩刹车"，不管我心里多么百爪挠心，也得等着，这是"非请勿帮"。

在孩子请求帮助时，我也会多问自己一句：这是谁的事呢？从胜任力的角度来说，他真的需要我的帮助吗？

这个筛选的过程，我称之为"请了可帮"，没说出来的事也可以不帮。拒绝孩子，也是很多父母比较困难的部分，毕竟是亲生的，说出来总感觉有点儿不近人情。

但如果退回到支持孩子身心健康地与我们分离的养育初心，"父母之爱子，则为之计深远"，那么我们会发现，多数情况下，孩子找我们帮忙，他需要的其实是陪伴而非具体的帮助。辨别情境，提供力所能及的帮助，使用前述章节的方法，支持孩子进一步尝试，可以更好地帮助孩子获得胜任力，也能保持亲子的亲密联结。

在这个部分也很需要父母常常检查一下针对某件事，父母心中的标准是否高于孩子自身的需求。如果常常如此，那么父母比较容易体验到挫败感，孩子的自信心和内驱力的建立也会比较困难。

因此，在尝试一些事情之前，和孩子聊聊他们自己的目标和期待，比对一下父母心中的标尺，寻找一个合理的范围，可以更好地管理彼此的期待，也能使彼此在遇到困难时变成"队友"而非"监督与被监督"的关系。这对孩子来说，是更为舒适的成长策略。

养育的蓝图

清晰了养育目的之后，我们也需要为这个目的搭建"脚手架"，我称之为"养育蓝图"。虽然孩子的成长是无法预测的，因为他们每天都在变化，但作为孩子最重要的亲人，我们在他们的成长中又需要起到引领和陪伴的作用，因此，常常思考和复盘养育中的困惑与所得，将会对更好地陪伴孩子起到积极的支持作用，父母也能获得更多的成就感。

【问】老师，我想问，您提到的家庭蓝图，是相对稳固的方针，还是可以有阶段性？如果有阶段性，以多久为一个阶段为宜呢？能举个例子吗？

【答】这是一个很好的问题，如果我们可以厘清这个问题，那么不仅仅家庭生活可以得到很好的支持和帮助，也会惠及人生的各个层面。

蓝图可以用战略来形容，它是一个相对恒定的信念，是我们对于养育目的的探寻。通常可以用如下问题帮助我们寻找家庭蓝图：

（1）我希望我的孩子成为一个什么样的人？

（2）我怎样才能实现这个目标？

家庭蓝图不是爸爸或者妈妈一个人可以决定的，因为父母是两个人，不论这个家庭是否完整。因为是两个不同的人，所以每个人都会产生不同的想法。作为父母，解决这些分歧的过程就是构建养育蓝图的过程。

以上两个问题的答案和父母探讨的结论往往就成为父母养育孩子的设计和蓝图，这意味着父母经常的沟通并努力在蓝图层面达成共识是很重要的。

每一对父母都会有自己的答案，可能是清楚的，模糊的，或者是不确定的。但它们确实存在，并带着"觉知"或者靠着父母的潜意识驱动，对养育孩子的行为和亲子关系产生影响。

从这个角度来说，如果父母的"内在"是僵化固着的，蓝图也就会僵化固着。如果父母的"内在"会跟随时间不断成长，那么蓝图有可能随之变化。

因此，养育蓝图的阶段性由父母的成长阶段决定，时间没有固定的划分。一个普遍的规律是，家庭有 6 个生命周期，其中两个为孩子低年龄段时期、青春期时期，其间，家庭结构、环境，以及父母的身心状态都会发生巨大的变化，养育的环境随着家庭和父母的变化、发展而不同。

一个常见的可以说明这个变化的例子就是"老大照书养，老二照猪养"。养育方式发生了变化，内在图景呢？一般经过仔细询问，我们通常都会看到父母内在的养育焦虑少了，看待孩子成长的方式也就不同了，这个对应的就是父母的家庭蓝图。父母是否有所觉察我们并不知晓，从结果层面来说，我们可以看到这样的改变。

再举一个例子，通常，在怀孕时，父母希望孩子只要健康出生就好了；等健康的孩子落地后，父母对这个孩子的期待就开始有了变化，如：我要一个聪明的宝宝，于是可能就会对孩子进行很多智力训练。等到孩子生一场大病，或者父母经历生离死别，对生命的意义有了更多的感觉之后，这个内在的期待可能变成：我就希望我的孩子是一个普通的快乐的人。

或者有的父母最开始希望孩子成为一个和自己一样的人，随着孩子的长大和父母自身的成长，这个图景就变成了希望孩子成为他自己。

所以，家庭蓝图不会是固定的。

家庭蓝图重要的意义，在于帮助父母在自己的每个不同的生命阶段，能够较为清晰地陪伴孩子，支持他们在生命的不同阶段不断发展；通过明确养育蓝图主动选择陪伴和教育孩子的方式，并使养育行为与之一致。

第 2 节　陪伴与辅导

"我做主、我选择、我负责"的陪伴原则

"我做主、我选择、我负责"是我在育儿过程中，一直倡导和践行的指导原则。

首先是"我做主"。在孩子力所能及的范围内，在属于他自己的地盘和大小事务中，请给予孩子自己做主的空间和权利。这是一个人深层自信的地基和自由人生的起点：人生中有很多事情可以由自己说了算。

例如，穿什么颜色的衣服，穿什么裤子，吃多少饭，这些最基本的生活起居活动应该由孩子个人决定，而非父母越俎代庖一手包办。请父母切莫小看这些人生最基础需求的决定权对孩子内在精神成长的影响。

家庭治疗大师萨提亚认为，内外一致的人至少拥有 5 层自由：

（1）自由地看、听，代替应该如何看，如何听。

（2）自由地表达自己的感觉、想法，替代应该如何说。

（3）自由地感觉，代替应该如何感觉。

（4）自由地问别人想要什么，代替等待对方的允许。

（5）自由地根据自己的想法冒险，代替总是选择旧路，不敢离开码头。

这样的人将明朗而真实，开放而喜悦，生活得自由愉快，在与他人的关系中能有真正深入的良好接触。同时，萨提亚也强调如果能够生活在以上"五种自由"中，这样的力量会使一个人拥有一个健康的身体、一个喜悦的灵魂，并处在一种更有意义的生活状态中。

以上自由从哪里来呢？自然是从生活中与父母、与友人、与社会的互动中来。家庭是孩子学习的起点，要允许孩子有他自己的思想，允许孩子是和我们不一样的人。他们和我们一样，需要有属于自己做主的空间。

这一点对很多父母来说其实是最困难的部分。当我们要求孩子按照我们的要求去做事情时，我们需要多问问自己：这是在满足我们的期待还是真的在以孩子为中心支持他们的成长呢？

我一直很喜欢黎巴嫩诗人纪伯伦所写的诗《论孩子》，这首诗的具体内容是论"父母之道"。父母常忽视教育最为重要的目标之一是培养孩子的独立人格。父母在不知不觉间容易干预子女的一切重大人生选择。然而，孩子是独立的，是与父母平等的个体。父母只能给孩子以爱，却不能代替他们形成思想和灵魂。在父母给予的爱中，最为困难的就是允许孩子离开，以和我们不一样的方式生活。

也许我们从自己的父母那里得到的"允许"就比较少，在养育孩子的过程中，我们会沿袭祖辈养育我们的方式，这没什么不好的，我称其为家族的"爱的传承"。同时，我们这一代父母处于先进的时代，拥有了比祖辈更多的资源，因此我们也有责任与时代同步，拥抱变化的新生一代。

看到孩子和我们的不同，学习从他们的人生中逐渐退场需要勇气。因此，从自己做主的尝试开始练习吧。我们可以更好地跟随自己的意愿，了解人生的意义，当我们拥有"我做主"的自由、快乐的幸福时，我们就更容易允许孩子也得到这样美好的人生。

其次，是"我选择"。当一个人能够拥有做主的权利时，他就会启动自己的内在资源，主动去做选择，因为他知道，接下来的每一步都是在为自己努力。想想拿到经由自己的努力而购买的房子的钥匙时产生的那种油然而生的主人翁精神，就大概可以了解我做主、我选择带来的快乐了。

例如，当孩子有了自己的零花钱后，请允许他使用这笔零花钱购买他所喜欢的东西。持"非请勿帮，请了可帮"的原则，支持他"犯错"，让他在代价还小的状态里，学着了解"选择"的成本。

对很多父母来说，这等于"舍得让你爱的人受苦"。很多时候，孩子的选择对我们来说，肉眼可见就是会栽跟头的。但只要不涉及生命危险，我们都可以了解孩子的想法，告知他可能遇到的困难，建议孩子进行考虑。让孩子做出他自己的选择是非常重要的。

每个人都不可能事事如意，有的成功，有的失败，因为"不如意事十之八九"。通过退后一步让孩子自己选择，不仅可以锻炼孩子独立思考的能力，也能帮助他们了解每个选择都有成本和代价。在可控范围内让他们接受失败和挫折，锻炼他们的复原力，这将是他们未来人生中极大的财富。

父母请务必尝试让孩子每天都有所选择。对低年龄段的孩子，可以提供 2 ～ 3 个选项帮助他们思考；对稍大的孩子，请多问"你希望怎么做呢？""我怎么做可以帮到你？"等类似能引发孩子思考的问题。

以上内容，大家通过前 7 章的拆解及案例应该都比较熟悉了。

最后，我们来看"我负责"的部分。

一个人的自由和自律高度相关，为自己的选择负责是非常重要的自律训练，也是一个孩子在成长过程中非常重要的有关边界的训练。例如，孩子没有好好吃饭，打碎了餐具，不应该是服务员的事儿，而是孩子需要提升专注力；坚持穿薄薄的衣服出门，生病的时候就需要学会自己照顾自己；因为玩耍搞乱了房间，那收拾房间也应该是孩子的任务；因为晚睡早上起不来而迟到，就要承受被老师惩罚的自然结果。

也就是说，"我负责"的部分需要孩子承担由他们的行为引发的自然结果。在这个部分，需要关注的是，父母需要区分临时的惩罚、泄愤与有理有据、有商量地承担自然结果的差异。

例如，你迟到了，所以周五晚上的电影不能看了！这就是一个典型的惩罚，对孩子来说，迟到的自然结果是老师会批评他，他会错过重要的课程，作业可能跟不上，等等。周五晚上的电影不能看是父母生气时随口而出的对孩子的惩罚措施，不仅不能帮助孩子改善迟到的状况，还会引发亲子之间新的冲突。也许，一两次会奏效，但我相信读者可以比较容易地在育儿生活中寻找到类似的案例，也能看到，除非你下"重手"，否则类似的惩罚对改善孩子行为的作用不仅微小，还容易引出新的问题。

下面和大家分享几则关于孩子"犯错"后的处理方法的小故事。

案例 1

没关系，真的没关系

故事 1：犯错了？没关系

某天午休，8 岁多的孩子给爸爸关上门，拉上窗帘，服务特别到位，导致爸爸一觉睡到四点多。

其间，我到客厅见他在用电脑，就问他："干啥呢？怎么看起来紧张兮兮的？"

孩子昂着头回答："我哪里紧张了？啊！我只是充满期待！"

我端着水走过，心想：待会儿走着瞧。

爸爸起床了，看见孩子在用电脑，走过去看了看屏幕的使用时间，发现午饭后到他睡觉之间的三个多小时，孩子都在玩各种游戏。

孩子被抓个现行，作势要跑，一边换衣服一边说："我朋友在楼下等我好久了。"

爸爸看上去气得不行，强忍着没发作。我拉开凳子坐下来，指着凳子对孩子说："来，坐着先聊会儿。"以下是我们之间的对话。

我：没关系，妈妈知道游戏很诱人，你很喜欢。我也很喜欢你，很爱你，我不喜欢爸爸和我这样去查你，你喜欢吗？

孩子摇头。

我：嗯，我猜对了。妈妈也不喜欢自己说你的样子，因为那样会让妈妈觉得你不好，但妈妈一直知道你是我们特别爱的孩子。我和你一样，前一周，妈妈还很喜欢看电视，有一天没忍住还看了通宵，对吧？

孩子看着我放松了很多。

我：结果我后来连着几天不舒服，我就知道这样不对。你现在偷偷玩游戏，不想让爸爸妈妈知道。这件事看起来不是那么"正大光明"，是吗？

孩子不好意思地点点头。

我：你知道这样做不好，你想想怎样可以帮助自己呢？需要爸爸妈妈怎么配合你呢？

孩子：我玩多久电子游戏就再看多久的书。

我:（笑了起来）这听上去怎么像是惩罚呢？没错，爸爸妈妈是希望你多读书，但不希望这是你偷玩游戏的补偿方案，这听上去味道不对啊。你再想想。

孩子:（眼眶一红）那把手机和电脑放在一边。

我: 那请爸爸改一下密码怎么样?

孩子:（急了）不要，我不用就是了。

我: 好，我相信你。一开始是需要一些时间才能搞定的。这段时间妈妈会多看看你的，我们一起努力可以不? 你下楼玩去吧。

孩子很意外地看着我，我摆摆手说:"就这样。"

等他下楼，我和先生交流，对于他把爸爸伺候得那么好我们开怀大笑。

故事2：又错了? 也真的没关系

早上玩耍回来，8 岁多的孩子兴冲冲地进来帮忙做早餐。他取了一个鸡蛋要给我，看到猫进来他光顾着和猫玩儿，拿着鸡蛋的手一松，鸡蛋掉落到了地上。

我看了看，说:"再给妈妈拿一个来。"

他给我又拿了一个鸡蛋，就赶紧取了抹布擦拭。当他清洗抹布时，我问他:"下次再这样，怎样可以更轻松呢?"

他回答:"先用纸处理，再用抹布!"

我一边煎鸡蛋一边说:"嗯，这样你就不用花很长时间洗这么大块的抹布了。"

他把抹布拧干，点点头。

故事3：犯错了其实一直没关系

一大早起来，4岁多的孩子拉着厨房的置物架狂舞，架子倒了，把正在做饭的我吓了一大跳。厨房一片狼藉，大米混着各种杂物撒得到处都是！我大叫一声他的名字，发现他也被自己的"壮举"吓傻了！

我不忍心再说他，把架子扶正，对他说："可以开始收拾了。"

一贯的"我做主、我选择、我负责"的家训使他主动负起收拾的责任，但是实在太难收拾了。他隔一会儿就跑到吃早餐的我的身边来歇一歇，也不寻求帮助，只是说："有点儿累，要很多时间。"

我吃好早饭，蹲下来和他一起收拾。他顿时热情高涨："妈妈，你知道吗？你帮我收拾，我很开心的！"

他一边收拾，一边叹气："哎，累死我了！"然后又抬头对我说："妈妈，谢谢你！"

我们收拾完毕，他开心地扭动，"耶，耶！"

这直接把出门玩耍的时间推迟了半小时，等我们出门时，孩子开心得不得了。他骑着滑板车风驰电掣般地冲向了一个雨后的"小水塘"，滑板车轰隆隆的声音和着他的呼喊声旋风一般从我们眼前过去，水花四溅！

速度太快，转弯时他没有平衡好，翻车了！又是一大片水花四溅，路人们都停了下来！他从水塘里爬起来，满头满脸都是水，衣服全湿了，脸上的表情要多尴尬就有多尴尬。路人全停下了脚步，准备围观。先生似乎也准备发作（他等儿子出门用了很久的时间，好不容易出门，刚下楼就出现了这种状况！）

我拍着腿哈哈大笑，儿子立马向我走来。秋天的风一吹，他浑身开始哆嗦。我说："这下爽了，咱们回家换衣服去！"他又走回去把他的滑板车"救"了出来，我赶紧脱下外套把他一裹就往回走。他说："妈妈，这下好多了！"

"我做主、我选择、我负责"可以帮助孩子建构深层的自信与自由，并逐步培养孩子的胜任力，毕竟，有一天，他们需要离开我们去独立生活，那些日子是孩子的，不是父母的。我们需要一步一步地退出他们的世界，在这之前，我们要倾尽全力支持他们更好地成长。

真实胜过完美：做用心、有力的父母

我将和你探讨"好父母"的标准背后对应着什么样的期待和评价体系，同时分享摆脱"成为完美父母，得到一个完美小孩"的想法的基础方法。

有了孩子后，"我想成为一个好爸爸/妈妈，把最好的给到我的孩子"往往会成为父母的内心愿望。可"好父母"是什么样的？"好父母"有特定的标准吗？

在我执业近10年的临床工作中，关于在家庭教育中如何做得更好的提问比比皆是，例如：

● 如何控制自己的焦虑，成为一个不吼叫的妈妈？

● 教育孩子时，怎样可以做到真正的心平气和？

● 准二胎妈妈的我怎样克服身体的不适，多多陪伴老大呢？

……

这些问题的背后是我们满满的期待：我们想成为更好的父母。我们认为的"好父母"，应该心平气和、云淡风轻；我们认为的"好父母"貌似没有情绪，应该无限地包容；我们认为的"好父母"，应该放下自己的需要，把孩子放在首位；我们认为的"好父母"，即使感觉委屈，也应该坚强面对……

我们真的需要100分吗？我们的孩子要求我们如此完美吗？

著名心理学家温妮科特在英国BBC电台帮助父母更好地育儿时，提出了"足够好的母亲"这个概念。我对此十分认同，"好父母"并不是完美的父母，而是一个good enough parent（"足够好"的父母）。

我认为，足够好的父母并非一个满足孩子所有需要的父母。我们伴随着孩子的成长，在孩子需要我们时出现，也在孩子不需要我们时适当地退出，给孩子留出成长空间。

做完美的父母是不可能的，理由如下：

（1）这个世界上不会有完美的存在，因为每个人的标准都是不一样的，一定很难遇到完美的且能够持续满足自己愿望的情境。

（2）人类成长的动力有一部分来自对于满足自己未被满足的愿望的追求，这个部分是不完美的。

（3）孩子会长大，他们是和我们不一样的人，他们需要满足自己的愿望，和父母分离，成为他们自己。

综上，我们不可能成为完美的父母。接受这个事实，我们会快速地放松下来。允许自己不那么完美，允许自己有很多事做不到，从而就有机会结束无效的重复，更多地看到作为父母我们已经做到的部分，进而也会降低给孩子造成的压力，允许他们也不那么完美。这样，在陪伴孩子时，那种紧绷的张力会得到缓解，一旦得到缓解，我们和孩子就能用更有创造性的眼光去看现状和未来。

接下来，我们继续看完美诉求的期待与什么有关。

我相信翻开这本书的读者，大部分对养育有着"觉知"和"觉察"，想成为更好的父母；我相信大家为孩子已经做得不少了，因为从阅读这一点来说，就证明你不仅能够学习，而且在持续地学习。

这也同时意味着，我们对自己目前的状态可能有更多的期待，我们认为家庭教育中还有一些空间和可能性，所以才会投入时间读这本书，让自己持续学习和成长。

这份期待是从哪里来的呢？期待从身份中来，身份所处的系统提供了评价标准。成为完美或者足够好的父母这个愿望落在了"父母"这个新的身份上，这个身份来自我们的家庭系统。这就是我们需要关注的评价体系。

借用家庭治疗师萨提亚女士建立的沟通模型三要素：自我、他人、情景来了解评价体系如何运作。

第一，是自我的部分，你希望自己是一个 100 分还是 120 分的爸爸或妈妈？还是 60 分对你来说就足够了？你如何评估自己做到了还是没做到呢？你的这份内在要求又是从哪里学到的呢？这样的信念又从何而来？

多做一些这样的探索，也许你会看到，这样的要求可能与你自身的焦虑和未完成的梦想有关，也可能和你的家族对你的期待有关。越多地"看到"自己内在标准的来源，就越容易区分你和孩子之间的边界，帮助你避免将自己的期待强加给孩子。

第二，是他人的部分。成为父母得有孩子，所以作为父母的第一重要他人就是孩子。他会怎么给你打分呢？是 100 分的父母，还是 200 分的父母？

另一个重要他人是你的伴侣，你们共同养育了这个孩子。另一半对他自己作为家长的期待是什么？对你作为家长的期待又是什么呢？

在基础的三口之家里，至少有 6 组关系，除了夫妻、亲子点对点的 3 组关系，还有一个人如何看另外两个人的相处的关系。例如，孩子怎么看爸爸妈妈之间的关系，这会影响到孩子的行为。父母争吵时，孩子学习成绩下降就是一个典型的例子。母亲怎么看父亲和孩子的相处？妈妈不放心孩子的爸爸单独带孩子去玩耍，有颇多焦虑和担心，进而在父亲管教孩子时出手阻拦，等等，就会影响父亲对于育儿的感知和行为，也会影响母亲对父亲这个身份的评价和反馈，当然也会影响到孩子对父母的期待与评估。

看到和这些关系的明线和暗线，我们就会知道在家庭系统中，没有一个人是孤岛。我们内心的标准就是在这样日复一日的互动中被建立、被评估的。

在目前中国的养育现状中，重要的他人还有谁呢？还有老人，就是爷爷奶奶、姥姥姥爷，可能有的家庭还有姑姑或者小姨、大姨这样的亲人。还会有谁呢？还会有阿姨。有的富有的家庭可能还会有司机。这些都会对孩子的养育以及父母的身份产生影响。

将家庭系统扩大，影响到父母标准的还有朋辈、同学、同事之间的比较参照等。

第三个需要我们关注的，是父母所处的情景。现在的父母独一代比较多，两个独生子女需要赡养 4 位老人，且又承担了各自家族对自己的期望，加之如今的教育资源依然不那么均衡，在大小环境的包裹中，父母其实是很难放松的角色。这是时代带给我们的，我们也需要看到这个部分。

你看，作为父母我们已经承担了这么多，如果还逼迫自己成为完美的父母，那么对自己真是太苛刻了！

面对这样的状态，在我们做足够好的父母，用心、有力地陪伴孩子之前，特别需要照顾好自己。请记得呵护好自己的身心，问问自己：

- 上次心情愉悦是什么时候？
- 上次发脾气是什么时候？
- 知道如何取悦自己，让自己开心吗？

这 3 个问题，你有答案吗？你的答案清晰且确定吗？如果很难找到答案，那么这是在提示你需要关注什么呢？

一位二胎妈妈听完"足够好的父母"的讲座之后，和我分享了她的感受和练习：

我听到"足够好的妈妈"这个概念很久了，今天却特别有感觉。有了二宝后，大宝会在有情绪时说我不要她了，不爱她了。我也会产生愧疚的情绪，有时纵容她的不合理行为，甚至对她产生害怕的情绪。现在我知道要照顾好自己，知道足够好就好。今天她再对我大吼时，我没有生气，也不怕她了。老师说孩子七八岁狗都嫌，这也给了我很大力量。

我在下面这个案例中讲述了我的孩子读幼儿园时，一位妈妈带给我的触动。

你是世界上最好的妈妈

放下焦虑，我们可以成为足够好的妈妈。

儿子入园第一天，我就注意到了她。她看上去优雅而冷静，与人留有合适的却稍显疏离的距离，笑起来如空谷幽兰，有一种清冷却甜美的气质。她的女儿大概4岁，高高的个子，妈妈每次离开，泪珠都会成串地往下掉，却从未见她大声哭过，一看就是我见犹怜的小女孩。最初我很勤快，每次早早地"接园"时，都能看到她早已等待在门口，而她的女儿每次见到分离一天的妈妈，小脸都是红扑扑的，必定会和妈妈"腻乎"一阵，轻声细语的。每次都让我感叹，小女孩如此内秀、优雅与娴静，让我觉得十分美好。

慢慢地，我"送园"和"接园"的时间推后了，就渐渐很少见到她们母女了。偶尔遇见，都是在"送园"的时候，小姑娘依然会落泪，会舍不得妈妈。我不禁好奇，她入园有些日子了，为何还如此。之后很久，没有再见到她来接送女儿，我不禁猜测她的生活是否有了变化。

儿子某天晚上回家和我玩拼图，他指着拼出来的一个图形告诉我说，那是生日蛋糕。我很好奇，问他原因。原来她的女儿那天过4岁生日，她专门送了一个大大的"翻糖蛋糕"到学校，孩子们玩得都很开心。晚些时候，我看到她在微信群里感谢老师，语言得体而真挚。我心里也很感谢她的用心，让儿子有了美好的关于生日的向往。

第二次开家长会，幼儿园感谢她的馈赠，为她颁发了一个证书。原来，她之前悄悄地给幼儿园捐赠了一批书。我心里很是佩服她的宽厚。

她接受证书时，红了脸，有些意外，有些羞涩。她的优雅和娴静，是由这样美好的格局展现的。

某个周四开第三次家长会，幼儿园邀请她分享育儿心得。她的第一句话就让我十分好奇和感动。"其实我可能是大家的反面教材。我最大的体会就是我要和女儿一起成长。"

原来，在女儿两岁之前，她的工作非常忙碌，所以孩子主要交给阿姨带，她即便陪伴在女儿身边，心里也常常想着工作的事情。某次参加朋友的聚会，孩子和阿姨都缩在角落，无法融入。任她百般努力，面对陌生环境的女儿也只要阿姨，不要妈妈。她这才突然间发觉，自己可能要失去这个小人儿了！

用了一周的时间，她打理好了公司的事情，决定回家全身心地陪伴女儿。为了"绝了"自己的后路，她辞退了尽职尽责的阿姨。阿姨走后，面临的第一个问题就是如何让女儿入睡。也是在那个晚上，她第一次意识到，女儿出生后，她从来没有和女儿一起睡过。她心里琢磨着怎么能在最短的时间里和女儿热络起来。她撤掉了女儿的小床，让女儿睡在自己的大床上。等女儿睡熟，她站在床边良久，看这个无比可爱的小孩儿，心想："这么可爱的孩子，以前怎么都'便宜'了外人啊！"

她开始全身心地陪伴女儿。和精力旺盛的小孩子相处一天下来，她往往疲累之极。她也开始阅读育儿书籍。读了一圈，她发现书中讲的只是"术"的层面，她开始想更系统地构建自己的育儿观。于是，她读了更多策略性的书籍，更加坚定自己要跟随女儿一同成长的决心。遇到现在幼儿园的园长后，她才知道自己错过了孩子特别关键的建立安全感的时期。痛定思痛，她决定尽全力弥补。

用了一年的时间，女儿变化很多。女儿很快三岁多，入园了。在幼儿园刚开始的两周，女儿一刻都不让她离开，哪怕她坐在小板凳上伸伸腿，女儿都会紧张地抓紧她。这一年多的努力似乎都白费了，女儿又变得爱哭，离不开妈妈了。她暗暗鼓励自己继续努力。终于，她的女儿才4岁多一点儿，就已经可以在六一的演出上做主持人了！

一如之前的印象，她说话虽柔声细语，却透出深厚的力量，无比动人。我被她感动得热泪盈眶，无以复加。那种不断反思自己，不断学习接纳自己的力量，需要多么大的勇气和爱才能做到啊！她和她的女儿都是幸运的，女儿拥有不断成长的母亲，她也在这个追寻的过程中找回自己柔软的部分，呈现更为丰厚的生命。当她这样与大家平静地分享时，那份内疚已经放下。

作为父母，我们能够提供的最好的礼物或许就是陪伴。我们都不完美，带着曾经的创伤和遗憾成了母亲。我们要放下那份完美，放下那份执着，接纳自己。

六一演出时，看到她的女儿站在台上，盘着头，穿着礼服，大大方方地面对下面上百的观众毫不怯场，自然得体。我不禁再次湿了眼眶。

希望天下的父母可以更多地"看到"自己做到的部分，然后"看到"孩子做到的部分，了解孩子自身的发展规律，用发展的眼光看待孩子。我也期待父母可以"看见"足够好的父母这个身份背后的期待，接纳自身的局限，看到身处的系统，更为放松地去做能做到的部分。

观察者视角

观察者视角是系统家庭治疗中核心的概念之一，这个概念起源于数学的控制论。结合基本的建构主义——系统思想的哲学基础，我想和大家分享一些简单的理论。

画家毕加索曾说："如果真相只有一个，人们在面对同一事物的时候就不会描绘出数以千计的画面了。"

现实客观地围绕在我们周围，每个观察者都会表达自己的观点，描述并建构自己观察到的现实，所以，我们对于现实的描述是建立在我们自己的观念的基础上的。

在育儿生活中，作为父母，我们所看到的、感受到的也只是基于我们自身观念的观察，是被我们"发明"出来的现实。

这提醒我们要常常思考。或许，你可以退后一步，从旁观者的角度看看自己是如何说、如何做、如何想的。这时，你会看到更为全面的自己和孩子，也能通过这样的方法和孩子拉开一定的距离，成为孩子行为的观察者，而非主动干扰者。

观察者也是他所观察世界的一部分，他通过自己的观察影响世界。在观察者和系统之间存在互动。

这是什么意思呢？

想象一个场景：孩子拉着你的手让你坐在他的旁边，什么都不许说，只需要看着他玩耍就可以了。这就是生活中典型的观察者（父母）通过观察影响世界（儿童）的例子。

不少读者都有和伴侣冷战的经历。那时，双方即使什么都不说，其实对方的一举一动都被看在眼里。另一半在家时，虽然对方在和你冷战，但是你的行为会和他不在场时一样吗？

基于以上的理论和观察，我常常给父母学员布置一个作业：每天观察孩子 5 分钟。在这个练习中，父母被要求什么都不说，什么都不做，就是悄悄地观察自己的孩子。

有趣的是，大量的学员向我反馈，孩子那些恼人的行为居然悄悄地开始消失了。刚开始他们很不解，向我讨教原因。我往往回答："你试试看，有一架饱含爱意的摄影机跟拍你，你会怎么做呢？"

他们就会露出恍然大悟的表情。

复盘与优化助力孩子自我更新

一个孩子的成长需要家长"大处着眼，小处着手"地进行引导和陪伴。风物长宜放眼量，家长要看到孩子的一生很长，要有长远的观察和考虑，要相信他可以有很多机会建设自己的人生。同时，我们也需要引领孩子发生小的改变，日进一寸地支持孩子一步一步地走出自己的人生。

这需要家长不断地复盘，并在复盘的过程中用优化的思路，引领孩子发生看得见的改变，进而自我更新。

本小节先通过两个有关学习考砸了的案例和大家分享助力孩子自我更新的思路，后续章节会提炼更多复盘与优化的方法。

案例 3

孩子期中考试成绩班级倒数第五名

期中考试成绩放榜那天，恰好是爸爸的 40 岁生日。他乐颠颠地去学校接孩子放学，结果被学校作为特殊家庭研究对象给留校了，因为孩子一年级下学期的期中考试考了个班里倒数第五名！爷俩好不容易回到家，孩子又拿出一张皱皱巴巴的纸给爸爸，说是写给爸爸的生日卡片，上面用汉字和拼音夹杂着写有"祝爸爸生日快乐，谢谢爸爸给我盖被子"。爸爸看了以后老泪纵横，因为里面写对的字和拼对的拼音只有寥寥几个。

收到爸爸的微信时，我已经在回家的路上。这段时间，我每天背诵一首唐诗。集训期间，因为我早出晚归，背诵就从晨间起床后调整到了下课回家途中。背完那一天的古诗之后，我先通过微信给孩子背诵了那一天的诗。我邀请他猜我背诵的唐诗是什么意思。并告诉他，因为我在上学，没有了早上起床就能背诵的时间，所以等到下课，在车里才有时间背诵。

我和孩子通过微信有了一些互动的铺垫，估计他能体会到妈妈的努力和认真吧。这为我们后面的"谈话"打下了基础。

等我到家，我请爸爸把小桌子摆在沙发前面。爸爸坐在沙发上，我和孩子分列桌子两边也坐了下来。接下来是我们之间的对话。

我：妈妈在回家的路上，听爸爸说了你期中考试的结果，你考了班上倒数第五名，这个成绩你觉得好吗？

孩子：(毫不犹豫地摇头) 不好。

我：挺好的。你知道这个成绩不好，你想提高吗？

孩子点点头。

我：那更好了，我们现在需要在出门庆祝爸爸生日之前，聊一聊怎么能够做得更好。

孩子看出这是一件很严肃的事，于是老老实实地坐在凳子上，睁大眼睛看着我。

我取出做家庭治疗用的格盘（见图8-1），一边往上面摆人偶，一边问孩子："你们班有多少人？"得到了"31个人"的回答，又说："按照你们老师的排名，我们列一个纵队吧。妈妈的人偶数量不够31个，前面摆一些，倒下的这个是省略号，最后五名站一起。"

图8-1　家庭治疗用的格盘

他帮我摆了一条纵队代表班里的所有孩子。我接着问他："妈妈知道你特别喜欢踢足球，我考你一个问题：一个足球队有多少人呢？"孩子自信地快速抢答："11人！"

我说："那你帮忙用剩下的人偶组成一支足球队，可以吗？"

他很快在格盘的右侧摆了一个弧形的足球队。

我问他："如果你是足球队的教练，需要从这 31 个人里挑选人进入足球队，你会怎么选？"（问完这个问题，我觉得有些残酷）孩子琢磨了一下，用手指了指列队的前面："挑好的球员。"

我说："嗯，你知道怎么让球队有更多获胜的机会，挺好的。那剩下的人怎么办呢？"

他没说话。

我等了等才说："如果你是教练，会怎么安排呢？"

他一把抱起排在后面的 5 个人偶，一股脑儿都放在了第一名的位置。那一刻，我好感动。

我摸摸他的头说："谢谢你，你很希望这些人能和你一起前进，是吗？"

孩子点点头。

我接着说："这点真的非常好，你心里有别人。妈妈现在想知道，你觉得你现在有能力帮助后面这四位吗？"他想了想，把自己留在了前面。

我忍不住说："我好像看到了一个决定，你需要先照顾好自己才能照顾好别人，所以你决定先好好地帮助自己，对吗？那么，你怎么做才能让自己从倒数第 5 名走到前面呢？"

孩子很认真地算了到期末考试还有多少时间，算出有 45 天。

他把代表自己的人偶从第一名那里退回到倒数第 5 名的位置，对我说："我每天往前进一些，45 天以后就到前面了。"

我回应他："嗯，你知道每天努力一点点就能往前走。我突然想起来，你上学期考了300分，还评优了呢。所以妈妈很好奇，你是怎么做到的呢？"

他毫不犹豫地说："认真啊！"

我"恍然大悟"道："对呀！认真！我的儿子真的很认真！"他笑眯眯地看着我。我接着说，"那么在这学期剩下的45天里面，你怎么做，就是认真地每天进步一点点了呢？"

他开始一点点地说出如何做就是认真。我帮他记录了下来。

总结了以下几条：

认真：好好坐在座位上，不折纸，不下座位，一次只做一件事，先做作业后玩耍。

改错：复习，改错，内不欺己，外不欺人。

睡觉：8：30就开始准备睡觉，保证9：00上床。

得到这样的结论之后，我接着说："好了，你每天4：30左右到家，8：30要睡觉，中间有4个小时，要安排自己踢足球，做作业，吃晚饭，看电视，和爸爸妈妈交流。你来看看怎么安排自己的时间，好吗？"接着，孩子又做出了对这4个小时的时间规划。

为了增强仪式感，我拿出印泥，他在总结和时间表上用大拇指都戳了手印。

第二天，我集训回不来，先生出差，闺密帮忙接的他。等我去接他时才知道，他看了好久的电视，作业一点儿都没做。

他对我说："妈妈，我今天实在忍不住了。"

第二天他很骄傲地告诉我，把20分钟的看电视时间分成了两个10

分钟来玩。我赶紧拿大拇指在他的眉心一点：妈妈给你点赞，谢谢你愿意每天进步一点点！

后面这一个月，每一天只要发现他有进步，我都会在他眉心点赞。我还是和第一学期一样，只做老师要求的家长必做的工作，如签字，帮助他听写之类的。

很快又到了单元测验的日子。回家后，我看到孩子的卷子，居然是97分、98分、100分，我真的很感动！同时，孩子作业的质量有了明显改善：口算5分钟完成了80道题，只错了最后一道。要知道，一个月前，他是5分钟20～30道题的速度啊，而且还错误连篇。我表示，他又破纪录了，赶紧"立字为据"。孩子受到鼓励，取出数学练习册给我看："妈妈，你看，彭老师给了我三颗星，表示我连续三次都是全对！"

看着他神采飞扬的样子，我的内心充满了感动。期末考试怎样对我来说已经不重要了，孩子已经懂得为自己负责。

【点评】在我们的讨论中，孩子其实很清楚如何做到高标准，也知道自己的问题出在哪里。我完全地信任他，相信他可以自己解决这个问题，所以都是用赋能的问题，如"你觉得可以怎么做？"引导他。同时，赋能之后需要细化到行动和常规的安排里来，所以会追问"怎么做就是你说的认真了呢？"并提供一段时间，允许他继续退行或者打破自己订下的计划，温柔地"抱持"他的退步，并将进步量化为"每天进步一点点"的发现。

这都取决于我坚定地相信：学习是你自己的事，不是我的事。只要你伸手，我就会帮助你，并为你提供宽松的环境。这也是本文分享背后的核心思路，供大家参考。

同时，这对我家先生来说也是一次挑战，所幸我们夫妻一直都保持着很好的交流，我们之间的关系也给了孩子在学习和成长方面更为有力的支持。

此外，案例中我所使用的提问均为赋能性的提问，读者在与孩子沟通时可参考这些日常生活中的对话，其核心在于帮助孩子"看到"他做到的部分，引导孩子经过思考得到答案而非由家长给出结论。

学习是孩子的事，相信孩子能够处理，提供好的关系和赋能性的提问，这3点是支持孩子学习处理挑战的必备资源，目的在于支持孩子提升处理挑战的能力，不断地进行自我更新。

案例 4

从70分到98分的期末彩虹复习计划

还有半个月就期末考试了，孩子的数学期末复习考试却只有70分，这创造了他的低分数的新纪录！

他看上去若无其事。我心想又得辅助一下才行了。但又想，这是他学习上的事，我需要等待一个机会。

某天下午，孩子在写作业，先生坐在他旁边的沙发上看书，我在里屋休息，不到5分钟就听见先生至少提醒了他3次：别走神，别抖，别……

我睡不着，干脆走出来。谢谢先生之后，我对儿子说："你平常的作业可能要走神 10 次才能完成，今天我们要不要试试看只走神 5 次呢？"

儿子很开心地答应了，我接着说："现在爸爸说你已经走神 3 次了，你还有两次机会哦。"

"好的，妈妈！"

他没一会儿从座位上站起来，我刚好看到了，就问他："这算不算 1 次走神呢？"孩子说："不算，我是去拿字典！"

那天，他一共走神 4 次。并提前很长时间完成了作业。他很开心，我也很开心。

到了第二天，一放学我就请孩子先吃了一餐必胜客，接着还请他吃了哈根达斯冰激凌，他开心得不得了。

回到家时，也才下午 5：00。我说："爸爸说你和他有一个约定，在妈妈出差时，你没有考好，你也希望期末考个好成绩。我想，我们需要做一个期末复习计划，你想一下怎么做。我可以帮助你。"

听着楼下小朋友们玩耍的欢呼声，他的眼泪一下子就涌入了眼眶："那我现在就不能下去玩儿了！"看到他的眼泪大颗大颗地往外滚，我很心疼，但依然坚持："爸爸说，你上次没考好的时候说期末要努力考出好成绩的，对吗？"

孩子点头，眼泪继续流。

我说："昨天，妈妈看到你，说好的 5 次走神就完成作业，居然 4 次走神就完成了，我觉得你只要有计划，加上努力就能实现自己的愿望。那你再想想，你真的希望期末考一个好成绩吗？"

他点点头，眼泪还是在转，但明显速度慢了很多。

我接着说："去年你考了班上倒数第 5 名的事还记得吗？"孩子先摇头，接着点头。我说："你后来得到了综合评价优等生，开心不？"

孩子的眼泪收了起来："我跟爸爸说过了，每天做卷子的。"看来那股子向好的劲儿回来了！

我：哦？看起来你已经知道怎么做了呢！那真的很好。你刚才是不是特别想下去和小朋友玩？

儿子：是！

我：看来没错，一想玩的时候就容易忘记自己本来要做的事。那怎么做可以帮助你每天能够记得要做哪些事呢？

儿子：每天做卷子，然后做一个计划表，在上面打钩！

我："好，我们去电脑那边吧。"

儿子擦干眼泪，开始指导我给他做"打卡表"。用什么颜色，字体的大小，具体的内容，都是他口述，我帮他实现并做微调。我最欣慰的是，他说："把错误的题写在复习本上。"这是我希望他做，但他一直不太愿意做的事。

他也给自己留出了两天的复习时间，并做了"倒计时"。

接着，他催我赶快打印。我以为他着急下楼玩儿，原来是为了装饰自己的"打卡表"（见图 8-2）。他给"打卡表"画了彩虹，然后郑重其事地把"打卡表"放在了书桌上。

晚上临睡前，他定了闹钟。第二天 6：40，他准时起床朗读课文。

果果二年级下学期的期末考试复习计划

复习承诺

1. 早睡早起
2. 非休息日每天语文和数学各做一张卷子
3. 复习课本，按照单元反复练习
4. 错题写在复习本上

科目	星期	二	三	四	五	六	日	一	二	三	四	五	六	日	一	二
	日期	6月18日	6月19日	6月20日	6月21日	6月22日	6月23日	6月24日	6月25日	6月26日	6月27日	6月28日	6月29日	6月30日	7月1日	7月2日
	倒计时天数	15	14	13	12	11	10	9	8	7	6	5	4	3	2	1
语文	朗读课文															
	卷子1张															
数学	复习课本															
	卷子1张															
	错题本															
	9点睡觉															
	6:40起床															

图8-2　打卡表

之后，我出差 3 天，出差回来到家已是凌晨。早上他醒来和我打招呼，告诉我打卡还算顺利，就是卷子有点多，每天晚上要 10：00 才能睡觉了。

我忍住了提建议的心，转而鼓励："谢谢你按照计划去做，也能根据自己的情况进行调整，妈妈祝愿你实现自己的心愿，考出好成绩！"

晚上我们一起吃饭时，孩子说数学 7 单元考了 98 分。我很惊讶，毕竟上一周才 70 分！

我赶紧掏出手机采访他："请问你做了什么帮助自己从 70 分提高到了 98 分？"

他很认真地回答我："认真答题，认真检查，认真审题，提前复习，认真思考。"

我端起蘑菇汤和他干杯："总结得真好，祝贺你！"

他一饮而尽，笑眯眯地说："超过 95 分了呢！"

我说："祝你期末考试实现自己的愿望，每门功课都在 95 分以上！"

他认真地点头。

接着，我的工作进入忙碌的季节，基本没有时间照顾他的学习。先生也比较忙。临近期末，老师也着急地督促了我们好几次。说实话，我的内心是不着急的，我相信我的孩子能搞定，而且也不会辜负老师的期望。但我更希望我的孩子能自己负责地去经历这样一个过程：为他自己的事而努力！

等待一个机会，我才能更好地出手。我希望孩子了解，实现目标可能需要经历一个"进进退退"的过程，分数不重要，为自己的选择而努力非常重要。

我和先生也达成了一致，期末考试究竟如何我们都能接受。我们选择鼓励他跟随自己内心对荣誉的需要，并支持他去努力。我们相信，我们的孩子会在爸爸妈妈的陪伴下继续努力，去做主，去选择，去负责，去实现心中彩色的梦。

【点评】在孩子"考砸"、老师"夹击"的情况下，家长很容易转过头来督促并严加管教自己的孩子。助力孩子克服困难、挑战自我的时候，需要注意以下几点：

（1）允许并抱持。孩子内心完全知道好的标准是什么、不好的表现是怎样的。在学校他已经丢尽了面子，在家里就需要温暖的抱持和允许，这个时候家长不能雪上加霜。

（2）放松且坚定。创建良好的谈话氛围，用孩子喜欢的方式开始谈话前的准备，如吃点好吃的等，让孩子在放松的状态下开始严肃的谈话，在孩子想转移话题时，温和而坚定地帮助孩子回到主题上来。

（3）向前一小步。多"看到"孩子做到的部分，在希望的目标上前进一小步即可，切忌进行全面整改，否则孩子会吃不消，并非常容易产生畏难情绪。每次 1 ~ 3 个行动计划就足够了。

（4）如何做到的。时常复盘，针对孩子做到的部分做进一步的探索，问孩子"你是怎么做到的？"挖掘孩子身上的闪光点，帮助孩子"看到"自己的努力和有效的方法。自信就是在这样一点一滴的小事中逐步建立起来的。

每天陪伴孩子进步一点点，切勿急功近利、慌不择路地透支孩子的未来。

愿每位父母心中有蓝图，手中有温度，大处着眼、小处着手地支持和陪伴孩子成长，引领孩子看得见的改变。

第 9 章

帮助孩子从他律到自律

帮助和支持一个孩子从他律到自律的方法有很多。所有事情的完成都需要从时间的角度入手，我将在这一章节中和大家分享：从时间管理的角度，如何支持孩子实现自律。

每个人每天所拥有的时间都是 24 小时。如何使用这 24 小时，不仅考验时间管理的技巧，更考验人生的智慧。作为家长，我们传递给孩子关于我们如何使用时间的方式，其实也就是在给孩子传递我们是一个什么样的人。孩子会模仿并学习。

因此，对于这个章节的内容，家长不仅要在孩子的时间管理上下功夫，更要带着以上的意识练习。

时间管理是一项看上去很简单，其实非常复杂的工作，因为每个人对时间的感知、对人生的规划、对事情重要性的排序都是不一样的。这也提示我们，在阅读本章时，注意区分自我与他人，尝试站在家庭系统中共同考量对时间的运用。

第 1 节　设计一个可实现的家庭时间表

在《我是妈妈，更是自己》一书第 4 章"时间管理"的内容中，我谈到了时间是我们生命关系和质量的容器，我认为时间管理是一个人最基础的能力。不论对于大人还是孩子来说，良好的时间管理能力都能帮助我们进入更有质量的生活和决定我们幸福的关系互动中去。

作为一名系统家庭治疗师、优势教练和时间管理专家，我将系统观的工作方式融入家庭时间表的设计，按照计划的时间线（前中后）提炼出下文所述的四个思考层次：基本态度、前期准备、设计与讨论、运行与优化。希望这个思路可以帮助读者与孩子、与家人快乐地享受时间之美。

基本态度

1. 知常与知止

在设计家庭作息时间表时，需要有一个系统的视角，提醒自己注意知常和知止。老子有云："不知常，妄作凶。"这也是我所倡导的回到平常的观点。做家庭的时间安排时，首先需要明白和了解自己与家人的常态，包括偏好和习性，从而避免盲目地推行一种做法以致带来伤害。同时，要抱着试验的态度，遇到困难及时停下来复盘和优化。这一点提醒我们要学习停止，也就是知止。

做不到这两点，就容易给家人之间的关系带来伤害，我们自己也会感受到挫败。

2. 这是谁的事

接下来，需要在安排每一件事情时多问一个问题：这是谁的事？如果这是我的事，我就要去实现。如果这不是我的事情，就要停止可能剥夺他人权利的行为，并学习沟通和赋能，以支持家人去实现，而不是越俎代庖地替对方完成。

3. 全员参与

知常与知止，并区分这是谁的事，就意味着如果你要制作一个可行的、大家愿意执行的作息时间表，就需要召开家庭会议，让每个人的声音都有机会被听到。

了解每个人的想法和心理边界在哪里，才不至于多做和越界，剥夺孩子和家人的权利之后再把自己累死。

4. 邀请而非要求

邀请是表达我的愿望，但是你可以拒绝我。要求是你得按照我说的来做，不能拒绝我。

如果你希望家人能有彼此协调、和谐的时间表，那么务必创建邀请的氛围以及做好持续调整的准备，否则它很难进行下去。

前期准备

1. 观察和准备

一个良好的作息时间表就像孩子的课程表一样，可以带来稳定和节奏感，也能帮助你提前进行时间规划，从而给生活带来更多的掌控感。

进入细节层面的计划时，你需要先做一些家庭观察。你什么时候精力比较好？孩子什么时候精力比较好？需要做的工作有哪些？这些事都是重要的非得完成的吗？这段时间，想改善时间运用上的什么问题？晚睡还是拖延？

在心中问问类似的问题，做一些时间记录和观察笔记，可以使你和孩子、老人、伴侣讨论时言之有物，有的放矢，也能更好地帮助每一个人落实到具体要改善的安排上去。

2. 时间记录

时间记录是非常好的工具，你可以简单地理解为时间的开销记录。时间记录是你可以用来观察你自己、你的家人时间使用习惯的有效方式。你可以很容易地通过时间记录看到你们在哪些方面是有交集的，在哪些方面花的时间很长，哪些方面还需要更多的时间才能顺利完成，等等。

时间记录还可以帮助你将一整天的生活进行复盘，相信你会有不看不知道、一看吓一跳的感觉。

通常，你可以通过时间记录观察到自己生活、工作的区块时间段。如果你记录 1 周，就更容易找到自己和家人使用时间的规律以及缺口。先观察，再进行计划，将会让你事半功倍。

有了对时间的观察记录，你就有机会更好地邀请家人配合你。

例如，如果你想邀请孩子做时间计划表，你就可以试试这样说："我现在正在做一个时间计划表，想邀请你跟我一起做。"然后，拿出你的时间记录给孩子看："这是我对你昨天生活的观察。在这个过程中，哪些部分是你觉得自己做得特别好、想在未来重复的？哪些是你觉得其实是可以做一些调整的？"

当然，这个取决于你和孩子的关系，以及你如何邀请孩子。

3. 先改变

让每个人都尝到甜头，感受到有帮助，家庭时间表才能执行下去。从你自己的个人表格开始，让你的家人看到这个时间表是有用的，他们会更有兴趣和你一起安排。

欢迎你使用我所设计的周打卡时间表（见图 9-1 ）。

周计划与打卡（ 月 日 – 月 日）

日进一寸	周一	周二	周三	周四	周五	周六	周日

重要事项

图9-1 周打卡时间表

设计与讨论

1. 时间表

在时间表的设计中，区分大框架与小目标、罗列时间区块是非常容易用起来的方法。

通常，一个家庭时间表中需要包含家庭活动、父子、母子、单人独处和单人任务这 5 个模块，图 9-2 所示是日常工作表大框架。

小“目标”有家庭活动中的家务，一起锻炼，看电影，父子活动中的打篮球，母子活动中的讲故事，单人独处活动中的手工、阅读，单人任务中的工作、网课、练琴、做饭等，先把大框架和小“目标”通过家庭会议整理出来，接着就可以放进时间区块里去了。

时段	节奏	果果	妈妈	爸爸
7：30-8：30	家庭活动	口算/练字	做早餐/祈祷	洗漱/收拾
8：30-9：30	独处	阅读	工作	工作
9：30-9：45	锻炼	锻炼	锻炼	锻炼
9：45-10：45	独处	阅读	工作	工作
10：45-11：00	锻炼	锻炼	锻炼	锻炼
11：00-12：00	独处	练琴/背单词	11：30做午餐	工作
12：00-2：00	家庭活动	劳动/帮厨/数呼吸	做午餐	打扫
2：00-3：00	亲子时光	父子游戏	阅读	父子游戏
3：00-4：00	亲子时光	妈妈课堂	妈妈课堂	工作
4：00-5：00	独处	非电子产品时间	非电子产品时间	非电子产品时间
5：00-7：00	家庭活动	帮厨/阅读	做晚餐	锻炼
7：00-9：00	家庭活动	电影	手工/阅读	电影/阅读
9：00-9：30	睡前时光	入睡	按摩	陪睡
9：30-11：00	特殊时光		二人时光	二人时光

图9-2　日常工作表

通常根据人的生理特点，一个时间区块最长不要超过 1 小时，且 1 小时中分为 45 分钟的任务时间和 15 分钟的休息时间。按照这个方法，将从起床到中午，午饭后到晚饭前，晚饭后到睡前的时间进行 1 小时长度的区分，然后再和孩子、伴侣一起商量，把上面提到的"小任务"放进区块里。这样，最简单的时间表就完成了。

其中的小技巧就是，每个人负责放自己的"小任务"。你最好让孩子自己将他要完成的"小任务"进行排序，你需要做的就是每天以及每周和孩子复盘他当天、当周的完成情况，然后及时进行调整。

大家可以参考如图 9-1 所示的时间规划获得设计的灵感。

2. 留白和弹性

在时间框架中，单人独处的部分不容忽视。现在信息量很大，我们每天帮助孩子和自己争取一段时间独处，不碰电子产品是很有必要的。在这个时间段中，做一些自己喜欢的事，培养一些自己的兴趣爱好都是很好的安排。

同时，要关注孩子每天的任务安排，最好不超过 6 ～ 8 项。让他们有更多时间完成自己的任务，并允许他们完不成任务，留出弹性的空间，在第二天和下一周进行优化和改进。这样也会带来更多乐趣。

要允许家人和你的时间节奏不一样。制定家庭时间表的目的之一是寻求家人的共同节奏。你需要找的是交集，而非单纯地处理他们和你的差异。

3. "拿承诺"

计划的过程也是"拿承诺"的过程。这会帮助每一个人对每一天有一个整体的规划，以更系统地了解自己的时间安排，做到心中有数。将家庭作息时间表张贴在大家都可以看到的地方，还能帮助每个人拥有独立的空间。

例如，孩子不停地打扰你时，你就可以请他看你的时间表，告诉他在家庭活动以及亲子时段你可以全心全意地陪伴他。一般只要不是紧急的事情，孩子都是比较愿意配合的，因为他知道自己在你的时间表里，他知道，那个时候你不是百分百属于他的。

当然，你需要在陪伴孩子的时候做到全心全意。

对于伴侣也是如此。我和我的先生了解彼此的时间表，每天我们既充满联结又保持独立。当彼此在一起时，不用手机回复社群的工作信息，也不接机构的电话。

所以在时间表里，一定要给你的家人留出位置。

运行与优化

1. 执行

拿到承诺，列好任务，留出空白，设置好弹性之后，你就需要好好地跟家人一起执行这张计划表了。在执行中，我依然会建议你邀请家人共同参与，一起负责。

在我们家，孩子会帮忙在时间表上画"正"字或者打钩。当然，在执行的过程中，我们的生活是在不断变化的，所以要及时调整。

举个例子：孩子的"妈妈课堂"本来最开始计划的时间是每天下午的3：00—4：00。运转了几天，我们发现他和爸爸打完游戏之后再来上课会疲倦，所以孩子就和我商量，将这两件事对换。这样他能在精力充沛的时候专心上课，而游戏也变成了他对自己的奖励。

计划是为人服务的，我们不能死守计划，要注意观察生活，并及时进行调整。

2. 复盘与优化

计划执行之后需要常常复盘，除了上面谈到的针对困惑及时调整，最好还能有一个周期性的家庭会议，让每个家庭成员都能对其进行总结和优化。要在大的框架下进行调整，看看在这一周中，哪里做得好，下一周需要增加什么新的内容，等等。这样可以提升我们完成每个任务的质量，更有助于家人之间情感的联结。

　　总结一下，制作家庭计划表的内容时，计划前，要带着系统观，心中有他人，做好事件记录和观察，创建邀请的氛围。计划时，要注意把大框架中的"小任务"放进时间区块中，注意留白和有弹性。执行后，留意优化和总结，定期进行讨论。

　　祝愿每个家庭都能在时间管理中收获完美的生活节奏，也期待每个家庭的孩子都可以通过这种简单的方法获得更好的自我管理能力，家长也能从中更好地了解家人的特点，与家人更好地相互支持，成就美满和谐的、不断成长的幸福家庭。

案例 1

一个易实现的周计划打卡表

　　上文提到了制作家庭时间计划表之前，你最好可以身体力行地体会时间计划带来的便利与好处，这样你才能更好地辅助孩子。因此，接下来，我将和读者分享一份针对个人的特别简单的周计划表。这份计划表包含两个部分的内容：日打卡与重要事项。我建议你先练习起来，这样更方便你的孩子看到时间管理对父母的好处，进而产生跟随的意愿，甚至寻找合适的方式也用起来。

　　下面，我对此进行简单的示范和说明（见图9-3）。

技巧1：提醒而非强迫

　　日打卡是督促自己日进一寸、养成习惯的方法，重在持续地提醒而非强迫自己必须完成。其内容可以是你希望每天重复的有价值的项目，如祈祷，也可以是你希望新增加的项目，如瑜伽。

打卡任务	3月16日	3月17日	3月18日	3月19日	3月20日	3月21日	3月22日
6：00起床	Y	Y	Y	Y	Y	09：00	07：00
祈祷	Y	Y	Y	Y	Y	Y	Y
静坐数108个呼吸	Y	Y	Y	Y		Y	Y
读书	Y	Y	Y			Y	Y
写大字	Y	Y	Y	Y	Y	Y	
瑜伽							Y

单项或临时任务计划	
音频15分钟	Y
读书	Y
社群精华设置	Y
讲师班作业发布	Y
公众号文章分类	
画一幅画	
答疑逐字稿分类	
锦时悦读备课	Y

图9-3　周计划执行情况

技巧2：必做和选做

建立日打卡的内容严禁贪多，每天最好在 6 ~ 8 项，区分为必做和选做。

这一周，我每天的必做任务是 6 点起床、祈祷、数 108 个呼吸、读书 1 小时、写大字这 5 项，瑜伽和逐字稿是选做项。

技巧3：最低门槛

需要设定每项任务的打卡门槛。我的打卡门槛很低：每项必做任务每周至少有一个对勾就算完成。

你可别小瞧这个最低门槛，它可以很好地保护你的"雄心壮志"，也因为量少而更容易推进，多的都是赚的。这会让你的心情很愉快。

技巧4：不完美

瑜伽，是我希望在静坐、散步之后逐渐养成的年度新习惯。要改变过去的生活习惯不太容易，所以，我先允许自己每周至少做 1 次。日打卡的记录，让我看到我对瑜伽的坚持还处在尽量拖延的阶段，也看到自己这两周因为有多场直播而减缓了逐字稿的工作。

我没有删除这两项，把它们持续放在表格上，是因为这是要踏出舒适区的事。每天看着表格空着，因为任务少，使我不至于焦虑，却又可以很充分地让我记得。

我相信，下一周在只有一篇干货文和一场直播的情况下，我就极有可能更好地练习起来了。其中有弹性，也有成就感。

所以，在日打卡表中，要记得留出不完美的空间和弹性。

技巧5：复盘与优化

复盘的目的是优化。

每天对日打卡进行复盘可以帮助你在第二天取得好成绩。每周进行复盘，可以对下一周的打卡进行优化和调整。

其余的任务这一周完成得都不错。除了每天至少读书1小时这项任务有两天因为连续5场直播并需要准备周五的干货文而没完成之外，基本全完成了。所以，下一周我需要把这一周落下的2小时补进去。提前在没有工作安排的日期上做个标记，就能更好地发挥提醒的功能。

同时，观察到自己对于瑜伽的不耐受，我计划在下一周将瑜伽和步行20分钟结合起来进行练习。

即将进入4月，我需要让自己进行更多的有意识的储备，优势天赋的抽签练习需要每日进行，纳入打卡表。

通过复盘并结合大的方向，下一周的计划就很容易出来了（见图9-4）。

复盘中也包括统计，你可以用另外的表格记录或者使用"aTime-

Logger"（一款用于全时间段时间记录的 App）跟进。

打卡任务	3月23日	3月24日	3月25日	3月26日	3月27日	3月28日	3月29日
6：00起床							
祈祷							
静坐数108个呼吸							
读书							
写大字							
快走20分钟							

单项或临时任务计划	
防自伤自杀热线课程收听	
新课程设计启动	
完成出版社公开课	
逐字稿修改	
新书稿5000字	

图9-4　周计划

在周计划表格中的第二部分，也就是"单项或临时任务计划"在第一列需要打卡的内容中，只需列出最多 6 件事。每件事的完成频率为至少一周 1 次。这样算下来，这张打卡表上最少要有 6 个对勾。

最"懒惰"的方法就是一天只完成第一列中的一件事，这样一周下来，就还有至少一天可以休息。

如果在工作生活的推进中遇到了突发事件，就往上添加，并适当地调换你已经写下来的计划。

我每周日都会用台历纸画一张出来，小小的比巴掌大一点，可以用小镇纸很好地压在桌面上，起到提醒和推进的作用。

每天检视，每天完成，一天天的小日子也就这样过得有滋有味、可咸可甜了。

如果你不喜欢自己动手画格子，我也为你制作了一张周计划打卡表（见图 9-5），打印了就可以用起来了。

日进一寸	周一	周二	周三	周四	周五	周六	周日
必修							
选修							

重要事项：

_____

_____

_____

图9-5　周计划打卡表

让日进一寸真正有效的秘诀在于复盘

如果你知道 10 000 小时定律，就应该知道重复练习对于成就的获得至关重要。

然而，如果只是重复，往往就意味着在不远的将来，你会遇到显而易见的发展瓶颈。

针对某项技能的训练，根据俄罗斯著名的时间管理达人、生物学家柳比歇夫长达 56 年的时间统计记录和科学家的实证研究显示，一个人每天有效的工作时间平均不超过 3.5 小时。

假如你很刻苦，精力很足，水平也很高，每天可以专注训练 4 小时，周六还继续工作，那么一周 6 天，每天 4 小时，10 000 小时意味着至少 417 周的持续训练，等于超过 8 年无病痛、无假期的坚持。

且不说这有多难。你还要问自己，8 年以后呢？你要复印机一般地生活下去吗？不需要变化和螺旋式上升吗？

平凡如你我，自律欠点儿，资源少点儿，天赋平淡一点儿，如何突围呢？

一个看起来特别有效的方法就是复盘。

经常爬山的人应该知道，走一段就要向后看看，每一次回头风景都是独特的，同时，会休息的人才走得了远路，才登得上高山。

复盘就是路途中的休息。

能保持活在当下这样的状态其实是非常不容易的。下文要和你分享的是一边活在当下一边向前一步的复盘方法，有对现状的看见也有对未来基于事实的展望。

复盘有很多方法，其中很简单的是快速思考，向自己提一两个简单的问题，自问自答。例如：明天再做这件事的时候，我怎样可以让它更好一点？怎样可以让自己更舒服一点？

如下四种我常用的结构化复盘的思路和方法是较正式的方式。

结构化复盘思路1

停止：哪些我不希望再发生？

继续：哪些维持原样即可？

优化：哪些再发生的时候我希望可以更好一点？

这个方法非常适用于针对当日清单进行复盘，如果配合时间记录，基本上你可以一目了然地对当日事件进行快速分类和复盘，以获得后续行动指南。

下面是我设计的日打卡表（见图 9-6），欢迎你和我一起练习。

日进一寸	周一	周二	周三	周四	周五	周六	周日
饮食							
睡眠							
身形							
息气							
心神							
关系							
技能							

重要事项：

_____

_____

_____

_____

_____

_____

图9-6 日打卡表（__月__日—__月__日）

结构化复盘思路2

事实：发生了什么？我看到的和对方看到的一样吗？

感受：我的感受是什么？对方呢？

想法：我在这个发生了的事实和情境中有什么想法？对方呢？

行动：下一步我将采取什么行动？我希望对方有什么变化和对方能够提供什么支持？

这个思路非常适合你在情绪事件里进行复盘，尤其在亲子关系、亲密关系、职场关系里，在遇到情绪挑战事件的时候，可以帮助你快速回到事实层面，作为自己的观察者复盘整个事情的经过，并由此获得解决问题的思路。

结构化复盘思路3

Plan（计划）：进行小范围测试。

Do（测试）：试着开始运营。

Check（检查）：时时复盘回顾。

Action（行动）：推进到更大范围的行动或者重复下去。

使用著名的戴明质量管理环（PDCA）帮助你进行测试性的工作，然后拓展到更大范围。这个思路对项目管理很有帮助。在与他人的协作点上，PDCA 可以很好地帮助你在交叉节点上找准关键点，单点突围。

结构化复盘思路4

Keep（保留）：做得好不用调整且可重复的。

Improve（改进）：做得不够好但希望再用起来的。

Start（开始）：可以新增加的部分。

Stop（停止）：做得不够好且不能再重复的。

KISS（上述四步复盘方法首字母合在一起）这个思路很适合已经发生的项目，在团队头脑风暴或者做会议总结时使用。

这 4 个复盘方法基本涵盖了大部分的生活、学习和工作场景的运用，可以单项进行，还可以交叉并行，就看你喜欢怎么用了。世界充满未知，你的未来也一样。那就从复盘开始养精蓄锐吧。

把孩子的事情还给孩子，让孩子学会时间管理

蓝图与身份

让孩子学会时间管理，井然有序地掌握自己的生活，是每位父母的愿望。

我们先看两个思考题：

（1）在养育层面，你对孩子有什么样的盼望和愿景？

（2）你的养育蓝图是什么样的？

首先，父母需要澄清自己对孩子的内在的期待。这往往决定你如何与孩子互动。假如你想培养一个精英人才，那么你就会让他分秒必争；假如你想培养一个健康快乐、自由从容的孩子，那么你就会让他拥有更多支配自己时间的权利。

其次，你要经常问自己："这是谁的事？"

亲子时间管理的主导人是家长，但实际运用的人又是孩子，所以要问自己"这是谁的事？"比如，做作业是孩子的事情还是家长的事情？如果你把做作业揽到自己身上，就一定会比较焦虑，因为你在帮别人做事情。孩子也会有被剥夺的感觉和不被尊重的感觉。家长需要清楚地知道，学生的主要任务就是学习，需要投入时间学习，并且学习如何运用时间。

如果每天由我们来主导：你该做作业了，你该做哪项作业，你该什么时间做完。那么孩子的主动性就会逐渐地被磨灭，慢慢地，他们的学习态度也会发生变化。你让他做事情，他都不愿意听你的。但实际上，在踏出第一步时，我们有可能就错了——将做作业这件事揽到自己身上。

这是亲子时间管理中的一个核心问题。要经常问自己：这是谁的事？

从家庭系统的角度看待亲子时间管理

你还需要看到孩子身处的家庭系统，而不仅仅是事件本身。比如，你觉得孩子吃饭慢，经过观察，你发现，爷爷奶奶在时，他吃饭就会慢一点；如果只是和妈妈在一起生活，他吃饭就会快一点。这时，亲子时间管理就不单纯是时间意识层面的训练，而变成了家庭关系的互动。关系质量反过来会影响你如何调用时间，以及如何安排你和孩子的互动时间。

你的心情、情绪、做事的节奏也会因为时间的限制而发生改变。比如：孩子不上幼儿园时，早上几点起、晚上几点睡都无所谓，可是上幼儿园之后，早上 8：00 前要到幼儿园，早上就比较容易鸡飞狗跳。如果到了晚上 9：00 他还不睡，你就会很担忧；如果孩子上了小学，到晚上 10：00 还不睡，你就又会担心他的身体健康。

也就是说，如果你可以很清晰地看到孩子的发展阶段和家庭的发展阶段，也许你的焦虑就会减少一些。因为你知道这就是一个常态，也许如果你先接受这样的一个现状，就不会要求自己或者孩子去做更多的事情。

怎么才能看到这个现状呢？时间记录法这个核心的工具可以用起来。对时间的"开销"进行记录和观察，可以帮助你意识到你的时间是怎么被"花"掉的。也许这样，你就会意识到孩子的时间应该如何规划。在你开始亲子时间管理之前，这样的记录是一个很重要的基础。

此外，还要考虑自己的生命发展阶段、职业的不同阶段，这都会影响到你对时间的使用。比如，以前我在谷歌上班时，每天晚上吃完饭会睡 15 分钟，但是现在作为一个自由职业者，我把 15 分钟的睡眠调到了中午，晚饭之后就可以跟孩子一起玩耍。所以，你要看到自己处在什么样的人生状态和阶段里，同时观察孩子处在什么样的状态和阶段里，这样你们的互动就会更加高效，结果也会更好。

从时间线的角度看亲子时间管理

很多家长会来问我：怎么让孩子早点睡觉、早上不磨蹭？怎么让孩子一放学就可以好好地做作业？我们要知道，每一件事情都不是单独存在的。当下的磨蹭，原因可能是头一天晚上没睡好，所以没有办法起床，或起床后动作缓慢。再比如，你的孩子总是在出门前慌慌张张，那很有可能是因为他头一天晚上入睡前没有把书包收拾好。所以，要想真正解决问题，你需要拉长时间线，整体来看。一定要有一个系统观，看前面发生了什么，后面又会发生什么。我们要往前推进 2～3 天，甚至是 2～3 个月。我把它叫作"时间线系统"。

怎么练习才能让孩子对时间线有感觉呢？你可以让孩子把他的事件罗列出来，然后放到一条时间线上。要让他意识到这些事件都是有关联的，是有前后关系的，是有逻辑的。而且要让他知道这是自己的选择，这样他才会有主动性和内驱力。

学龄前的儿童，尤其是 3 岁以前的孩子，只需要让他在一个"小习惯"里练习时间线，比如上厕所：先进卫生间；然后把小鸭子坐便器拿出来，坐在上面，排便；最后擦屁屁。

对于 3 岁到 6 岁的孩子，家长可以训练他排列几件事情。可以用积木代表事件：起床、穿衣服、吃饭、玩耍、读绘本、睡觉。这样，他就会知道有哪几件事情要做，让他自己决定做事情的顺序，用积木"摆火车"。这有什么好处呢？让他学会承担，就是他做主，他选择，他负责。

如果在 5 岁之后，孩子对时间有了一些感觉，那么可以在积木上再写上时长，如起床是 5 分钟，吃饭是 15 分钟，等等，再让他摆。

我的一个学员用的道具是孩子最爱喝的酸奶，用马克笔在上面写上事件。如果孩子计划了四件事情，用 1、2、3、4 排序，大孩子大概知道每件事情会用多长时间。妈妈反馈，孩子真的很有效率，没有被催促就完成了作业，并且很愉快地和妈妈互动。这是在她使用这个方法之前很难做到的事情。

当一个孩子知道每一件事情发生的顺序，也知道这些事情是可以由自己来安排和决定的时，孩子就会产生这样的感受：我有能力去安排我的事情。而且在限定时间内完成，孩子就会很自信。当他的资格感、能力感和值得感都产生时，就一定会有很强的主动性。并且因为有了这样的安排，他不再磨蹭，不再跟父母拉锯战，他就会真正地聚焦在事情层面，节约出来的时间就可以和爸爸妈妈一起玩了。

让孩子罗列事件，让他决定事件发生的顺序，并且把它们放在时间线里面。这就是时间线系统和时间线逻辑。它的一个非常简单、非常好用的练习方法就是做家务。

做家务是需要逻辑的。比如，洗衣服。他要先问每个人有没有衣服要洗，然后把衣服内外分来、深浅分开。对于学龄前儿童来说，这是一个非常棒的分类游戏。其次，他要学习使用电器，去操作洗衣机，要知道根据衣服的多少放洗衣液。最后，洗完以后他还要晾衣服。生活中的这些小技能，其实都是在做计算，在进行逻辑训练。这就是一个时间线的过程。如果他够不着，还得请人帮忙，这就是人际互动的训练。小小的家务可以锻炼孩子的数学、语言表达、人际关系各个方面的能力，孩子的身体动起来，心灵也就会得到发展。

我的儿子从一年级开始，就会做自己的寒假计划和暑假计划，而且这两个计划都被执行得很好。每学期他都有自己每天和每周的安排。他每天耳濡目染，每天做家务，生活化的时间线逻辑给他打下了很好的基础。

第 2 节　如何科学地安排家务，帮助孩子做真正的学习高手

很多人认为做家务不需要大脑，是比较低级的事情。我从谷歌的管理岗位辞职回家时，很多朋友打电话给我，其中一位甚至非常愤怒地质问我："你这么好的背景和经验，就为了回家埋在家务里成为黄脸婆啊？做饭、洗衣服、带娃娃不都是可以外包的吗？你对得起你的学历吗？你对得起那些需要你的人吗？"

这通电话让我印象极其深刻，因为她真的生气和着急了。在那之后，她便不再与我联系，我真的有些哭笑不得。

我相信有和她一样想法的朋友不在少数。几年过去了，这位朋友开始在朋友圈出没。她夸赞我把孩子养得很好，独立自主，自信阳光，生活学习都不用父母操心，尤其对我的孩子可以独立做出一桌饭菜印象深刻。她也对我现在的人生状态表达了由衷的赞美：我既照顾好了自己，也对得起那些需要我的人了，而且，我居然没有变成黄脸婆。

既然大家都很关心孩子的学习，那我就从家务对孩子学习的帮助这个角度进行分享，希望读完下面内容的读者可以和孩子一起把家务做起来。

下面，我先分享一下做家务和学习最重要的两种关系：角色感与驱动力，时间感与有效性。

角色感与驱动力

一个家之所以是家，源自爱的联结和发展。家务是维持一个家"正常运转"最基本的工作。尤其在有了孩子以后，围绕孩子的吃、喝、拉、撒、睡等的家务一定是绕不开的。从感受到被服务的那一刻开始，孩子就会感知到家人对他的爱。可以说，孩子的安全感的最初建立，全部和家务相关。

理解了这个部分，你还会说家务很低级吗？这可是最高级的爱的表现形式了。某天，爸爸用了两个小时拖地，他拖了 3 遍，加上我吸尘的 1 次，总共 4 次。孩子看到了爸爸妈妈这样工作，当我对他说"你可以在地上打滚儿了"时，他体会到的不仅仅是干净的地板，更多的是父母的爱。孩子从这些日常琐碎的家务中，感知到家人对他的照顾和爱。我常常见到一些孩子，一眼望去就大概知道他在家里是否得到了精心的照顾。在这里，我们可以问问自己的内心：

我们给孩子一个温暖的、充满关怀的家了吗？

照顾孩子是我们理所当然要做的事，这是父母的角色带来的自然而然的选择。这个角色会驱动我们尝试做更有益于孩子的工作。

角色带来责任，责任带来选择和实践的动力，配合以爱，行动之中就充满了关怀。对于孩子来说，其发展与此类似。要让孩子从小学习做力所能及的家务劳动，这是他作为家庭成员理应承担的责任。当他可以通过家务为家人服务，感受到家人因为自己的劳动获得由衷的满足时，那份自信和做更多尝试的动力就会增强。他会想：看，我只是做了一件小事，但这件小事可以让周围的人感受到幸福。其在精神层面和内在成长方面给到孩子的是不可估量的。

学龄前的孩子若能经常得到这样的锻炼，他就会知道有些事是自己要去做的，如刷牙、洗脸、洗澡、吃饭、睡觉、整理床铺等围绕自己的吃、喝、拉、撒、睡的事情。家长需要放手让孩子学习和探索。刚开始可能会一团糟，水满地，饭满头，但你要相信孩子的学习能力是很强的，不需要很长时间，他就会获得更多照顾自己的能力，而这份能力背后的自信，会帮助他在未来进入学习或遇到困难和挑战时，获得更多为自己负责的动力。

而多做家务的背后还饱含着对家人的照顾。根据家人的特点提供特定的服务，就是心中有他人。我的孩子会在下午准备下午茶，晚间烧洗脚水，这是他和爸爸妈妈互动的家务之一。每个周末，他会下厨给我们做早餐，这是他照顾辛苦一周的父母的方式。每天的帮厨、整理等都包含着他对家人的"看见"。

请孩子帮忙做家务，可以支持他发展出利他的心，这会帮助孩子在未来的人生中进入更好的关系，照顾自己的同时也学习支持他人。家庭中的专属个人家务和集体家务就可以锻炼孩子。

对学习来说，看见更多的可能性的能力其实就是解题的能力。为家人服务，超越个人利益，看见生活的多种可能性，训练的不仅仅是基础的生活技能，还有解题的大脑神经回路。

例如，在我的育儿生活"断舍离训练营"中，我要求学员和他们的孩子一起布置不一样的餐桌 30 天。这就是非常典型的大脑思维训练。针对习以为常用了几十年的餐厅，我们要在 30 天里每天创造出不一样。这项简单的家务可以增进亲子关系。

在生活中，这样的训练可以随时进行。例如，有哪些方法可以帮你把地拖得又快又干净呢？土豆有几种吃法？切土豆可以有几种方式？

家务中饱含着创造力，创造力带来活力，活力产生驱动力，从而进入良性循环。

疫情期间，有的家庭对网课适应不良，原因之一可能就是家长认为坐端正才是好好听课，目不转睛才代表好好学习。借着这次的话题，你可以想想，怎样可以帮助孩子更好地上网课？如果孩子长期都被动地接受服务，缺乏在生活中为自己打算和负责的家务训练，学习就会变得非常狭隘。多一些这样的日常训练，在变化来临时，孩子和我们就会有更多选择，既灵活也不容易走极端。人生的弹性和复原能力也都会大大增加。

家务可以分为心中有他人的家务和满足自己需要的家务。前者可以训练孩子感知、联结、服务、友善、沟通的能力，后者可以训练孩子明晰自己的需要、表达的能力。生活即教育。如果你不知道家务背后的功能，没有关系，去做就好了。

时间感与有效性

有学龄孩子的家庭往往会关注孩子的学习效率而忽略孩子在家务层面

的训练，家长往往认为：孩子有时间做家务，不如好好去学习；孩子的家务做得既慢又不好，还不如自己一下子干好了事！然后，孩子就可能真的在学习和其他事情上磨蹭，既慢又不省心了。

生活是由一件件的事务性工作组成的。一个孩子的日常除了学习，还必须有生活。家务按照时间性来分，可以分为时间紧迫性的家务和可以"自由规划"的家务。前者帮助孩子学习规则、服从、妥协、谈判，后者帮助孩子学习自律、规划、时间管理。

例如，马上要做午饭了，你的一句"小明，来帮妈妈削一下土豆"就会引发他的思考和你们之间的互动。做饭通常有时间紧迫性的特点，你和孩子都要考虑家务的内容和顺序，从而进行选择和安排。如果这和他的安排有冲突，那么他还要学习和大人进行商量与谈判。这个过程，就是很好的项目管理的训练。迁移到学习模式是差不多的。

一节"网课＋课后作业"的完成过程，和做一道菜一样，这对孩子来说是一个有时间限制的项目。随着孩子年龄的增长，这样的项目会越来越多。要帮助孩子在无压力的家务领域训练人脑，以此形成的思维习惯会更容易迁移到学习中。

如果你之前没有让孩子做过家务，尤其在孩子 7 岁之前，那就需要慢慢来。孩子已经习惯了衣来伸手、饭来张口的生活，改变起来就需要较长的时间。家长一定要有耐心，否则很容易引发亲子关系的紧张。

我要求我的孩子每天睡觉起来时，桌面是干干净净的。因此，他需要在睡前检查桌面，或者每次学习结束后对桌面进行整理。这个简单的要求，需要他规划和统筹自己的时间，并对一个任务形成闭环。

这样一些小小的项目被孩子一个个地解决和处理，项目思维也就建立起了模型。家长在这个过程中提供陪伴并及时反馈，看到孩子做得好的地方，讨论下一次可以优化的地方。

这个过程和日常学习环节中的复习是不是很像？

和父母有互动，带着"爱"相互陪伴着去做的家务是轻松的。大量的实证研究也证明，人在放松的状态下会学习得更深入且没有太多心理对抗。这样你或许也就明白了，为什么就学习讨论学习时，孩子往往经不住我们的说教了。因为在那个时候，我们都处在紧张的状态，非常容易产生对抗情绪，对学习是没有帮助的。

我经常在做饭时和孩子交流"学习"的方法，例如，吃火锅时我会说："将一大块冻豆腐放在火锅里煮，大家都不爱吃，你来帮妈妈切成小丁，我们将它炒在肉丁里，这样一口下去正好，还更容易入味儿，对吧？"孩子切时，我再来一句"神补刀"："平常妈妈写作或者你做作业时，分解成小的任务来完成，应该也会更容易吧？"

即便在后面没有"补刀式"的总结，孩子也会从日复一日的家务中学习到这样的思维模式。

由于孩子通常也不那么喜欢做家务，因此要在有限的时间里完成既定的家务劳动，就会促使他们思考：如何更高效地完成家务？这样，以后即使不那么喜欢学习，他也会找到方法。更何况，通过日复一日的训练，孩子是很容易在家务中找到乐趣的。这又会反向支持他找到学习的乐趣。

家务的好处不止上面提到的这两点。做家务不仅对孩子有益，对大人更有助益。由于篇幅有限，只和大家分享我觉得家务与学习最有关联的两个点，希望这两个点能推动你和孩子一起去做家务，并练习起来，让学习和生活双丰收。

第 3 节　孩子可以做哪些家务，如何让孩子做家务

孩子可以做哪些家务

针对上文"服务他人、服务自己"的"有时间限制和无时间限制"的家务分类，我们可以比较简单地划分家中与孩子有关的家务类型。按照年龄段进行区分比较容易进行，这样也能帮助孩子更好地理解家务。

1.0～3岁

让孩子自己扔尿布，叠被子，擦屁股，吃饭，照顾毛绒玩具睡觉，收拾玩具，帮大人扔垃圾，等等。

这个阶段，家务必须是一种游戏，可以用帮忙来引领，操作要点是要具体。例如，"帮忙扔掉你的小尿布""请把喝完奶的杯子放到桌子上""请顺便把妈妈的碗也送进厨房"。

在这个阶段，孩子特别需要家长的耐心、等待和示范。这个时候的孩子模仿能力特别强，你只要给他足够的时间认真观察，他就能模仿大体的流程和顺序。然后让孩子自己做。这个时候家长要管住嘴，注意规避危险。渐渐地，孩子就会爱上做家务。

我在厨房干活时，我会给孩子也准备一个料理桌。最先给他的是玩具厨房工具，他跟着我玩得不亦乐乎。两岁以后，我给他真刀真菜，用的是

双立人的刀，他没切过自己的手。那个时候，家里的各种"酱"就是他做的。当然，不能留孩子一个人在厨房。

2.3～6岁

给孩子安排一些能独立完成的工作。例如，擦桌子，分碗筷，舀饭，拖地，摘菜，洗袜子，洗内裤，等等。

这个阶段的孩子，自我意识萌芽，通常比较执拗，喜欢一个人完成自己手里的工作，所以我们可以给他们提供能独立操作又没有什么危险的工作。

同时，由于他们的"小大人"状态，我们需要保持更多的耐心和等待，支持他们独立做完一项家务，并给予鼓励。家长也别忘记帮助孩子复盘：如果再来一次，怎样可以做得更好？

我的孩子在这个阶段会洗自己的小物件儿，虽然拧不干，且需要很多水，但他真的很愿意为自己的事情负责。这些学龄前的训练，对他从幼儿园进入小学的顺利过渡起到了很大的支持作用。

3.6～9岁

这个阶段，对应孩子 3 年级前的发展阶段，他们的独立性更强了。家长可以让孩子做难度更大的家务。例如，淘米煮饭，打扫整个房间，做一个菜，照顾宠物，等等。

这时，父母就要退得更远一点，不能当监工了。我一般吩咐完后，会问他有没有不明白的地方，是否需要帮助，之后就会放手让他自己去做了。等孩子告诉我"做完了"时，我再仔细查看。找到他做得好的地方实事求是地反馈给他，对于可以有第二种、第三种方法完成的部分我也会告诉孩子。

同时，家人之间也要分配好职责、制定好规则。让孩子自然地想到"这个时候，我要做这个家务"。当然，处于这个年龄段的孩子，很多时候，如果父母不提醒他，他就会忘记。家长可以使用"打卡表"帮助孩子。

4. 9岁以上

这个阶段，是孩子对家务逐渐熟悉和掌握的阶段。

如果你之前没有训练过孩子做家务的能力，那这个阶段是很重要的补救阶段。从陪伴到独立完成，家长要让孩子学习服务他人，照顾自己，这样他才能在将来独立的时候，更好地和父母分离，好好地经营自己的生活。

我的孩子刚满9岁，已经很有想法了。有时，他会拒绝做家务，我也会允许他偶尔偷偷懒，毕竟我也不是天天都想做饭的。但我会坚持让他每天照顾自己的生活起居，为家庭做一些贡献。

这个部分，家长要温柔且坚定地坚持。

如何让孩子参与家务

接下来说说如何更好地让孩子参与家务。我推荐3个技巧：闲聊、示范和单点突破。

对于低年龄段的孩子，参考上文的分享进行操作就可以。这部分内容主要针对孩子没有做家务习惯的家庭。

首先，要舍得用孩子，不要所有的事情都大人扛。孩子作为家庭的一员，有义务也有责任做家务，这是可以明确表达的部分。

其次，要在孩子没有情绪的时候和他闲聊，逐渐吹风，不断邀请，从小事做起，每天一点点单点突破。不要奢望之前没做过家务的孩子一下子变成家务小能手，这都需要时间，家长保持耐心很重要。

　　要求他们收拾自己的房间，帮厨，打扫卫生。刚开始的时候，家长亲身示范、和孩子一起做是很必要的步骤。家长不要只丢给孩子一句话了事，那样容易让孩子认为家务就是惩罚。

　　总之，和孩子一起劳动吧，在家务中体会家人之间的互相照顾和关怀，在家务中学习承担、沟通。这些经验一定会好好地支持我们的孩子在轻松的氛围中，为自己的学习承担责任并获得充满创造力的大脑回路、基础能力和自信。而这，恰好是学习高手的"必杀技"。

第 4 节　三个孩子做家务的案例

案例 2

用"时间线"帮助一年级的儿童做时间管理

　　孩子清晨 6 : 50 起床, 7 : 00 吃早餐, 7 : 10 开始看一集英文的动画片，然后 7 : 20 背起书包，蹬上球鞋出门。

　　等我们到了校门口，我摸摸他的头说："祝你今天在学校玩得愉快！"然后，我俯下身亲亲他的小脸蛋。他也开心地在我的脸上亲了几下。

　　他走进学生通道，和保安挥手说"早上好"，走到校门口，和德育老师说"早上好"，便走进了校门。我绕到围墙的另一侧，那里还能继续看到他。果然，他向迎接学生的大哥哥、大姐姐和老师一路问好，走起路来精神抖擞，挥起手来开阖有致。隔着盛开的木槿花，我看着他消失在一楼的走廊里，之后转身离开。

加上学前培训，孩子的小学生活已经进行了一周了。

我们为他选择的是离家10分钟步行距离的公立小学。学前培训时，恰好也有家长培训。先生休息间隙偷偷去看他，站在窗外十几分钟。孩子全身笔直地一直坐在第一排。那是上午11：00，孩子8：00左右开始学习，3个多小时过去了，依然很精神。先生观察到他周围所有的孩子都已经开始东倒西歪了，只有他保持着端正的坐姿。听先生这么说时，我一阵猛烈的心疼涌上心头。先生也非常心疼孩子，可也为他感到骄傲。

正式开始文化课的学习之后，孩子放学回家告诉我们，他这一整天都没有办法进行户外活动，我们又心疼了。

可是，孩子的表现却让我们有意识地收起了心疼。

每一天，他都自己背书包，自己整理衣物，扫地，收餐。

每一天，他都先完成作业，之后才会下楼找小伙伴们玩耍。

每一天，他都严格按照自己制定的时间表上床睡觉。而让我们欢欣鼓舞的是，入学之后，他入睡时再也不需要我们的陪伴了。

每天放学之后，他都会告诉我他上学很开心，会告诉我又结交了新朋友。出了校门，遇到熟悉的同学或者校友，他都会大方地上前打招呼："嘿，我认识你，但是叫不出你的名字。"

他现在也不再那么需要上学及放学时的亲亲、抱抱了，只是会偶尔在睡前和起床时，借着蒙眬的意识撒个娇。以至于某天晚上先生感叹道："放学做完作业就玩去了，吃完晚饭也玩去了，回来刚说上三句话又睡觉了。唉，以后要我陪的时间太少了。"

　　是啊，孩子一眨眼就开始小学生活了。我们再不舍，也得跟上他的脚步。

　　他已经大了，好多事情都自己做，比如进入小学生活的过程，在我们的引导下，他自己做了大部分的工作。上文所描绘的从容舒适和他快速融入的状态，我们觉得也得益于他自己制订计划并完成的训练。

　　"我做主，我选择，我负责"一直贯穿在我们对他的养育过程里。下面我想和大家分享其中的一个小游戏：用时间线帮助儿童做时间管理。这一周的实践也证明，其确实帮了我们大忙。

　　时间需要退回到 7 月初，从我们接到学校的录取通知书开始。通知书上面说要有两天学前培训，时间是上午 8：30 到下午 3：30。儿子从未那么早上过学，幼儿园都是 9：00，所以我就开始慢慢调整他的作息，慢慢地把时间往前挪，让他的身心有一个适应过程。

　　8 月我们去了一趟法国，作息乱了。回到北京，我被时差困扰，还好，孩子适应得很快。没过两天，就该去做学前培训了。

　　培训前，我对他说："这是你小学生活的预演，你需要看看自己的时间安排，明确怎么做能让你比较愉快。你心里有感觉之后，妈妈就和你一起做计划。"

　　培训了两天，我们大概心里就有数了。然后找了个晚上，我们一起坐下来玩游戏。

　　我找了一张白纸，对孩子说："现在，你要开始一天的生活了，来完成这一天的安排吧！"

　　我先画了一个太阳。他立即说："晒屁股咯！该起床了！"于是我们画了一个起床的简笔画。

　　我拉了一条线，像玩电子游戏那样，往前拉出一个阶梯（见图9-7），说"开到学校啦！"

　　儿子便说："该上学啦！"

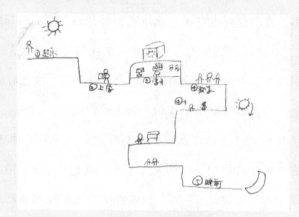

图9-7　阶梯路线

　　就这样，我们分出了孩子一天的5个重要阶段：起床，上学，学习，放学，睡觉。然后，我们一起裁了一些方块纸（他喜欢做手工，这个环节他很喜欢）。由爸爸执笔，孩子思考每个阶段要做哪些细微的事才能顺利"通关"（他喜欢竞技类游戏，通关是他喜欢的方式）。

　　然后我们请他把每一件事情按照时间顺序排序，他和爸爸一起给每件事编了号。

　　接着，我给他一卷双面胶，让他按照编号顺序贴了出来。我在下面画上格子，告诉他，从上学开始，我们就完成一项打一个对勾，看看能不能顺利通关。

　　于是，清单式的行事日历（见图9-8）就被安排出来了。

图9-8　行事日历

就这样，孩子上学期间的行事日历就粗糙地制作好了。他很欢喜，开学头一天就很准时地上床睡觉了，并总结出其实衣服可以晚上就整理好，他也因为这个重大发现和调整，获得了早上看一集英文动画片的富余时间。而这个安排，也让他的起床、洗漱、吃饭变得更加利索，也实现了我希望的"英语磨耳朵"的安排。

以上安排，实际上是时间管理的概念结合家庭治疗中"时间线"这个小工具在生活中的应用。

这个游戏可以实现一家人的整体互动（全员参与），包括画画、手工、画线、时间逻辑线思考（这是数学的应用），将自己的生活进行大的模块化调整。通关的设计对于增强孩子学习的自律性有很大的帮助，检查和修改可以帮助孩子看到学习生活中的弹性，既有原则也有灵活的变通。类似起床、睡觉、作业、运动、英语这样的元素都被放进了设计里。

这个游戏可以帮助家里的每一个人产生共同的认识，对每一天产生一个美好的预期。这也会给孩子带来笃定的安全感和变通的空间。

我们一直没有给他积分或者家务换现金之类的奖励，因为照顾好自己的生活是一个家庭成员的分内事，我们也不希望把他的内在动力进行物化。游戏很好地帮助了我们，让我们既可以快乐地沟通，也能够顺畅地执行。

案例 3

今日事要"今日毕"吗

对于儿童来说，时间是混沌的，事件是碎片化的，仿佛一块一块的积木。他们需要自己搭建时间系统，形成自己对时间的感觉。

下面的拆解，是一个和儿童时间管理有关的主题，也是亲子关系中有关弹性的主题。

先来看以下对话的故事背景：

孩子拿回家的作业有口算，前两次我们没有检查，这天一看居然都没做。下午，我把他叫到面前，让他站好。

我：前面的做了吗？

孩子：（振振有词）做了啊！

我：（口气正常，声音温柔）在哪儿呢？

孩子：（气焰一消）口算吗，我在心里心算的。

我：（脸色一凛）你算给我看看！

孩子手一背，宛如道士做法一般，开始用心算法口算。

我：（站起来看看他）我还是得给你打印出来。

他松了一口气，我也没揭穿他。好不容易打印好了，我看看美丽的夕阳,跟他说可以先玩儿,回来再做。

他不干,一口气做了两张。第三张是在睡前我给他放洗澡水时他做的。

接下来是我和孩子之间的对话。

我:今天做了什么?

【点评】临睡前我们会聊天,这是很好的构建亲子关系的机会。无论当天发生了多大的事,我都希望孩子能够在爱里入睡。同时,儿童临睡前的脑电波波长会发生改变,这个时候植入的信息会进入孩子的潜意识。所以,我常常会表达对他的赞赏与鼓励,也会邀请他回顾一天中他做得好的地方。这是我们的日常,已经形成了习惯。

当时,我们拿着当日清单进行回顾,这是一个好方法。他还不喜欢写很多字,所以一般都是他和我讨论,他口述,我代笔。

清单在手,很好地可视化了他的目标,清晰又明了。

清单由孩子做主排序,包含他自己的、学校的和我的要求。每天,我一般会有 1～3 条要求。这一天,我的要求是检查作业本,因为我看到家长群里有人在问抄作业的情况,我才发现自己根本没有看到过,所以在当天早上我向他提出了这个要求。

同时,对于低年级的孩子,清单中事件的数量以半小时完成 1 个为宜。孩子 4 点放学,4:30—8:30,孩子有 4 个小时的空闲,最多做 8 件事,这可以让他有比较好的时间区块意识。同时,他自己决定这 8 件事如何排序,如何完成(当天有 9 件事,因为检查作业很快,只需要 1 分钟)。

关于支持孩子制作清单，这是一门学问，需要多练习。既要保持弹性，更要尊重孩子的意愿，区分孩子的、学校的、家长的要求，融合在一起。这更是一个在每一天的日常中支持孩子为自己负责的方法，他可以做主，可以选择，从而可以负责。

小小清单学问大。对于低龄幼儿，你可以使用积木将这个过程可视化。对于低年级孩子，你可以代笔，也可以使用"N次贴"将每日的固定事项写下来，请孩子排序。

这就给了孩子观察自己的机会，他会知道什么时候做什么事，有什么事是固定的、有规律发生的。这可以很好地培养孩子的时间感。而感觉是我认为做一件事时很重要的、无可替代的部分，如美感、责任感、时间感、直觉等。同时，每半小时的区隔也很符合低龄儿童的特点，动静结合，张弛有度，符合他们学习和身体发展的规律。

希望你可以从上面的分享中，得到一些和孩子一起制作事件清单的启发。

我：今天感觉怎么样？

【点评】当天发生的事情其实不那么美好，因为他撒谎，然后被我不留痕迹地拆穿了，这搁谁身上都不是一件愉快的事。所以，我用了中立的"感觉怎么样"提问，而不是往常的"今天感觉最好的是什么"。这给了他机会去看自己的所谓的"问题"，不用取悦母亲。

问题不是问题，怎么看待它才形成了问题。在我眼里，孩子不喜欢做口算，想了个办法不让妈妈知道，还要承受比较大的心理压力去面对老师，我觉得这真的是"胆儿肥"。但我也觉得，这真的非常正常，我甚至觉得，他其实很有主见，懂得自己的心意：不勉强，还想到了办法，虽然这个办法我也不能接受。

我因这份理解没有对他进行道德和人格上的评价。因为我知道，对于 7 岁多的孩子来说，他认识这个世界的主要方式还是游戏，而我的孩子因为幼儿阶段保护得比较好，还是一个孩子，真正的孩子。所以，在这种情况下，我是轻巧带过的。

孩子：就差听故事了，我还想听故事。

【点评】任何孩子都需要给他们留面子，我的孩子也不例外。很明显，要么没有做口算这件事对他来说不重要，要么他觉得自己已经补上了就不是事儿了。他显得避重就轻，专注在事情的完成度上，聚焦在心里的愿望了。

我很开心他有聚焦现实的能力，也能自主地表达出自己的愿望，这是个好机会：我们要灵活，但也要遵守原则。

我：可是现在已经 8：45 了。

【点评】我没有直接拒绝他，而是提供一个现实，这个现实会让他想起时间有限，距离 9：00 上床时间不多了。我给了他一个空间，他可以进行选择。

什么是温和而坚定呢？保持界限和原则的同时，给予对方足够的空间。什么是高情商呢？给双方都留有余地和面子，不把事情做绝了。我希望我的孩子从这件事里可以学习到会滋养他一生的东西。

　　孩子：那写进明天。

　　【点评】果然，他做了快速又清晰的选择。

　　我：今天为什么没办法听故事了？

　　【点评】我心里记挂的事可不是讲故事，而是他偷懒没有做口算还要小聪明的事情。为了给他留面子，我得循循善诱，让他自己回到这个主题上来。同时，听妈妈讲故事是他的美好时光，今天没有了，他该心疼的。对无法实现的愿望进行复盘，也是很好的功课。

　　开放式的问题可以引发孩子思考。帮助他回看"过去"，从中找到自己的答案。

　　孩子用笔把作业 3 圈了几下。

　　孩子：都是因为多做了这个。

　　我：嗯，这是你在补课，需要完成的。

　　孩子：明天继续口算。

　　【点评】作业 3 是第 3 张口算，他一口气做了两张去玩了，第 3 张本来准备第二天完成的，他居然在我放洗澡水的时候做了，而且全对。

　　我在他这么做的时候，很好地回应了他，谢谢他今日重要的事"今日毕"，为自己的选择负了责任。

　　一个小细节是：老师要求的是每天做 5 分钟口算，我给他找的题目是每天 100 道，比日常多了 40 道。我不知道其中的差别，他默默地做完了 300 道。第二天我再给他时，因为已经不是补课了，他就提出了这个差别。我才知道，原来他把 120 道作为对自己的"惩罚"。这也让我知道，他其实是知道撒谎这件事的轻重的。

因此，响鼓不用重锤敲，我没有说教，也没有表扬，只是很平淡地回应他"这是你在补课，是需要完成的"，这是一个事实的反馈，没有进行褒贬评价。这样说，他不会有太大的压力，同时他会明白，妈妈通过中立的态度表达了不鼓励他再撒谎和补课。

同时，我想他既然找到了原因，还自己提出了第二天要增加练习的解决方案，那我就应该见好就收，接着放松心情准备睡觉了。

我一边给他倒水喝，一边跟他说我小时候学他外公签名的事，他很开心。

【点评】孩子会犯错，这是我无能为力的地方，但我可以选择合适的回应方式，帮助他在这个过程中能有所获。这是我的权利，也是我的责任。这让我们的亲子关系在这一刻得到了很好的滋养。

讲故事是另外一门需要日日练习的技能。一个很讨巧的方法，就是讲我们自己的故事，在孩子犯错时，讲我们自己的"糗"故事；在孩子进步时，讲我们努力的故事。

回顾自己小时候所犯的错误和努力的过程会让我时常记得他还只是个孩子。他的成长和我一样，需要很多时间，需要经历很多事情。

我也常常和先生沟通：他才 7 岁半，而我们已经"在吃 41 岁的饭"了，平常对他的要求不要那么高。更何况，我们经过 40 多年，才勉强成为还不错的人。如果用我们现在的标准要求他，这得多不公平，孩子该有多大的压力啊。

去做足够好的父母，不要求我们事事完美，做一次就学好、搞定。这会常常提醒我们，要放松，做孩子的陪伴者而不是鞭子。

我们接着聊孩子做的日计划，孩子说完让我给写下来。

【点评】处理好了情绪，需要把该做的事落实到下一步的计划上。纸条的书写帮助我们将目标可视化，同时，这个把孩子的意愿用纸条写下来的过程，也能让他感受到这是他的承诺。

他对于自己要求写下来的事，几乎每天都能完成；对于妈妈要求的，那就不一定了。不过，我当然是会酌情允许的。

值得一提的是，清单上的涂色和 8 : 30 上床后听故事这两件事这天没有完成，他知道今日事今日毕，拿起笔打了两个叉，把涂色换成了第二天的下五子棋，听故事的部分，他决定继续。

这就是复盘和优化工作的实践。这个过程能让孩子体会弹性，他自己会找到解决的办法。孩子就是在生活中这样一点一滴进行学习的！

今日事没有今日毕，这是个"问题"，可是问题也带来了"益处"，带来了机会。

母子俩愉快地在晚上 9 : 00 前结束了一天的日常工作。

【点评】每晚睡前，我们都要完成固定的仪式——亲亲、抱抱，说晚安。我常常会对他说"妈妈相信你会成长为顶天立地的男子汉的"，或者"妈妈相信你是一个幸福快乐的小孩儿",或者"你是爸爸妈妈的心肝宝贝,祝你做个好梦",等等。

可是,他迷迷糊糊的时候真的好可爱,更何况,脑科学家说,睡前是信念植入的好时机。

针对上文,来一个小总结:

(1)不以成年人的标准要求孩子,懂得见好就收,给双方都留下余地,生成亲子关系中的弹性空间。

(2)使用清单可视化孩子的、学校的、家长的要求,获得孩子的承诺,让孩子自己排序,并当日复盘。

(3)使用开放式的提问方法,激发孩子自主思考,提升孩子解决问题的能力,为其赋能。

案例 4

可乐鸡翅的妙用

我买鸡翅并下载食谱,爸爸陪伴指导,孩子按照步骤慢慢地做出了他人生中的第一盘可乐鸡翅。

1. 关于孩子内驱力的保护

从幼儿园开始,孩子每天都需要做家务,大大小小的家务,他干得还算开心。擦桌子,扫地,整理自己的内务,洗碗,这样的普通活儿他都要做,但我们没有让他天天做,而是提供一个清单,请他自己每天至少选一种做。

小男孩都贪玩,我们于是借力打力,用游戏的方式帮助他。例如,请他一起设计清单。我们通过贴纸、打对勾、盖老师专用表扬章等方式帮助他确认任务。看上去，他比较喜欢这种方式。

这就确保了框架中内容的灵活性，也保护了他的动力。他知道，有些规则是自己要遵守的，但自己在规则里是自由的，是可以有选择的。在这个过程中，选择力逐渐获得锻炼。

这个框架，我也叫它"边界"，来自一个家庭的养育蓝图。在我们家，"我做主，我选择，我负责"是家训。具体化下来只有一条：每个人都要做家务。

当然，他也反抗过，例如他会问："别的孩子不做，我为什么要做？"我回答："因为你在我们家啊，我们家就是每个人都要劳动的，谢谢你为家里做贡献。"

再比如，他还会问："我同学做家务每天都有钱的，我为什么没有？"我回答："妈妈每天给你做饭，你给妈妈钱了吗？"

他也会说："我不想收拾！"我回答："你的桌子在客厅，过来，你退远一点儿看看，它和周围的环境相比合适吗？"

如果他实在不愿意干，那么我会让步。我把他的不愿意看作提升沟通技巧的好机会。这会让我们斗智斗勇的能力不停地提升，越来越高级。

这道可乐鸡翅是怎么来的呢？

某天早晨，我们说自己喜欢的事。这是一个好话题，可以帮助我不断地了解家人的喜好，然后大家就能很好地一起营造出快乐的家庭氛围。对于孩子来说，兴趣是内驱力的源头，是很珍贵的！我当然要牢牢地抓住，好好使用这个他成长中的重要的内在资源。

孩子说他最喜欢的就是吃，尤其是鸡翅。于是我就顺水推舟："那你要不要晚上回家以后自己做一道可乐鸡翅呢？"

他兴趣盎然，立即询问我应该怎么做。于是，时间管理的训练就见缝插针地启动了。

2.关于孩子时间管理能力的培养

我问他是不是确定晚上要做可乐鸡翅？确定之后，我告诉他这道菜前后大概需要40分钟，这就意味着他需要自己计划放学后的时间。

孩子已经二年级了，经过长期的时间管理的训练，他已经对时间有了感觉。在上学的路上，他很快就告诉我：回到家以后先完成作业，再去踢足球。爸爸6∶30左右到家，如果他想和爸爸一起做这道菜，那就6∶30左右开始，7∶00多吃饭，然后睡前还能和爸爸妈妈再玩一会儿。

先生很乐意陪他，并表示会早一点儿回家。我也很支持他，白天会去买好鸡翅、可乐等他回来做饭。

孩子带着美好的期待上学去了。

这是一个时间颗粒的安排。我常常和孩子确认，在一个整体的时间板块里，他可以做点什么达到自己的愿望。每天放学到睡前，他有4个小时拿来安排，我把这个安排的权利完全交给了他，但有一个基本条件：完成作为学生应该完成的工作。他可以自己安排时间，但睡前必须完成所有任务。

需要注意的是：不能每个颗粒都是家长的要求，需要有孩子自己的愿望，让孩子自由地排列任务。例如，在上面的复盘里，时间颗粒及其安排顺序为做作业，踢足球，做饭，这也是孩子自己的选择。

在几年的训练下，他虽然十分贪玩儿，但大多数时候，他已经能够先做作为学生他必须完成的重要的事情了。

3.关于项目管理思维的训练

我在他下午放学回家之后和他拆解了做饭的时间颗粒：查找食谱，学习食谱，预估时间，复习步骤，等待父亲，烹制，准备盘子，等等。

这其实是项目管理的思维，需要对时间逐渐敏感。这个过程还附带了让他阅读食谱的语文训练的功能，他也真的看得津津有味，并很乐意在后面这一个月里下厨。

这样的沟通调动了孩子统管全局的视角。他会知道完成一件事需要有步骤，同时，这是不同于日常家务的一个大活儿，需要好好安排前面的工作。

放学时，他果然很开心地告诉我，作业已经基本做完了，只需要再做5分钟的口算。他预估了爸爸回家的时间，倒推了什么时候结束踢足球，自己设了个手表闹钟，承诺按时回家。

既紧张又放松的节奏就这样定下来了。

做饭时，我退出了厨房，把空间和互动留给了先生和孩子。我只需要偶尔在门边拍照。先生很开心，因为没有人在旁边唠叨了。我也乐得轻松自在。家庭沟通的良好氛围，也围绕着这道可乐鸡翅得以成功营造。

鸡翅做得有点糊，但作为父母，我们给了他毫不吝啬的赞美。我们看着他按照一个个步骤进行，还会指使我们帮他的忙，觉得他好棒！

吃完了，还得复盘一下，帮助他内化这个过程中的学习。

孩子先给自己做的鸡翅打了100分。接着说："还是有点儿太甜，下次加半罐子可乐就行，不用的半罐拿来自己喝。"

第二天，他请妈妈又去准备可乐和鸡翅，想再做一次。结果，他做得更好了，我们都为他感到骄傲。

在这个过程中，孩子获得了自信——我想做一件事，经过我的努力，我做到了；我想做得更好，经过我的努力，我又做到了。

4. 儿童时间管理的核心是孩子选择力的培养

很多人关心儿童时间管理这个话题，都以为时间管理是核心。然而，我要说的是，真正需要训练的是孩子的选择力。

要做什么？在哪里进行？什么时候？怎么做？需要谁的帮助？需要做什么准备？每个步骤怎么安排？这些问题都需要我们帮助和支持孩子选择。

如果养育者忍不住帮孩子做了选择，那么不仅会破坏孩子的选择力，更严重的是，孩子宝贵的内驱力也会被破坏，跟随而来的是孩子的自信、自尊的瓦解。对一个根基不够稳定、缺乏自信的孩子来说，再接着要求他提升能力，就会带来焦躁、冲突和挫败。

在日常的生活小事中支持孩子玩耍，让他们做一些他们喜欢的事吧。让他们在自己喜欢的事情中建立自信，这可以帮助他们在未来的人生中获得持续的发展。

那么，就从今天开始，仔细观察和体会可爱的孩子真心想做的事情有哪些吧！愿我们的孩子都能在清晰的家庭养育蓝图的边界和原则内，获得自由选择的能力和发自内心地期待学习的内驱力。

第 10 章

关系大于一切

育儿是被喻为需要"举全村之力"来做的一件事。在前一章中，我们也初步探索了从自我、他人、情境入手观察育儿的主体（父母）所处的系统。我们可以看到，联结所有要素的那条线就是关系。

俗话说"家和万事兴"，"家和"对于中国人来说非常重要，其内涵我就不在这里阐述了，相信读者都了解其重要性。我想，对如今的我们来说，重要的是如何实现"家和"这个部分。本书的前9章都着眼于亲子关系，本章将着重从亲密关系与隔代养育这两个方面进行分享。

"连结始于关注，亲密源于看见"，这是我设计和带领的聚焦于亲密关系的"回家工作坊"中的核心知识点。我期望我的学员可以了解关系的重要性，并尝试通过友善的关注和用心的"看见"进一步构建亲密关系，练习提升幸福的能力，以使生活更幸福。

两个人的关系如果要长久友善地发展下去，那么首先需要互相尊重。那种"宛如初见"的尊重可以帮助我们在关系中保持一定的距离，借此看到对方身上更多的优点。保持边界感能使彼此相处融洽。

而这种边界感带来的融洽需要一个人内在的自洽，也就是说，如果一个人的内心对自己不够肯定，要求过高，那么其很难与这个世界和他人之间形成融洽的关系。我还想强调一点，"融洽"从"自洽"开始，我们要照顾好自己，打理好"自己和自己"的关系，让自己成为育儿路上的助力而非绊脚石。

接下来，我将站在一个家庭治疗师的角度，和大家分享亲密关系中的常见问题。我想，不幸的家庭都是相似的，大多会遇到类似的几大问题，而幸福的家庭都有自己运行的规则，各不相同。

第 1 节　把婚姻生活越过越糟糕的 6 大模式

2020 年劳动节之后，有关婚姻生活的咨询量一下就增加起来了。民政局的数据也表明，隔离后开放的公务中，离婚率是疫情前的 2 ～ 3 倍！这是一个不容忽视的社会现象。被隔离的家庭，为什么面临着这么大的变化呢？为什么朝夕相处反而让离婚率上升了呢？是什么让婚姻生活越过越糟糕呢？

关于生活中的难题，大部分人思考的方向是如何把日子越过越好。今天我们试试反其道而行之，看看我们如何把婚姻中的小日子越过越糟糕。

"锦时悦读"社群中曾有同学向我提问："老师，放松是什么样的感觉啊？如何让自己放松呢？"我的答复是："放松的对立面是紧张。试试攥紧拳头，使劲握住，体会什么是紧张；当你握不住了，松开你的手，放松就来了。"

这个思维方式来自系统家庭治疗中的悖论干预。简单的理解就是，朝你不想要的方向进行干预和努力。我之前举过一些关于悖论干预的例子。

例如，孩子不想睡觉，想晚睡。行，那今天你就晚睡。睡前一直玩各种游戏和背唐诗，看看会发生什么。

失眠十几年，行，今天我们来熬个通宵。如果不小心睡着了，记得先定一个凌晨 3：00 的闹钟，好把自己叫起来。

想分手，行，3 个月后分手。这 3 个月来试试看，怎么做可以在 3 个月后和平地分手（悖论干预是专业的家庭治疗技术，适合比较资深的家庭治疗师依据具体情境来采用。读者如想尝试，请务必在资深的家庭治疗师的指导下进行）。

除了悖论干预，你还可以使用斯多葛哲学主义的心理技巧——"消极想象"，帮助自己进行探索。

什么是消极想象呢？就是花时间想象我们已经失去了自己所珍视的东西，去思考能发生的最坏结果是什么，如何做可以加快最坏结果的发生。这样的反差，反而会让人们找到走向好方向的路子。

无论是斯多葛哲学主义，还是悖论干预，都在我的家庭和婚姻咨询中帮了不少忙。在接受亲密关系咨询时，我更关注关系中的冲突。婚姻的成败并不在于是否存在冲突，而在于当冲突出现时夫妻双方如何面对和回应冲突。

下面，我们来看把婚姻生活越过越糟糕的 6 大常见模式，包含被誉为婚姻教皇的戈特曼所提出的四骑士模式、情感解离以及消极升级。

戈特曼工作室发现，在所有长期对对方不满并最终离异的夫妻中，有一些相同的特征，即一些特定的消极行为，被其称为"启示录四骑士"（Gottman, 1994）。虽然在所有婚姻冲突中，消极部分是难以避免的，但"四骑士"是一组具有预测性的特征，它们可以预示关系的恶化。

这"四骑士"分别是：批评指责（criticism）、轻蔑鄙视（contempt）、防卫（defensiveness）和筑墙回避（stonewalling）。

模式1：批评指责（Criticism）

"四骑士"之首的批评指责在不良婚姻关系中非常常见，任何夫妻都会在争吵中流露出或多或少的抱怨，但是批评指责比一般的抱怨更严重，对亲密关系的伤害更直接。批评指责包含对性格特征的攻击。

例如，"你昨晚怎么那么晚回家？你为什么这么懒，为什么记不住孩子需要你陪伴，记不住你是个爸爸？"

相比之下，抱怨往往只是针对某个情境，如你昨晚那么晚回家让我很生气。但包含对个人特征的批评指责会使消极影响升级，久而久之便会损伤关系本身。

除了对性格特征的攻击，批评指责还表现为抱怨的扩大化。

例如，"你总是那么晚回家，你从来都不记得早点回来，在你的心里还有这个家吗？我们对你来说完全没有你的那些狐朋狗友重要！"

典型的语言包括"你总是""你从不"，或表现为在一长串清单式的抱怨中夹杂着许多"总是""从不"的字眼。

模式2：轻蔑鄙视（contempt）

轻蔑鄙视是"四骑士"中的第二个，也是最具伤害性的一个。轻蔑鄙视比批评指责更具毁灭性，因为它表达的是夫妻之间的厌恶和不尊重。

污蔑性的话语，一般会包含讽刺、嘲笑、诋毁、翻白眼、怒视和开恶意的玩笑贬低对方。轻蔑鄙视所传递的态度是鄙夷和居高临下。

例如，将话题提高至道德层面："你觉得一周送一次娃就足够了？你可真是一个负责任的家长！"

夫妻之间任何一方的轻蔑鄙视都会阻碍另一方做出退让或和解的尝试，并让双方的敌意都严重升级。

模式3：防卫（defensiveness）

"四骑士"之三是防卫，我们都知道人在感到被攻击时，通常会开启合适的防御机制进行自我保护，但戈特曼工作室的研究表明，这种防御和自守其实会成为一种反击，进而加剧夫妻间的敌意。

防御自守的方式是不可取的，因为它会让一方在为自己开脱的同时，指责另一方。

例如，一方以轻蔑鄙视的态度开始对话："你都这把年纪了还和朋友去泡吧，简直太幼稚了，跟小孩子一样，也不照照镜子啊！"采用防御自守的一方就会说："你不也一样？还穿什么紧身衣！"

防御自守的方式往往带着孩子气，通过这一模式，夫妻双方各自逃避攻击，撇清责任。

模式4：筑墙回避（stonewalling）

筑墙回避是"四骑士"的最后一个。经历了各种污蔑、鄙视、批评指责和防御自守之后，夫妻中很可能有一方开始对过度的冲突感到厌倦。进入这种过度的冲突状态的一方往往会开始逃避冲突，向对方传达出自己不愿再有任何互动的信号，并摆出一副不闻不问的样子，拒绝目光交流。此时夫妻中占有话语权的一方实际上处于被忽略的状态。

夫妻双方呈现出"要求＋退缩"的模式，一追一逃的互动方式十分普遍，同时具有明显的性别差异。

家庭中妻子往往扮演提要求的角色，而丈夫常常扮演退避三舍、不理不睬的角色，这种互动方式使夫妻双方日渐疏远。虽然不理不睬的一方看似充满敌意，但他们这样做的初衷是为了自我保护：她什么时候才能停下来，我再也忍受不了这种辩论了，如果我不再说话，她就会让我一个人待着了！

这种自我保护的方式看上去是退缩的方式，其实行的是"隐性攻击"之实，一样需要大量的心理能量。这种内在消耗使得倾听他人成为不可能的事，而且即使对话是有建设性或有帮助的，他们也会怀疑是否是过度冲突的替代品，听不到心里去。

在夫妻对冲突问题进行讨论的过程中，如果同时出现上述"四骑士"，那我们就可以预测离婚的结果，即使是新婚夫妇也不例外。

对于还在维持婚姻关系的夫妻，这些迹象一旦出现就预示着其婚姻质量下降。"四骑士"的出现是亲密关系的危险信号，它们会破坏亲密关系。虽然有些婚姻幸福的夫妻偶尔也使用防御批评，甚至筑墙回避，但他们很少使用蔑视。

以蔑视为典型特征的不尊重是对整体关系最有害的，而高频率的"四骑士"将造成持久的损害，最有可能使婚姻解体。

在我近 10 年的婚姻咨询的工作实践中，可以说向我寻求帮助的夫妻几乎无一例外都有这"四骑士"或多或少地存在于他们的婚姻中。

戈特曼经过 30 多年的研究表明，出现"四骑士"特征的家庭倾向于更早地结束婚姻关系，大多数婚龄不到 7 年。

寻求家庭治疗师帮助的夫妻真的挺勇敢的，他们对自己的婚姻状态有觉知，也懂得为自己的幸福而努力，很值得赞赏！我常常被来访的夫妻打动，在那么多"骑士"的轮番蹂躏之下，婚姻仍未解体，双方都还在努力。这背后是被不良沟通模式阻断的巨大的爱和对彼此不灭的希望。

模式5：情感解离（emotional disengagement）

情感解离是另一种对夫妻关系造成损害的特征（Gottman, 1994）。

情感解离的夫妻往往没有极端的相互敌意或者歧视特征，但他们之间严重缺乏积极的情感。与幸福伴侣相比，他们最典型的特征是缺乏共同的兴趣爱好、情感或是幽默。

情感解离是一种很有趣的现象，因为这些夫妻表面上看起来还不错，但实质上非常绝望。情感解离的夫妻实际上是在尝试重新界定问题，以避免问题本身危及整体的亲密关系，但这种回避的策略实际上剥夺了夫妻之间的亲密感，也使双方丧失了在交流中分享正向情感的机会。

在防卫和筑墙回避这两种模式中，至少有一方还在积极地表达和牵引。在情感解离的夫妻中，两个人都变得消极，貌合神离说的就是这种情况。看上去和和美美，平平安安，但在婚姻中的两个人都陷入无回应的绝境里。

他们会修饰外在的性格特征，在夫妻关系中将自己隐藏起来。这进一步损害了夫妻的亲密联结。出现情感解离特征的夫妇仿佛带着假面，需要调动更多的生理资源，才能看起来处于一切都没有问题的状态。这很容易诱发躯体化的疾病。

哈佛大学用了75年的时间追踪724个人，想弄清楚是什么让这些人健康和幸福。研究结果中有一点非常重要："生活在冲突关系中对身心有害。

高冲突的婚姻，对身心伤害的严重程度超过离婚。而生活在良好关系中的人，温暖的关系带来保护。良好的关系是衰老的缓冲。幸福的夫妻说，他们 80 岁时，身体虽有疼痛，但心情是好的；而那些活在不开心关系中的人，当他们身体疼痛时，疼痛会被情绪的伤痛加剧。"

不难看出，不良的亲密关系会影响到一个人的健康水平。

模式6：消极回应中的消极升级

在婚姻的冲突中，我们尤其需要关注关系中的消极回应。在这种模式中，夫妻双方都用消极的方式回应对方的消极表达。消极情绪是冲突中自然存在的一部分，不是所有消极情绪都有损于婚姻。

例如，一方表达愤怒时，另一方也表达愤怒；一方表达悲伤时，另一方也表达悲伤。如果夫妻可以将消极对话控制在较轻的敌意下，那么这些争吵虽然是有消极情绪的，但无损于关系本身。这种方式在幸福的婚姻中也很常见，我们常说的"打是亲，骂是爱"就是这个道理。这是相对健康无伤大雅的沟通方式。

但是，如果将消极回应通过相互蔑视升级，日子就不那么好过了。这个时候婚姻中最具伤害性的模式——消极升级就出现了。

所谓消极升级，是指用更消极的方式回应对方的消极表达。当夫妻都选择更有伤害性的方式回应对方时，就会导致冲突升级。在这种模式中，夫妻之间会形成一种要在冲突中"获胜"的心态。这就属于战争升级，往往预示着婚姻的失败。

以上是走向离异的婚姻中最常见的 6 种沟通模式，也是我正在处理的各种困难的议题（诸如流产、堕胎、出轨、离婚、复婚、再婚、隔代冲突、家暴、孩子厌学等）时，夫妻呈现出来的主流互动模式。但凡踩中其中任何一个"坑"的夫妻，日子都不会过得太好。

以上是让婚姻生活越过越糟糕的主流模式，如果你看到了，那么可以尝试停下这些对构建良好婚姻关系无效的沟通方式。

下面，分享波歇·尼尔森的《人生五章》。我相信，你会在亲密关系的道场中，和伴侣通过努力走上不一样的路。

第一章
我走上街，

人行道上有一个深洞，

我掉了进去。

我迷失了……我很无助。

这不是我的错，

费了好大的劲儿才爬出来。

第二章
我走上同一条街，

人行道上有一个深洞，

我假装没看到，

还是掉了进去。

我不能相信我居然掉在同样的地方。

但这不是我的错，

我还是花了很长的时间才爬出来。

第三章

我走上同一条街，

人行道上有一个深洞，

我看到它在那儿，

但仍然掉了进去……这是一种习惯了。

我的眼睛睁开着，

我知道我在哪儿，

这是我的错。

我立刻爬了出来。

第四章

我走上同一条街，

人行道上有一个深洞，

我绕道而过。

第五章

我走上另一条街。

第 2 节　离异及其相关关系的处理

随着离婚率的升高，单亲家庭已经成为不容忽视的现实存在。下面，我将通过两篇文章讲述如何与孩子沟通父母离婚这件事以及如何在离婚后养护好自己和孩子。我深信，每一段关系的存在都有其必需的理由；立足现在，展望未来，努力为自己和孩子在关系中构建希望，才会给健康关系带来帮助。这一样会滋养孩子，帮助其健康成长。

那么，如何与孩子沟通父母离婚这件事呢？

父母离婚在即，孩子出现了一系列的身心反应，如何处理比较好？是否需要告诉孩子爸爸妈妈准备或者已经分开了？如果需要，怎么和孩子谈比较合适呢？我可以尝试用"5W1H"的方法简单地展开我的观点。希望这样的方法可以给对这个主题有困惑的读者提供一些参考和思路。

我相信每一对离婚的父母心里都装满了对孩子巨大的爱（而不是对曾经伴侣的恨），愿意将离婚对孩子的身心伤害降到最低。我们其实可以谨慎一些，慢一些，让孩子逐渐接受现状，将生命中的变故转化为积极的带有挫折性的成长。这通常也有助于处于离婚震荡期的父母疗愈自己。

以下内容适用于可与其有所交流的孩子，婴幼儿的家庭不在此文所针对的受众里，但孩子处于这个年龄段时已经分开的父母可以参考下文以备后续使用。

不论你现在是否已经和前任建立了合作养育的关系，都希望下文的观点可以支持到你。

父母不谈论并隐瞒离婚的事实，对孩子来说，就变成了一个不能说的秘密———一个他不知道是什么却真实影响着他的秘密。

根据家庭治疗的研究表明，家庭中的秘密会产生巨大的影响。对处于离婚震荡期的家庭来说，大人无暇顾及的孩子，尤其是年幼的孩子会首当其冲地成为家庭秘密的受害者，大概率会罹患身心疾病。如果长期不处理，对孩子的影响就会越来越严重，孩子罹患神经症的概率也会大大上升。

不明真相的孩子对家庭中逐渐减少的陪伴或氛围的改变会感到很困惑，因为他们没有从可信赖的父母那里得到任何正当的引导和说明。因为未成年的孩子对父母的依赖性极强，所以他们会敏锐地"觉知"到父母互动的改变，自己获得的爱与陪伴也在一段时间内发生了剧烈的变化。

不明就里的他们会心神不定，并尝试去解决这个对他们来说其实无力解决的问题，进而感受到沮丧和挫败，对自信心、自尊心的打击也会随之而来。更有甚者，如果父母中的一方利用孩子去挽回"无力回天"的感情，孩子就会被情感绑架，背起父母情感的"锅"。这样，非常容易出现一些应激的状况，如逃避到游戏中、厌学、睡眠不安、情绪障碍，严重的会用自伤自残的行为来引起父母的注意。

秘密让他们充满困惑和沮丧：明明有事情发生了，却不明白是什么。那多半是因为自己不够好，或者自己不值得被爱，所以爸爸妈妈才不告诉自己。

真相是痛苦的，但了解真相可以解除孩子心中的困惑，不"背锅"也不"甩锅"。因为父母情感的事与他无关，父母不再是爱人，但依然是父母。

揭露这个秘密虽然可能会让孩子感觉非常痛，但对解除孩子精神上的压力，将变故转化为积极的成长都是有帮助的，甚至是有巨大帮助的。

披露这个事实，还能带来一致性。老人、父母、孩子都明确地知道事情的发生。谈论和明确的表达是一份声明，是一份宣告，也是家庭中的一致性表达。

说出来，通常也会让当事人感到极大的轻松，卸下那些使人纠结混乱的包袱，聚焦在现实生活中，不逃避不退缩。这也能带来令人轻松和稳定的力量感。成人内心的包袱得到卸载，从而更轻松地和孩子一起接受事实。不一致带来的消耗也会因此而终结。

Who：谁来谈

父母离婚的消息应该由父母主动与孩子沟通。

我的建议是父母需要事先约定好和孩子谈的节奏，谁先来，谁后来，什么时候一起来。

不论我们是否还是爱人，我们永远会因为这个孩子而联结。为了孩子的健康成长，父母双方需要在夫妻关系结束之后发展出合作养育的关系。

这里需要特别提示的是切忌让孩子成为侦察对方的信号兵。对于不能放手、被动离婚的一方来说，需要特别留意这个部分。

成年人的情感是成年人自己的事，需要有意识地将孩子和自己的情感生活区分开，让孩子单纯地继续做你们的孩子。如果忍不住让孩子成为信号兵，孩子就会被迫卷入父母的情感纠缠之中而不得脱身。这对孩子来说，将会是十分痛苦的拉扯，对其未来的亲密关系的发展也将产生巨大的影响。

What：谈什么内容

父母需要商量准备和孩子谈的内容，谈分开的事实，强调对孩子的爱不会因此减少，甚至会变得更多。

父母还需要留意最好不和孩子讲述你们分开的细节和原因。大人的情感世界对孩子来说太复杂。处于震荡期的父母如果聊到这个部分，就很容易带入情绪，对孩子反而不好。

1. 情绪——有节制地披露

例如，爸爸妈妈可以这样对孩子说："我们对无法再继续生活在一起感到遗憾和抱歉。虽然我们是大人，但也会有不够好、不能令所有人满意的时候。我们很努力，但我们发现再继续一起生活下去会让生活变得更困难，也可能会让我们成为不好的爸爸妈妈。我们希望你知道，我们分开这件事不是你的错，这是爸爸妈妈感情上的事，和你没有关系。"

值得注意的是，对孩子来说，他们会直观地感受到父母的情绪，很想为你们分担。我们需要和他们在情绪层面划清界线。请勿向孩子倾诉你对失去另一半的悔恨、痛苦或者怨恨。这对一个孩子来说是残忍而自私的行为。

你可以告诉孩子，离婚让你很难过，你会学习处理，请他不必担心，照顾好他自己就是对爸爸妈妈的支持。

2. 变化——生活将要发生的改变

针对大一点的孩子，需要告诉他生活将会发生的改变，他将会和谁一起生活，你们将如何合作养育他。

还需要引导孩子思考，如果有同学问他关于父母的事，他应该如何回答。爸爸妈妈可以和孩子一起想一想，彼此达成一致。同时要告诉孩子，如果有任何困难，你们都将是他最有力的支持和后盾。

我的建议是帮助孩子尝试正面的回应方式。如果你们和老师的关系不错，那么还可以请老师多关照家庭关系发生变化后的孩子，帮助孩子进入支持系统。

一个很重要的提醒是：父母要让孩子知道自己依然是被爱的，但不要对孩子做出你未来做不到的承诺。所以，在面对变化这个主题时，父母需要平心静气地做出自我评估。

同时，父母要相信孩子有超强的适应新生活的能力，但是很难应对不安全感和父母离婚带来的不确定性。研究表明，大多数孩子会在父母离婚两年后调整好自己，尤其是当他们知道自己的生活将会如何进行（谁来照顾，上学放学如何安排，住在哪里，等等）时，那份安全感和确定感会被加强。这对他们是有益的。

When：什么时候谈

爸爸妈妈需要把握和孩子谈论离婚这件事的时机，通常在生活发生彻底改变前要完成这项工作。父母至少应提前两周告诉孩子，如：两周以后爸爸就会搬家离开，但他每周都会来看你、陪你玩，等等。

这样可以帮助孩子有一个过渡和适应的阶段，而不是突然被迫分离，感受到被父母中的某一方抛弃。

Where：在哪里谈

在家里和孩子谈是比较合适的，可以用家庭会议的方式逐渐引入这个话题。没有家庭会议惯例的家庭，也需要建立一点仪式感，因为这对孩子来说是天大的事，需要安排得妥当一些。配以简单的仪式，会让这个使孩子终生难忘的时刻温暖一些，慎重一些。这需要爸爸妈妈根据对孩子的观察来安排。

在家里和孩子谈时，孩子如果有情绪，可以自由地宣泄。

每个家庭都有其觉得舒服的相处时刻，也许是在一起旅行的时候，也许是在一起跑步的时候，以孩子能接受和能使孩子更为舒适的方式来安排即可。

How：如何谈

1. 保持情绪稳定

情绪稳定地谈话是非常必要的。在告知孩子事实的过程中，不攻击、不指责曾经的伴侣非常重要。父母好好地说再见，能够帮助孩子获得重要的言传身教的经验。你们虽然不能再做夫妻了，但这并不意味着你们不能成为更好的父母。

离婚后，父母如果继续让自己处于彼此的高度冲突之中，孩子就会经历更多的身心问题，甚至会发展为身心疾病。这对于刚离婚的父母来说，需要高度注意。

2. 多次进行

建议父母循序渐进，分次披露与离婚相关的细节。针对大一点的孩子，父母可以采用"答记者问"的形式，邀请他们向父母提问。对于小一点的孩子，父母不需要披露过多的细节，他们可能并不关心你们为什么分手，而更想知道自己的未来将会被如何安排。

3. 允许情绪表达

给父母的一个提醒是，在谈的过程中需要尊重孩子的情绪，允许孩子有一个接受的过程。他们可能会有巨大的情绪反应，也可能反映很平淡。父母请尊重其感受，不否认，不强行安慰，要舍得让孩子受苦，允许孩子的情绪表达。这对孩子的后续发展是有益的。

总结下来，与孩子谈父母离婚这件事，需要从孩子和父母这两个角度思考，并放在合适的情境中展开。

从孩子的角度来说，你需要站在孩子的立场上和前任商量出未来和孩子沟通的新方式，主要考虑孩子对父母双方的情感需要。

从父母的角度来说，你需要照顾好自己，对孩子承诺你会继续做他的父母，不会以任何理由抛弃孩子变逃兵。你们分开不是孩子的错。

相信你的努力一定可以帮助孩子更好地应对父母离婚这件事，帮助孩子将人生中的挫折和变故转变为成长中的促进性挫折体验。

愿你和你的孩子都能身心安康，安全并稳定。

第 3 节 离婚之后，如何养护好自己和孩子

"2021 年 3 月初，陕西西安和四川达州的离婚申请量都创下纪录，导致有关部门工作量大增。在湖南省汨罗市，由于太多夫妻排队申请离婚，工作人员甚至没有时间喝水。上海离婚律师史蒂夫·李说，自 3 月中旬上海解封以来，他的案件处理量增加了 25%。"

"近年来，中国离婚率快速上升。2003 年有超过 130 万对夫妇离婚，到 2018 年约有 450 万对。2020 年约有 415 万对中国夫妇解除婚约。"

当我在搜狐网上看到这组数据时，因为心里早有这方面的预测所以并不感到惊讶。我思考的是这些数据的背后会有多少个孩子受影响。某个周三，我收到了一位单身妈妈的求助信息，我很心疼孩子以及这位发帖子求助、负重前行的年轻单身母亲。

打定主意从孩子 3 岁开始，就要控制孩子的行为，发生原则上的错误要打屁股。

孩子满 3 岁之后的第一个月就被我打哭 3 回！昨天晚上睡觉之前，孩子呢喃："妈妈你为什么总'凶'我？"半夜说梦话："妈妈，不要这样说话了！"

今天中午打完孩子，他哭完了，转身跑进阿姨的怀里号啕大哭，一边哭一边说："妈妈把我打哭了！"

身为人母之前，我就时常受困于控制欲极强的性格，如今过重的生活负担又时常让我感到难以喘息，深深地觉得孩子会被我教坏。

求有针对性的心理辅导。

数据是冰冷的，无言的。然而，在每个数字背后，可能有一两个甚至多个孩子被迫遭受家庭解体时的冲击，也对应着一个男人和一个女人心底的伤痛。它是具体的，复杂的，困难的。

因为那位母亲的求助，我想先从"离婚之后，如何养护自己和孩子"这个角度来分享我在婚姻咨询及亲子咨询工作实践中提炼的 3 个关键点：变化、联结和发展。

以下分享是我在实际工作中的一些观察和曾经有效运用的可能性拓展。

考虑到这是一个非常复杂且需要仔细甄别的领域，我没有针对案例展开，而是着重进行概括分享。愿这个分享能对单亲家庭有所支持和启发。

养护关键1：变化

1. 接受新身份

父母首先需要接受自己是单身这个新的身份。这往往是困难却至关重要的第一步。

很多夫妻虽然已经离了婚，但其实还会通过一些事情纠缠在一起。例如，利用孩子打探对方的消息，甚至通过各种小事邀请或者要求对方进入自己的生活，不愿放手，模糊彼此的心理边界。如此种种，会让这段已经解体的关系面临更多困难，会让自己、对方和孩子都产生困惑，进而削弱往前发展的动力。

对于被迫离婚的一方来说，这一步尤其艰难。这个过程甚至会带来比较大的心理创伤。如果你面临这样的情况，那么可以寻求家庭治疗师的帮助。和一个有职业素养的陌生人交流，可以很好地、有效地帮助和保护你从脆弱中获取力量。

如果没有这样的条件，你可以尝试给过去婚姻中的自己写信，给未来的自己写信，和朋友聊天，做一些自己喜欢的事，让生活运转起来。你还可以给这段婚姻写信，悼念它的"死亡"，等等。这些小方法可以帮助你不断厘清因为婚姻解体而带来的挫败感和沮丧感，也能帮助你更好地面对现实。

同时，清晰的身份会带来清晰的边界，清晰的边界会带来清晰有力的行动。承认婚姻已经解体这个事实，会帮助你更好地回到单身状态，学习承担责任并推进自己的生活。

这份承认会带来对现状的接受，从而进入更开阔的人生，获得更多可能性。毕竟，人生那么长，你要避免在一棵树上吊死。生命可贵，走出来，你就会拥有整片开阔的森林。

2. 大家庭与小家庭

一个不可改变的事实是，因为孩子，这个家庭中的每个人不论在现实层面还是在精神层面，都会保留交集，这是单身父母需要努力看到和接纳的现实。身份的改变会让你和他人的关系发生改变，去除一些，保留一些。例如，婆婆变成了孩子奶奶，你不会再叫她妈妈了。

从小家庭来说，需要提醒你注意的是，要有意识地区分你和前伴侣之间的困难，将成年人的痛苦和孩子的成长有意识地分隔开，不让孩子"背锅"。要保护孩子和另一半的关系，不要让孩子和你一起对抗另一半。要知道"被母亲有意无意地植入的仇恨和不信任，带来的恶果甚至比孩子直接体验到的对父亲的失望更为严重"。这会给孩子带来强烈的心理冲突，甚至可能对他们未来的亲密关系和人际互动带来毁灭性的打击。

夫妻关系的解体会让孩子的生活发生巨变。通常，我会建议父母明确地告诉孩子，离婚是爸爸妈妈的事，不是他的错。不论有多难，都请务必避免在孩子面前诋毁他的父亲或者母亲。对孩子来说，他需要整合父母传承给他的，诋毁任意一半都会给孩子带来分裂感，使孩子困惑甚至遭受毁灭性的打击。

孩子不仅长得像另一半，你可能还会发现，离婚之后，孩子会趋于认同不在身边的父亲或者母亲。你越是阻挠，孩子就越会朝这个方向发展。这可能是你不希望看到的，但这确实是人心理发展上的大概率事件，也需要你关注并接受这一点。

对于大家庭来说，也要接受和处理夫妻解体所带来的改变。

因为单亲，老人可能因为心疼和不放心，以及失望而对你重新有了更多的控制，也因为要帮忙照顾而更多地进入你的生活。你需要看到这个事实和可能性，允许老人也需要一定的时间接受事实。这样也可以避免把自己"活成一座孤岛"。

离婚犹如壮士断腕，你已经度过了最困难的部分，要相信自己有能力让生活逐渐步入正轨。停止使用那些被时间证明无效的沟通方式，去做可以做的部分，你会一点点地重建信心。

3. 真实胜过完美

允许自己真实而非追求完美，松弛下来，承认这段婚姻失败了，承认自己在这段感情中有遗憾，可以帮助你更好地面对自己和未来，也能使你更从容地和孩子一起走向未来。这份真实会很好地帮助你的孩子体验一致性，他也就有机会学习如何尊重自己的感受，从而不至于在父母面前感到困惑。

很多刚离婚的父母都需要一段时间把自己严密地武装起来。疗伤的时候，谁都不喜欢广而告之。所以，你也要允许自己不说，不听，不看，不接受帮助，因为那个厚厚的"铠甲"能保护你，让你感到自己有力量。

可以和自己约定"定时哀伤"。当人经历伤痛时，无法用意志否认情绪的存在。情绪也不能围堵，需要疏导。你可以每天选择一段或数段时间，让自己尽情地哭，痛快地表达，如上文提到的写信，等等。时间到了之后，就正常生活和工作。这个方法可以让你的情绪得到安抚，你也能更有效率地陪伴自己。而哀伤时段的划分，也能让你更多地体会到对"正常"的"掌控感"。这对身心康复都是很有益的。

脱掉铠甲，皮肤会更容易感受到一切，"伤疤"在阳光下也愈合得更快。尊重自己的感受，慢慢来，别着急，别忘记前路有光。"要永远期待意料之外的事"，你要相信，只要你愿意伸出手，这个世界就一定会握住你。你不是，且永远都不是一个人。

养护关键2：联结

1. 看见资源

当我们"枯干"到一定程度时，唯有敞开自己的心，接受爱，才能重新出发，进入阳光灿烂之地。

越能看见和接受真实的自己和现状，就越有机会察觉到围绕在你和孩子身边的资源，使你从孤岛进入森林。

你可以罗列出所有可以支持和帮助你和孩子的人、事、物，保持和重要的资源的联结。

这也被称为帮助者地图（见图 10-1）。试着画一画，你很可能会发现新世界。值得一提的是，可以试着把前任也放进这个地图里。这或许会帮助你放下一些"过去"，从新的视角看待你和前任的关系——是亲人，是孩子的父母，并因此进入单纯的新的关系。

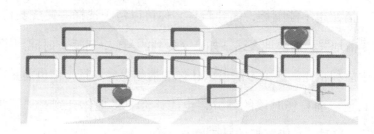

图10-1　帮助者地图

我一直相信，提出问题的人是问题的解决者，他具备解决这个问题的资源。每个人都需要"看见"自己拥有什么，并"激活"它们。在你遇到困难时，可以画一画帮助者地图。

2. 做自己的好朋友

婚姻专家高特曼的研究显示，当人每分钟的心跳次数比在正常状态增加 10 次以上时，大脑处理资讯的能力会受到很大影响。我们很难在火冒三丈、情绪激昂时理性地解决问题。如果你发现自己的心率显著上升，那么最好先做几次深呼吸，并离开现场。这个小技巧可以帮助你在和孩子或者他人相处时快速地获得平静，也能让由于独自照顾孩子积聚的怒火不那么容易被点燃。

更多的有建设性的方法需要返回到日常生活中的自我照顾。

请务必留出一些时间照顾自己。一个人带孩子确实要面临很多的挑战和压力，养护好自己才能更好地承担和面对。

有规律地生活，锻炼身体，睡前静坐一会儿，听听自己内心的声音，帮助自己稳定下来。这会对你和孩子的关系产生很大帮助。

3. 你不是一个人

你要让自己有意识地构建养护孩子的支持系统，以便很好地缓解自己的压力，使围绕着你和孩子的爱流动起来。

很多人会觉得袒露自己的脆弱很没面子，但根据我的经验和大量科学的实证研究表明，求助往往是发生改变的关键转化行为。学会在承担的同时适当地求助，不仅可以减轻你的压力，也能让孩子学习如何更好地进行真实的人际互动。

你可能比较内向，也可能从小被教育要万事不求人，这些都没关系，按照你觉得舒服的节奏来。

养护关键3：发展

每个孩子都会长大，我们的人生也会向前推进。有意识地引入发展的观点来看待我们自己和孩子的成长，会让我们更从容地应对生活中的改变。

1. 家庭会议

在发展进程中，给大家首推家庭会议这个方法。

和孩子固定时间讨论，和支持你的家人或者朋友讨论。可以做一些复盘，花时间看看什么地方做得好。获得大家的反馈、鼓励以及建议，可以帮助新的家庭在往前走的时候更稳定，也更有联结感。

这个方法也能带来一定的仪式感：我们现在是和过去不一样的，我们有新的生活了，我们都很努力，我们彼此支持，我们关注做到的部分，我们优化我们的目标，等等。

2. 相信自己和未来

用发展的眼光看自己，和过去的自己告别。相信自己和孩子可以适应，并发展得不错。

你的孩子和你一样在经历创伤，但他也和你一样会找到适应之道。

请勿过度内疚地和孩子相处，否则会给孩子带来更大的负担，因为他在处理自己的困难时，还得背负让父母快乐起来的任务，这对孩子不公平，也会给孩子带来巨大的精神压力和心理压力。我相信你是不愿意让孩子这么辛苦的。

同时，还要避免将自己的情绪倾倒给孩子。如果将孩子变成你的灵魂伴侣，共生在一起，那么孩子的未来基本上就破碎了。他将无法离开父亲／母亲，他不敢成为自己，否则，他会产生强烈的内疚感：没有我，爸爸／妈妈由谁来照顾呢？

如果意识到有这个倾向，就需要提醒自己。如果自己很难处理，那么可以寻求专业咨询师的帮助。

3. 拓展网络

先来看看表 10-1 所示的家庭发展网络。

这是上文提到的资源系统结构化后的样子。你可以使用这个表格更为清晰地根据不同的范围和功能区分你的资源系统，有意识地训练自己整理人脉。这对孩子和自己的养护都大有裨益。

表 10-1　家庭发展网络

管理你的家庭	家 庭 里	家 族 里	家 族 外
战略层面	家庭的过去和未来	我期望成为谁	谁是我的顾问专家
发展层面	谁比我厉害	我羡慕谁	谁能支持我积累知识和技能
运作层面	我请假谁能替代我	谁与我类似	谁能拓展我的能力

变化、联结与发展的核心是接受无法改变的部分，去做能做的部分，并带着发展的眼光看待自己和他人，我相信你拥有引领自己生活的所有资源。愿你照护好自己和孩子，自在舒适。

第 4 节　如何处理隔代养育带来的挑战

隔代养育冲突的背景

在中国家庭的育儿现状里，超过 8 成有 0 ～ 6 岁孩子的家庭是存在隔代养育的情况的，因此如何处理隔代养育带来的挑战是一个重要的问题。

我想先问读者一个问题：父母为什么帮我们带孩子？

我曾经在一次给近 2 万人的社群做公开演讲前，针对上面的问题做了一个小调查，得到的回应中，超过 9 成的答案是"我们的父母帮我们照看孩子，完完全全是为了我们"。

虽然老人会给出很多理由，但在仔细探索之后，你一定会发现，老人最初伸出双手帮助我们的那份心愿和心意，其实源于父母之爱。他们就像我们现在爱我们的孩子一样，深深地爱着我们，虽然他们可能用了已经成年并独立的我们不习惯的方式。

基于这样的探索，每次我在处理隔代养育带来的家庭纠纷时，都会帮助来访家庭先回顾一下为什么大家会再次一起生活在同一个屋檐下。重拾这份初心，对于更好地理解父母，并帮助父母理解我们是有巨大帮助的。

无论父母的行为是否能够让我们感受到深入的爱，我们都要努力先去感受他们爱着我们，他们也爱着我们的孩子，这份爱让我们重新和父母生活在了一起。这是基础的部分。

我们再看一张最简单的家谱图（见图10-2），就是我们说的"4+2+1"的家庭结构。我们重新生活在一起是因为有了孩子。从这个家谱图上我们可以很清晰地看到，这个家庭之所以能够有"4+2+1"的结构，是因为有一个男人和一个女人相爱，组成了一个家庭。

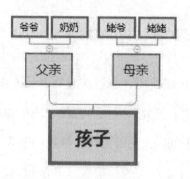

图10-2　家谱图

不论你现在是在婚姻的状态，还是在单身父母的状态，孩子都会联结左右两边共6位亲人，而这是通过父亲和母亲进行联结的。一个家庭中的隔代养育是怎么来的呢？我们可以看到，孩子产生于父亲和母亲的联结。这个孩子如果要平稳地长大，父亲和母亲的关系就需要非常稳固，不论是否离婚，对孩子的成长都很重要。

在家庭治疗师的眼中，隔代养育面临的挑战不是隔代，而是这个家庭的根基有了震荡。

例如，有一个难题叫"千年婆媳之争"，那婆婆和媳妇为什么会有争执呢？往往是因为家庭中丈夫的位置不够稳固。很多婆媳之间、母女之间的冲突，从月子就开始了。新手妈妈因为从来没有当过妈妈，婆婆和母亲都很想帮忙，可能反而压制了新手妈妈的动力和功能。产后抑郁有着25%的高发率就是一个证据。

这时往往也能看到，新手爸爸被推出了育儿的核心，育儿任务被自己的母亲或者丈母娘包办。由于缺乏经验，大多数人的精力都会放在新生儿上，对伴侣的照顾和关怀会有断崖式的下跌。几种压力交织在一起，新手妈妈就容易面对很多困难。

在这个时期，特别需要和老人商量好家里的分工，邀请新手爸爸多参与。这样不仅能避免过多的隔代冲突，还能加强夫妻关系，夯实家庭根基。

第 1 个层面，聚焦在老人帮扶我们的初心上，需要进行区分和商议并和伴侣结成同盟。接下来，我们看影响隔代养育的另外两个重要的层面。

第 2 个层面，比较普遍的现象是，现在较多的新手妈妈在家务能力方面接受的训练不多。在过去成长的经历中，由于独生子女被家族投入了较多的期待，他们更为重视学习而非生活能力的培养，加之目前社会支持系统还不够强大，很多妈妈在生育之后一样需要面对工作的压力。在蜡烛两头烧的情况下，新手妈妈们既需要父母的支持，也受困于自己无法更好地照顾孩子的内疚中。

由于新手妈妈时间精力以及家务基础的缺乏，老人在孩子 0 ～ 6 岁的养育中起到了极其重要的作用。他们的重要性需要被新手父母看到、感受到并被感谢到。

第 3 个层面，我们还需要看到隔代冲突的大背景。长辈多为"50后""60 后"，在那个年代中国没有改革开放，基本上会经历"文化大革命"和"大灾荒"。这个群体的老人年轻时经历的是匮乏和恐惧，以及当下的努力奋斗。而这一代的父母是"80 后""90 后"，是长辈家族中的"独苗"，这意味着他们是多个家族的愿望、期待和资源的依托对象。

当这两代不同的人在同一个屋檐下养育一个"00 后"或"10 后"的孩子时，冲突是必然会发生的。

以上三个层面就是隔代养育所面临的极具挑战性的大背景。

3个化解隔代养育冲突的小妙招

接下来分享几个和父母互动的小妙招，方便读者和父母构建新的关系，让育儿更为顺畅。

第 1 个小妙招，是去问父母一个带着积极取向的问题："请问你们是如何把我培养得这么优秀的？"这个问题包含着你对父母的感谢，对他们养育你的认可，并可以引导他们"看到"自己做得好的方面，同时可以引导你"看到"自己的优秀，使你在未来可以放手做父母。

第 2 个小妙招，是你可以拿出你们家的相册，请你的父母跟你分享他们的人生经历和故事。老人背井离乡或者放弃自己的晚年生活帮你带孩子，他们放弃了很多属于自己的生活和精神空间。孩子的到来会吸引家庭中的大人们的目光，使他们忽略了身边的其他亲人。抽时间与你的父母聊一聊他们关心的事情，使他们的精神生活更丰富。

第 3 个小妙招，是留出专门的时间去和你的爸爸妈妈约会。比如，带着他们单独去吃他们爱吃的食物，请他们看他们喜欢的电影或者戏曲，等等。也就是说，你要以父母为中心，服务他们，让他们享受这份快乐。你可以借此机会感谢他们的无私付出。

我相信每个家庭都有自己的相处方式，核心思路在于用对方能够感受到爱的、对方喜欢的方式对待家人。在一个家庭中，没有被感受到的爱都不是爱。以上"3 招"仅是抛砖引玉，读者可以有更多和父母相处的方式。

这些，其实就是我们说的防患于未然，它们可以帮助我们更深入地理解和了解家中的老人，对他们的故事产生好奇。在理解了这些背景之后，再来看父母的行为，你就能找到合理化的部分了。

从小到大，我们不一定了解我们的父母。在他们的晚年，可以试着去了解他们。第 1 个小妙招，帮助我们理解我们的成长与父母之间的关联；第 2 个小妙招，帮助我们理解父母的成长与他们现在养育我们孩子的方式之间的关联；第 3 个小妙招，帮助我们重新构建和父母日常的互动与亲密关系。

好篱笆带来好邻居，边界感带来真正的亲人

当我们和长辈重新生活在一起时，容易唤醒我们内在小孩的感觉。对于常年被父母控制或者被过度的爱吞噬过的孩子来说，和父母保持心理距离是困难的，比较容易在养育下一代的过程中使那些未解决的冲突被释放出来。

作为成年人，我们是可以为自己做主，为自己选择，为自己负责的，所以你完全可以从情绪、物质和空间这三个层面和老人进行健康的主动分离。

第一，在情绪层面，需要为自己的情绪负责任，要减少说"因为你我才这样"类似的话。我们可以说"因为你这样我选择了这样"。

第二，关于物质层面，天上没有掉馅饼的事情，老人牺牲了他们晚年的生活来照顾你，那么你会付他们工资吗？你会给他们物质层面的帮助吗？带着一份感谢的心，看到他们的付出并给他们物质层面的回报，可以使你们之间的边界清晰。俗话说"吃人嘴软，拿人手短"，物质的多少可以商量，重要的是通过"一来一往"的互动产生边界的概念。你不会白白享受他们的付出，他们也就不太可能借由这个机会在情感上继续剥削或者控制你。

从另外一个层面来说，如果你和父母的关系处于比较严重的情感勒索的不健康状态，那么我建议你从物理空间上务必做出区隔。例如，租房子给老人，彼此分开居住，如果条件允许，自己独立带孩子，等等。在我的实践中，确实会遇到不愿成长的老人，他们对孩子的剥削超出了想象。在这样的情况下，照顾好自己的感受和生活是非常重要的，否则就容易和黑洞一样的父母一直纠缠在一起，彼此都难以成长。

第三，跟父母要有距离感。在同一个屋檐下，他们有自己的房间吗？他们有自己单独使用的衣柜吗？这对很多老人来说是很重要的，他们也需要一席之地，尤其是对于鳏寡孤独的老人，既需要保持距离，也需要一定的联结。

希望以上 3 点简单的提醒可以让我们更多地站在老人的视角看问题，和他们一起努力，创建新的和谐家庭。

采访父母，让爱流动

疫情期间，很多人有生以来第一次在成年之后和父母长时间地待在一起，而且，为了生命安全，这个时间应该还会更长。这是一个让爱流动的好机会。

接下来为大家提供一个采访父母的清单。清单按照心理学家米尔顿·艾瑞克森发表的《身体与生命周期》中描述的个体生命发展的阶段进行结构式访谈的分类，采访提纲中的问题一部分来自我在中德班进修时德国老师的分享，一部分来自我这几年家庭治疗的临床实践，还有一部分来自我和我母亲之间的互动。

这些问题都很简单，在帮厨、嗑瓜子、喝酒、吃饭、睡前聊天时可以用起来。这些问题经过多年的实践以及大量学员的反馈，被证明可以帮助你的父母快速地打开回忆之门，打破你们长年只聊"吃、喝、拉、撒、睡"这些"肤浅"问题的尴尬，带领家人走进内心世界，帮助你了解父辈的生命故事，获得对自己人格形成的脉络梳理。在此基础上，你将获得将家族的爱与期待经由自己和孩子传承下去的途经。

这些问题简单易行，大家可以在家里和老人快速地用起来。如果你想有一些仪式感，那就取一个笔记本或者录音笔，每天选固定的时段采访父母。

如果你的孩子大于 7 岁，那么建议你邀请孩子一起参与采访。你可以邀请孩子做主持人或者记者，给他"问题清单"，每天在固定的时间段里进行采访，每次半小时到一小时。全家人围坐在一起，备好纸笔、瓜子、花生和小酒……其余的，你们可以自己好好发挥。

如果你因为疫情没来得及回家过年，那么你可以每天选一两个问题，通过语音、视频或者文字采访你的父母。

书籍《彩虹来了又走了》就是作者通过电子邮件采访自己的母亲而完成的。如果你觉得自己还没准备好，可以先看看这本书。

下面，请看清单。

1. 童年

您的名字是怎么来的？

您出生时的故事可以给我讲讲吗？

您个人最早的记忆是什么？

请谈谈您小时候，您的父母让您印象深刻的事。

请谈谈您儿时最好的朋友。

您小时候最喜欢玩的游戏是什么？

您小时候最爱吃什么？

请谈谈您小时候和兄弟姐妹印象深刻的事。

2. 家庭和家

您的家是什么样子的？

您小时候有不愉快的经历吗？

您是如何庆祝自己的生日的？

您家是如何过节日的呢?

您需要做家务或有其他责任吗?

您小时候是怎么过春节的?

您的父母关系怎样?

您的家庭和亲戚怎么联络和活动?

您有哪些亲戚是我还不了解的?

3. 青春期

您青春期最重要的人是谁? 为什么?

您是一个团体的成员吗?

您想成为什么样的人?

您喜欢青春期的自己吗?

您在青春期的时候喜欢过特别的人吗?

您在年轻的时候对未来的设想是什么?

您的父母支持您青春期的想法吗?

4. 成年早期

您是如何找到自己的伴侣的?

做父亲 / 母亲带给您什么样的体会?

您追求的事业是怎样的?

您的人生理想是什么?

您对自己家庭的期待是什么?

请谈谈您在我出生当天的记忆。

我小时候让您印象深刻的故事有哪些？

您对我的期待是什么？

5. 成年后期

您最重要的关系是什么？

您最大的成就是什么？

您碰到了哪些困难？

您觉得自己是一个有灵性的人吗？

您是如何把我养得这么好的？

当您的父母衰老之后，您是如何看待他们的衰老和离去的呢？

6. 灵性生活

您想给别人传递什么样的智慧？

您印象深刻的神话故事可以给我的孩子讲讲吗？

7. 总结

您想过什么样的生活？

您对生活中的哪部分最满意？

生活中的什么时刻最令您满意？

关于您的人生，您怎么看呢？

大作家福克纳说："过去没有结束，甚至都没有过去。"哥伦比亚大学临床心理学系主任丽莎·米勒博士在超过 15 年的实证研究基础上指出："家族中存在灵性，其通过爱的场域得以传承。"

我们成年后的生活大多受童年经历的影响。童年的记忆、感受和恐惧都储存在我们大脑皮层隐秘的褶皱之下。你想通过做个好母亲或者好父亲纠正你母亲或者父亲犯下的过错，而了解他们的成长背景和生命历程，会帮助你更好地理解自己，帮助你成为更真实、更好的父母。

借着"窝里蹲"的非常时期，去了解家族的历史，借此机会也画画家谱图，每天来一点迷你访谈吧。我相信，爱在访谈的时候会有机会更好地流动起来。或许，你会看到自己从未了解过的父母，而你的父母也会在回顾和讲述的过程中，看到自己的力量。

这些力量就是家族中的灵性，是爱，是联结，是蓬勃的生机。更好地应对疫情的挑战，恰好需要这勃勃生机。

后　记

在 2011 年初夏，我成为一个男孩儿的母亲，从此开启了我人生中极其美好的旅程。在养育孩子的过程中，似乎每时每刻都充满着挑战，我也在和孩子的相处中不断地被打回原形。我有过无力和沮丧甚至崩溃的时刻，但更多时候是幸福的，我非常感谢这个可爱且有趣的灵魂对我的启示和引领。

在与孩子相处的过程中，我看到他是比我更有智慧的人。在我心中，他是我的"上师"，让我不断剥离那些虚伪、无知、愚蠢的部分，让我向他纯净、充满灵性的心灵靠近。他让我深深地明白人与人之间存在着巨大的差异，也让我接受了有很多事其实是我无法改变的。

当我接受这个部分时，我发现我和孩子之间的关系变得融洽起来。他成为一个他自己喜欢的人，这让我极其感动。

在 40 岁时，我通过 10 年的探索和努力，好像才找到了余下的人生里每天都想要去做的事。我说"好像"，其实是因为人生那么长，变化和不确定的因素太多了，现在定下来，仿佛就给我此刻的人生盖了一个盖子，毕竟这只是目前的我所能想到的样子。可是，我还有那么多成长和学习的机会，说不定几年后，我就又超越了现在的自己，格局更大了呢！

当我这么想的时候，再看回我的孩子，神采奕奕的他不是应该比我拥有更多的可能性吗？我的孩子还不到 10 岁，他会成为一个什么样的人？对此，现在的我已经不着急了，我对他保持耐心，正如对我自己有耐心一样。

2020 年疫情来临，我们和孩子一起经历着动荡不安的一年。这个巨大的变化让我有更多的时间和空间与已经四年级的孩子共处，更加深入地体会到本书中不断提及的"用心、有力"这四个字的分量。

这些体会我常常会写下来，放在我的公众号上和大家进行分享。这可以帮助我更为深入地回顾和复盘我在咨询或者育儿过程中的体会。尝试以观察者的视角重新看待我和一个家庭、一个孩子之间的交流，这样的回顾和反思又进一步反哺到我的咨询工作和育儿生活中。

在不断分享的路途中，很荣幸地得到清华大学出版社的邀请。这让我有机会将我在家庭治疗和家庭生活中有关育儿陪伴的经验进行思考和整理，并将其出版。

我要感谢在本书的书写过程中找我做咨询的家庭。因为疫情，他们的孩子经历了巨大的考验，厌学、自伤、自残的个案集中爆发。认真倾听自己内心的声音之后，我暂缓了书稿的写作，投入家庭的临床咨询工作中。在我深入临床咨询工作的过程中，我被每一个家庭遇到的困难和他们永不放弃的努力深深地触动着。这些感受和临床工作的一部分经验也被我放进了本书的创作中，我期待读者能从这本书的分享和总结里得到一些启发，少走一些弯路，让家庭更加和睦与幸福。

虽然因此耽误了提交书稿的时间，却也使我得以不断完善本书的框架和思路。目前读者所看到的版本，已经是我修改后的第三版。

尽管如此，因为时间有限，经验有限，书中的内容还是可能会有很多不足之处，望读者见谅。我相信这也恰好给了我们思考和探索的空间。

相对于我的第一本书《我是妈妈，更是自己》而言，这本《陪伴的力量：让孩子爱上学习的秘密》对我来说更有意义。它的内容从个体的成长进入了家庭发展的领域，从一个人的努力视角进入集体努力的系统视角，它的出版当之无愧成为我生命历程和事业发展过程中重要的里程碑。这本书整合了我的个体经验以及近 20 年来的助人经验。如果说这本书是一份荣耀的话，它应当属于所有帮助过我、带给我启发的人们。

首先，感谢我亲爱的爸爸妈妈，谢谢你们赐予我美好的生命，帮助我热爱生活并乐观成长。谢谢你们引领我看到了自己之外的世界，并通过数十年教学助人的体验让我懂得生命的意义在于服务他人。

感谢我亲爱的大姐、哥哥和三姐，谢谢你们从小对我无微不至的照顾和陪伴，让我知道我不是一个人，你们教会了我友爱、勇敢与仁慈。

感谢我的先生，谢谢你给予我永远的信任和无条件的爱与支持，让我能够在和你的关系中得到疗愈，享受生活，并在你的帮助和支持下展现并持续探索生命无穷的潜能。

感谢我亲爱的儿子，谢谢你选择我做你的妈妈，谢谢你让我成为更加真实和完整的自己。在陪伴你一点点长大的过程中，我也跟随你一点点地体会人与人之间无条件的亲密、爱与仁慈，让我感受到这个世界无尽的希望与美好。

接下来我要深深感谢在家庭治疗领域给予我帮助的导师们：刘丹、孟馥、肖旭、李维榕、赵旭东、唐登华、陈向一、林红、姚玉红、刘亮等，谢谢你们手把手地教我做家庭治疗，是你们展示出来的人格魅力和工作智慧让我得以在专业成长的道路上，有勇气和热情去尝试，努力精进并永不放弃。

感恩这几年来让我引以为傲的助教们，谢谢你们在持续跟随的过程中所给予我的爱与支持，谢谢你们学习的热情和认真练习的用心。你们对我的教学和实践给予了无数积极的反馈，不仅帮助我成为更好的分享者，更让我体验到作为带领老师与你们之间教学相长的乐趣和幸福。你们是我的伙伴，谢谢一路同行。

感谢多年来与我交流合作过的无数的父母与家庭，你们让我看到父母是如何引领和影响孩子的未来的，你们让我感受到爱是一切问题的答案。

谢谢我所有的朋友们，你们陪伴我享受人世间的快乐，支持我度过那些悲伤的时刻。

最后，我想祝福所有人，祝福每一位父母养育更轻松，管教更有爱，祝福每一个孩子在爱中茁壮成长，人生充满永不熄灭的勇气和希望。

邹锦华

2022 年 4 月